全球环境变化人文因素课题
温室气体统计及环境监管能力建设课题 共同资助

气候变化与中国粮食安全脆弱区

VULNERABLE REGIONS OF FOOD SECURITY AND CLIMATE CHANGE IN CHINA

殷培红 著

中国环境科学出版社 · 北京

图书在版编目（CIP）数据

气候变化和中国粮食安全脆弱区/殷培红著. —北京：中国环境科学出版社，2010.12
ISBN 978-7-5111-0418-2

Ⅰ. ①气… Ⅱ. ①殷… Ⅲ. ①气候变化—气候影响—粮食—问题—研究—中国 Ⅳ. ①F326.11

中国版本图书馆 CIP 数据核字（2010）第 229933 号

责任编辑 周艳萍
责任校对 尹 芳
封面设计 玄石至上

出版发行 中国环境科学出版社
（100062 北京东城区广渠门内大街 16 号）
网 址：http://www.cesp.com.cn
联系电话：010-67112765（总编室）
010-67112738（编辑出版中心）
发行热线：010-67125803，010-67113405（传真）
印 刷 北京中科印刷有限公司
经 销 各地新华书店
版 次 2011 年 1 月第 1 版
印 次 2011 年 1 月第 1 次印刷
开 本 787×1092 1/16
印 张 10.25
字 数 215 千字
定 价 48.00 元

序言

中国是全球气候变化及区域差异最明显的地区。作为世界粮食的生产大国和消费大国，中国的粮食安全问题以及气候变化对中国粮食安全的影响等问题一直是国际粮食安全研究、全球变化和区域安全研究的理论热点。《国家粮食安全中长期规划纲要（2008—2020 年）》指出，今后受全球气候变暖影响，我国旱涝灾害特别是干旱缺水状况呈加重趋势，可能会给农业生产带来诸多不利影响，将对我国中长期粮食安全构成极大威胁。特别是最近两三年，全球以及我国各种极端天气、气候事件频发，尤以今年为甚，多国出现粮食歉收甚至绝收。炎热和干旱天气造成德国、英国、波兰、匈牙利和法国北部的小麦产量降低；在中国，由于西南干旱、南北方洪灾，夏粮 7 年来首次减产；小麦出口大国俄罗斯宣布从 8 月 15 日起至年底禁止粮食及粮食产品出口。这些事件必将进一步提升各界人士关注气候变化与粮食安全的热度，并深刻地影响着近期的粮食供应和居民生活。同时，对决策者而言，也更加希望了解当前与未来哪些地区的粮食安全问题最突出？哪些地区是粮食生产适应气候变化的脆弱地区？这也正是本书研究的主题——粮食安全脆弱区的空间识别。通过辨识粮食生产对气候变化的脆弱区，将有利于区域粮食生产布局调整、提高粮食安全宏观调控政策的地区针对性，为科学决策提供依据，增强区域适应气候变化的能力。

本书利用 1985—2004 年全国 2 300 个县（市）单产数据和 730 个基础站点的气温、降水数据，运用多种统计分析方法，重点研究了以下五个方面的内容。

1. 21 世纪 80 年代以来中国粮食生产的社会经济条件发生了许多重大变化，为了了解目前粮食生产的空间分布特征，本书首先以人均粮食占有量划分了粮食供需平衡类型，描述了 21 世纪初中国粮食供需平衡的区域差异，为整个研究提供了基础背景。

2. “最大限度地稳定粮食供应”、“粮食获取能力的稳定性”是国内外粮食安全评价重要目标和内容之一。粮食产量波动是影响粮食价格波动的首要因素。为此，本书从粮食单产和粮食播种面积两个角度分别评价了中国粮食产量形成系统的稳定性，并在空间上识别出粮食生产稳定性小的区域，并划分了单产年际变化的空间型。

3. 在分析 1985—2004 年中国主要生长期的温度和降水变化以及其它季节性气候因子的气候变化类型及其区域差异的基础上，着重分析了粮食单产对关键气候因子气候波动变化响应的复杂性，运用相关系数法和协整检验方法，识别出中国粮食单产对气候变化的敏感区。

4. 依据历史典型灾年的气候条件，选取东北低温冷害、华北大旱等重大灾害建立假设情景，利用单产年际变化的空间型和单产—气候变化响应方程，分析了极端气候事件对中国粮食供需平衡的影响。

5. 从粮食生产和经济补偿能力出发，综合粮食供需、安全储备、地方经济实力等因素，构建了粮食安全脆弱性评价体系，将全国分为 6 个不同类型的粮食安全脆弱区，初步分析了气候变化与不同粮食安全脆弱区的关系。

本书是根据我在北京师范大学的博士论文修改完成的。借此，我要再次向那些在我攻读博士学位期间关心和帮助我的老师、同门师弟师妹们表示感谢。特别是要感谢我的博士生导师方修琦教授，多年来不仅仅是三年的博士研究生期间对我的指导与帮助。感谢我的学位论文答辩委员会王绍武先生、张兰生先生、邵雪梅研究员、任国玉研究员、王静爱教授将我的论文评定为“具有明显创新性的优秀博士论文”。还要感谢我的家人长期以来容忍我异常繁忙的工作生活，为我提供了宽松的学习、工作的生活氛围和条件。此外，还要感谢我的妹妹殷培芳在 SAS 软件程序编程、张学珍博士在多种工具软件使用方面给予的帮助。如果没有他们俩的技术支持，很难想象我这项基于大量数据的研究能否如期完成。最后，我还要感谢我现任职单位的领导夏光主任对我的鼓励和支持，也正是在夏主任的热情鼓励下，我才最终鼓足勇气将本研究公开出版。

我深知，中国粮食安全和气候变化是一个研究领域非常广泛、难度很大的跨学科问题。短短几年的研究也很难说是触及冰山一角，尚有许多问题值得继续深入研究，书中难免还有许多不足之处需要完善。诚恳希望有关专家和读者批评指正。

未来的气候变化仍然存在许多未知领域，对农业生产影响还存在相当大的不确定性，迫切需要我们深入探索一条可持续发展道路，去适应和减缓气候变化。希望本书的出版能够为此贡献一点微薄之力。

殷培红

2010 年 10 月

内容提要

本书主要利用 1985—2004 年全国 2 300 个县（市）的粮食单产数据和全国 730 个基础气象站点的逐月气温、降水数据，通过多种统计分析方法和综合指标评价方法，重点识别了粮食单产对气候变化的敏感区和粮食安全的脆弱区，分析其脆弱的原因，分析了不同极端气候变化情景对中国粮食单产和粮食供需平衡的影响，评估可接受产量波动水平及风险等内容，得到以下主要结论。

（1）1985—2004 年，中国气候变化区域差异明显。受人类适应活动的影响，粮食单产对气候变化区域响应情况十分复杂。1985—2004 年，全国有 38%～45%的地区在 1994 年前后两个时间段内，单产和主要气候指标的波动项相关系数显著水平发生了明显变化。在单产与各气候指标具有长期互动关系（协整关系）的地区中，有 24%～35%的地区相关系数符号发生显著变化。

（2）运用协整分析方法提高了气候变化敏感区的辨识能力，得到以下结论：第一，典型相关分析结果说明 4—10 月温度，其次 5—9 月降水是影响中国粮食单产空间分异的主导因素。第二，在 240 个单产趋势增加显著地区中，识别出 137 个地区的单产趋势增长与 4—10 月温度变化存在长期互动关系，主要分布在地势阶梯转换带以及长江沿岸等重要地理过渡带上。第三，在数据有效的 328 个地区中，有 41.6%的地区粮食单产波动项对 4—10 月温度和 5—9 月降水两个气候波动项都敏感，主要集中分布在：①夏季风区与非季风区分界线和胡焕庸人口地理线之间的地区，常年缺粮区占优势，秦岭以北单产波动系数很高；②江西、浙江、福建，是余粮区和常年缺粮区并存、单产波动变化很小的地区；③吉林、辽宁东部、河南、安徽，粮食播种总面积的波动系数低，单产波动系数全国高，主要为受气候波动变化影响而产量不稳定的主要余粮区。这说明气候变化背景下中国粮食供应稳定性下降。

（3）从粮食获取能力和粮食安全保障阈值的角度，综合考虑粮食供需平衡、粮食安全储备、经济补偿能力等因素，构造综合评价指标——粮食安全保障的财政压力水平，以粮食安全保障费用不超过地方财政收入水平的 25%作为可接受水平，共识别出 6 个不同类型的粮食安全区。在没有重大灾害事件发生和现有粮食播种面积不变的前提下，全国有 14.5%的县（市）（1 级和 3 级粮食安全区）能够通过粮食生产或者经济补偿能力保障小康水平的粮食安全。全国 29.4%的县（市）属于 2 级粮食安全区，其中 57%的地区是中国的主要余粮区，约占全国主要余粮区中的 72%，因财政收入低、人口密度大，不能负担庞大的小康水平粮食安全储备费用。中国粮食安全最脆弱的地区（6 级区）占全国县（市）总数的 30%，不具备温饱水平粮食生产能力和经济补偿能力，主要包括两类地区：①夏季季风区边缘地带的农牧交错带及秦岭地区，以及南方贫困的丘陵地区属于“资源型粮食短缺地区”；②广西、广东南部以及东部沿海等富裕地区属于“结构性粮食短缺地区”，过低的粮食自给率已影响到粮食安全应急保障能力。

（4）气候变化对粮食安全的脆弱区和安全区都有影响。在 4 级和 6 级两个粮食安全脆弱区内，粮食单产对主要气候因子变化敏感的地区比例最高，约为 68%；在 1 级和 2 级两个粮食安全区内，单产对主要生长期温度变化敏感的地区比例分别占 20%和 22%。中国两大主要余粮区中，东北区粮食总产量最多的地区由平原中部气候变化非敏感区向两侧气候变化敏感区扩展；山东黄河沿岸、山东半岛东部和江苏南部等主要余粮区基本都是单产对气候变化的敏感区。近 20 年来粮食总产量和单产增加很快的内蒙古中部、甘肃、宁夏、云南东部和贵州等地区多数也属于温度和降水变化的公共敏感区。目前，中国的粮食生产“北移西扩”空间变化格局和气候变化敏感区的空间分布对应关系加大了粮食供需平衡的不稳定性和应对气候变化的风险。

（5）根据极端气候事件对单产影响随机性强的特点，采用随机波动序列（差分序列）的回归分析法建立单产—气候变化响应方程，运用历史相似灾年情景设计方法估算假想受灾区域的单产平均减产幅度，以单产变化空间型（EOF 分解）的 328 个地区特征向量值作为比例系数估算全国其他地区的减产幅度，以近 10 年来农业气候最适宜年 2004 年的粮食总产量为标准，分析在气候暖期、现有技术和种植结构条件下极端气候事件对中国粮食供需平衡的影响。当长江沿岸地带、广东、云贵高原等主要粮食消费区普遍增产，全国除了河北中南部、河南北部、关中盆地等粮食主产区增产之外，其余绝大部分地区与东北同时减产时，如果东北再次遭受类似 1957 年的新中国成立以来强度（距平值）最大的低温冷害，东北区大部分地区因灾平均单产减产 17.3%，全国粮食减产总量约占 2004 年中国粮食进口总量的 40%；如果华北平原区再次受到类似 1972 年百年不遇大旱的影响，造成山东、河南部分地区、安徽和江苏北部等地区平均单产减产 4.8%时，全国粮食减产量约占 2004 年中国粮食进口总量的 15.3%。

Abstract

Based on the statistic agricultural data with a county resolution and monthly mean temperature and precipitation data at 730 national basic weather stations for the time period of 1985—2004, it is focused in this paper identify the susceptible and vulnerable regions to climate change, to assess impacts of extreme climate events on grain yield and the balance between supply and demand for grain in China, to and to assess the acceptable risk of grain shortage etc.. The following main conclusions can be drawn.

(1) Climate change and warming trends are obvious with remarkable regional differences in 1985—2004. The relationship between grain yield per unit sown-area and climate change shows very complex and uncertain. Correlation analysis shows the level of significant test has changed in 38%～45% of regions; The direction of Pearson correlation coefficients has changed before and after 1994 in 24%～35% of regions that grain yield per unit sown-area varies notably with climate change analyzed by Cointergration (EG-test).

(2) The linearity trends of grain yield per unit sown-area have increased remarkably in most regions since 1985, especially in the northern China. Canonical Correlation Analysis (CCA) reveals that this kind of spatial pattern has high correlation with the change of temperature in April to October (α=0.01). The impacts of precipitation change are less than that of temperature change in corresponding period. Most notable yield-increased regions sensitively to the temperature change in April to October are located at the climate transition zones in China. The fluctuation of temperature, as well as that of precipitation, plays important roles on change of grain yield per unit sown-area.

(3) There are 41.6% of valid statistic regions that grain yield suspect to both the changes of temperature in April to October and precipitation in May to September analyzed by Cointergration (EG-test). Most of them are distributed in the four regions, the largest one is between the borderline of summer monsoon and the sideline of Chinese population geography from Heihe City in Heilongjiang Province to Tengchong City in Yunnan Province.

(4) In recent 20 years, the main grain producing area continuously moves toward northern China and expands toward western China. Most of the regions are susceptible to climate change. The climate risk of grain production has been increasing whereas the

stability of the balance between supply and demand has been decreasing.

（5）Taking the threshold as acceptable level of revenue burden below 25% of local financial income，six types of food security have been identified in this paper based on the balance between supply and demand for grain，reserves for food security and food affordability etc.. About 14.5% of total counties and cities have in a certain stable ability to ensure food security at 400 kg per capita grain level，and lower risk of yield reduction. 72% of main grain-output regions could not afford huge reserves for food security because of the lowest local revenue and large population. The most vulnerable regions in food security in China are in 30% of total counties and cities，which can be divided into two sub-types of the grain-shortage region. One is natural resource domain with poor grain production conditions located in the marginal zone of summer monsoon and the hill areas in the southern China，and the other is industrial structure domain with the highest local financial income concentrated in the coastal regions in southeast China.

（6）Climate change impacted grain harvest not only in food security region but also especially in the vulnerable regions in food security. There are about 68% of regions that grain yield susceptible to climate change in the two types of vulnerable region in food security in China. The regions in the first two types of food security have much higher proportion of that grain yield per unit sown-area suspected to temperature change in April to October than the other types have.

（7）In the scenario of current warm period，agricultural technology，crops structure and grain-sown area，supposed that the low summer temperature as 1957 happened，the grain yield per unit sown-area would decease by17.3% in the Northeast China，and the loss of whole county would be in 40% of total grain import in 2004；supposed that the drought disaster as 1972 happened，the grain yield per unit sown-area would decease by 4.8% in parts of North China，and the loss of whole county would be in 15.3% of total grain import in 2004.

目录

CONTENTS

1 导论

1.1 背景及意义

1.1.1 背景

1.1.1.1 中国粮食安全面临的主要问题

粮食问题是关系国计民生的大事，在国民经济和社会发展中占有极其重要的地位，是国家发展和社会稳定的基础。中国是一个粮食的生产和消费大国，中国的粮食问题不仅影响全国的发展，也对世界粮食市场构成影响。自 20 世纪 90 年代以来，中国的粮食产业市场化政策、粮食供求关系和粮食生产格局都发生了巨大变化。中国仅用占世界 9%的耕地（封志明等，2005）养活了世界 22%的人口，实现了低消费水平下的粮食供应与需求的紧平衡（刘晓梅，2004）。虽然中国粮食生产取得了很大成就，但是粮食安全面临的一些问题不容忽视。

1）自 20 世纪 90 年代以来，中国主要余粮区向环境变化敏感地区以及粮食产量波动大的地区集中，增大了自然风险对粮食生产的影响，供求平衡的稳定性降低（Fang Xiuqi，et al.，2005）

历史上形成的“南粮北调”的粮食生产格局，在 90 年代中期被“北粮南运”取代。1998 年，北方农区的粮食产量在全国粮食增加总量中占有的份额，由 1982—1985 年平均的 38.4%上升到 1998 年的 69.4%（国家统计局，1999）。2000—2003 年，东北地区的小康水平总余粮量约占全国的 45.1%，华北平原生产全国 33%的余粮。常年缺粮区主要分布在长江中下游以南地区、北方农牧交错带上。上述余粮地区大部分位于环境变化敏感地区。中国 1950—1990 年，东北地区粮食灾损率最高为 17.6%，其次是华北（郑景云和黄金火，1998）；中国北方地区的粮食单产减产风险程度最大（邓国等，2002）。中国粮食主产区粮食波动系数最大，尤其是东北三省（钟甫宁和邢鹂，2004）。粮食产量的波动程度是粮食供需平衡矛盾的主要方面，主要余粮区的粮食丰歉情况将直接影响到全国粮食供需平衡的稳定程度和粮食市场价格的稳定。

2）中国粮食生产越来越多地受到水土资源的制约，粮食单产开始出现土地边际报酬递减现象

据国家统计局的全国统计数据显示，20 世纪 90 年代中后期开始，财政农业总

投入、财政三项科技费用、农业机械化总动力等方面的投入增多，每亩粮食生产成本上升，每亩减税收益下降，粮食单产增加不明显甚至下降。60 年代中期到 80 年代中期，中国单位面积粮食产量以年均 3%～5%的速度快速增长。1985—1993 年单产年增加率降至 1.7%（梁鹰，1996）。1998 年粮食单产达到历史最高水平后开始出现下降趋势（刘晓梅，2004）。化肥施用总量对粮食单产水平提高也存在报酬递减趋势（刘泽良，1985；毛育刚，2001）。

作为世界上 13 个水资源最短缺的国家之一，中国的人均水资源量仅为世界的 1/4（刘晓梅，2004），人均耕地灌溉用水只有世界平均水平的 1/2，地区分布南北差异明显，中国的北方地区集中了全国 64%的土地资源，但是水资源量却不到全国的 18%（严瑞珍、程漱兰，2001）。特别是目前，中国主要的粮食生产区集中分布在北方，灌溉水资源紧张对单产增加的限制作用将更加突出。与此同时，随着中国工业化、城市化进程的加快，粮食播种面积不断下滑，耕地的非农使用现象越来越突出，导致用水、争地等矛盾日趋尖锐。农业生态环境破坏越来越严重，土地退化问题不容忽视。全国已有 666 个县的人均耕地数量低于 FAO 制定的 0.05hm^2 的耕地警戒线，其中有 463 个县低于 0.03hm^2。如果耕地继续减少，到 2030—2040 年全国的人均耕地数量也将低于 0.05hm^2（蔡运龙，2000）。

3）气候变化对中国粮食生产影响显著

中国是一个农业气候资源丰富的国家，但又是一个农业气象气候灾害频繁的国家，素有“三岁一饥，六岁一衰，十二岁一荒”之说。冬夏季风的强弱和进退时间的迟早，往往出现旱、涝、低温、霜冻和干热风等多种农业气象灾害，严重地威胁着农业的稳产、高产（张养才等，1991）。近几十年来，中国自然灾害日益频繁，受害程度加重。因自然灾害粮食减产量占粮食总产量的比重由 20 世纪 50 年代的 2.1%上升到 90 年代的 5.0%（林善浪和张国，2003）。极端气候是造成中国农业大幅度减产和粮食产量波动的重要因素（刘明亮和陈百明，2000）。近 50 年来，中国北方干旱受灾面积扩大，南方洪涝加重。农业生产的不稳定性增加，局部干旱高温危害加重，春季霜冻的危害因变暖使作物发育期提前、抗旱性减弱而增大（国家气候变化评估报告（Ⅱ），2006）。气候变化将使中国未来农业面临以下 3 个突出问题：① 农业生产不稳定性增加，产量波动大；② 农业生产布局和结构将出现变动；③ 农业生产条件改变，农业成本和投资将大幅度增加（秦大河，2002）。模拟结果表明：在 CO_2 倍增条件下，中国一熟制地区面积将由现在的 62.3%减至 39.2%，两熟制地区面积基本不变，将北移至目前一熟制地区中部，而三熟制地区由当前的 13.5%提高到 35.9%（Wang Futang，1997）。气候变化国家评估报告（Ⅱ）（2006）中指出：在现有的种植制度、种植品种和生产水平不变的前提下，到 2030—2050 年，由于气候变化和极端气候事件会使中国粮食生产潜力下降 5%～10%，其中小麦、水稻和玉米三大作物产量最多可下降 37%。

1.1.1.2 中国是全球气候变化及区域差异最明显的地区

中国独特的地理环境，使之成为全球环境变化比较明显的区域。据国际政府间气候变化委员（IPCC，2001a）第三次评估报告，20 世纪全球地面平均气温上升了 0.6±0.2℃。过去 100 多年中国经历了与全球相似的变暖过程。根据中国国家气候变化评估报告（Ⅰ）(2006)，最近 100 年，中国年平均地表气温明显增加，升温幅度约为 0.5～0.8℃，略高于同期全球升温幅度平均值。20 世纪，中国分别在 20～40 年代与 80 年代中期以后出现两个增暖期。这两个增温期的温度上升幅度大致相同，并与全球及北半球平均状况一样。如果这种变暖的趋势继续持续下去，预计到 2020 年，全国年平均气温将增加 1.3～2.1℃，2030 年全国平均气温将上升 1.5～2.8℃。

近 50 年中国增温尤其明显，年平均地表气温增加 1.1℃，增温速率为 0.22℃/10a，明显高于全球或北半球同期平均增温速率。北方和青藏高原增温比其他地区显著。中国西南地区出现降温现象，春季和夏季降温尤为突出。长江中下游地区夏季平均气温也呈降低趋势。由于气温上升，中国的气候生长期已明显增长，青藏高原和北方地区增长更多（国家气候变化评估报告（Ⅰ)，2006)。20 世纪 80 年代以来，中国春季物候期提前了 2～4 天（国家气候变化评估报告（Ⅱ)，2006)。1951—1999 年期间，中国霜冻日数显著下降，50 年缩短了 12 天，霜冻日下降意味着生长期的延长，同时病虫害也可能更容易发生。北方霜冻日减少趋势明显，东部地区的变率大于西部地区，华北中北部和西北东部的变率最大，其次是东北西南部（Zhai Panmao，Pan X H，2003)。

近 100 年和近 50 年来，中国年降水量变化趋势不明显，但年际波动较大。近 20 年降水呈增加趋势。1990 年以来，多数年份全国年降水量均高于常年。中国年降水量趋势变化存在明显区域差异。长江中下游和东南地区年降水量平均增加了 60～130mm，西部大部分地区的年降水量也有比较明显的增加，东北北部和内蒙古大部分地区的年降水量有一定程度的增加。但是华北、西北东部、东北南部等地区年降水量出现下降趋势。其中黄河、海河、辽河和淮河流域平均年降水量 1956—2000 年减少 50～120mm（国家气候变化评估报告（Ⅰ)，2006)。

总体上看，中国的气温与降水变化是不同步的，区域差异也十分显著。这些特征必然会使得中国粮食生产对气候变化的区域响应具有明显的复杂性，气候变化对中国粮食供需总平衡的影响存在更多的不确定性。

1.1.1.3 全球气候变化的区域适应研究兴起

面对气候变化，为了更好地应对气候变化带来的不利影响，缓解气候变化可能带来的危害，自 20 世纪 70 年代起，国际上就气候变化可能造成的影响问题展开了广泛研究。在此过程中，人们逐渐认识到：全球变化是不可避免的；全球变化的影响是全球变化的危害性与人类社会的脆弱性相互作用的结果；全球变化对人类而言是危害与危机并存，人类可以通过改变人类社会的脆弱性而规避全球变化带来的风险（葛全胜等，2004)。

在如何减小气候变化带来的不利影响（消除威胁）的对策研究方面，自 20 世纪 70 年代开始的预防和阻止（prevention）对策的研究与实施，80 年代的围绕减缓（mitigation）对策展开的“减排”方案研究和国际谈判等，以及近些年开始普遍为人们接受的适应气候变化的对策研究。目前，世界上许多国家，包括发展中国家，或是独立（如美国、加拿大、澳大利亚）或联合（如欧盟、加勒比海地区国家）开展了本国或地区对全球变化的适应性研究（葛全胜等，2004）。

IPCC 第二次评估报告中指出（R T Watson，et al.，1996）适应性可以是自发的也可以是规划的，它能够在实际过程中，付诸于实施以响应已发生的或者是预期的气候变化。IPCC 又于第三次评估报告（2001a）中进一步明确了“影响，适应性和脆弱性”的研究主题，强调加强全球变化适应性研究的必要性，并把人类社会对气候变化的脆弱性评价作为适应能力研究的重要部分之一。Burton（1998）认为“适应”是指在过程、措施或结构上的改变，以减轻或抵消与气候变化相关联的潜在危害，或利用气候变化带来的机会，它包括降低社会、地区和活动对气候变化的脆弱性。B Smit（1993）和 Smith. J B（1996）认为，“适应”人们为应对短期和长期的气候变化，以及极端灾害天气而采取的调整措施（包括经济结构的调整），这些措施将增强社会经济活动的生存能力，降低人类社会对气候变化的脆弱性。B Smit 和 J Wandel（2006）总结的 4 个气候变化适应研究的主要目的中有两个是关于脆弱性评价的。

1.1.2 选题意义

1.1.2.1 现实意义

（1）在粮食供需紧平衡背景下，气候变化对中国粮食生产波动影响的研究对保证粮食供需平衡的稳定性，确保国家粮食安全具有重要意义。

（2）在中国粮食需求压力不断增大，单产提高困难重重的困境下，充分利用当地气候资源，粮食生产适应当地气候变化，趋利避害，对于提高粮食单产、降低粮食生产成本、提高粮食供给能力具有特殊意义。

（3）加强中国不同区域粮食产量形成系统对气候变化的脆弱性研究，可以提高不同区域应对自然突发事件和气候变化的适应能力。

（4）在中长期粮食供需平衡研究中加强气候变化对中国粮食单产影响的定量分析，对国家制定合理的粮食储备数量、建立长期效应的粮食安全保障体系均具有重要意义。

（5）对气候变化的脆弱性随区域差异而不同。不同区域的自然、社会系统的内在特征、资源条件和法规体系的不同，而具有不同的敏感性和适应能力（IPCC，2001b）。加强粮食安全的脆弱性评价及区域差异研究，有利于区域粮食生产布局调整和提高国家粮食宏观调控政策的针对性，对于实现国家更高层次的粮食供需平衡具有战略意义。

1.1.2.2 科学意义

在国际自然科学和人文科学交叉研究中，全球环境变化与粮食保障系统

（GECAFS）研究是地球系统科学合作组织（ESSP）四大联合计划之一[1]。世界粮食需求的增长与粮食安全的需求，将在很大程度上影响到全球或区域土地利用与土地覆盖变化的格局。粮食生产活动是导致环境变化的主要人文驱动力之一。因此，这些内容还成为 IGBP 和 IHDP 的重点研究计划关注的主题之一，如 LUCC、全球环境变化与产业转型（IT）以及“自然生态系统和人工生态系统的关联——GCTE 与相关研究的集成”等国际全球变化研究前沿课题。

中国既是粮食生产大国，同时也是粮食消费大国。中国的粮食安全问题以及气候变化和极端气候事件对中国粮食安全的影响及脆弱性评价等问题是国际粮食安全研究、全球变化的区域适应研究的理论热点，在中国农业可持续发展的理论研究中也占有重要地位。

气候变化背景下的中国粮食安全的脆弱性评价研究，可以揭示目前以及未来中国哪些地区粮食安全问题最突出，气候变化对不同地区粮食产量影响究竟有多大，哪些地区是适应气候变化的脆弱地区，脆弱的原因是什么。这些研究角度和内容能够深化粮食生产波动变化规律的认识，进一步丰富和发展中国粮食安全理论研究的内容，可以丰富粮食宏观经济调控和战略管理的内容，为区域粮食生产布局调整、提高粮食宏观政策的地区针对性、构建多层次的由国家到地区的粮食安全保障体系以及适应气候变化科学决策提供理论依据。

1.2 国内外研究综述

1.2.1 国内外气候变化的脆弱性评价研究进展

1.2.1.1 国外研究进展

（1）对脆弱性概念的理解不断深入

脆弱性一词广泛出现在各种研究领域中，如灾害管理、环境变化、发展研究等，由于各自研究背景的不同，脆弱性的表现、谁是脆弱性的主体、对什么脆弱等都是不同的，因此脆弱性的概念十分不明确。为此，特别是最近 2～3 年国际上主要的研究机构纷纷举行专题研讨，取得许多重要进展，加深了人们对脆弱性的理解，并形成了一些基本共识。

联合国大学的环境与人类安全研究所（UNU-EHS）在 2006 年推出了由 J. Birkmann 主编的 *Measuring Vulnerability to Hazards of Natural Origin* 一书，书中将目前世界上具有代表性的脆弱性定义进行了系统的分类，如图 1-1。该图清楚地显示了脆弱性概念内涵扩展的变化趋势。并认为“虽然我们不能准确定义脆弱性，但我们能够度量脆弱性”，“一个基本共识是：脆弱性与社会群体的敏感性、灾害暴露程度以及与社会经济文化背景相关的应对灾害事件的各种能力（abilities to cope

1 www.essp.org. / update2004.

with）相关”（J Birkmann，2006）。从图 1-1 可以看出，脆弱性的概念内涵从单纯针对自然系统的固有（天然）脆弱性（intrinsic vulnerability）逐渐演化为针对自然和社会系统的意义更为广泛的综合概念；对脆弱性的关注由以环境为中心，注重自然环境的脆弱性评价发展到以人为中心，注重人在脆弱性形成以及降低脆弱性中的作用；由仅仅消极或被动地面对和评价自然或者社会所受到的伤害，变为把人的主动适应性作为脆弱性评价的核心问题。

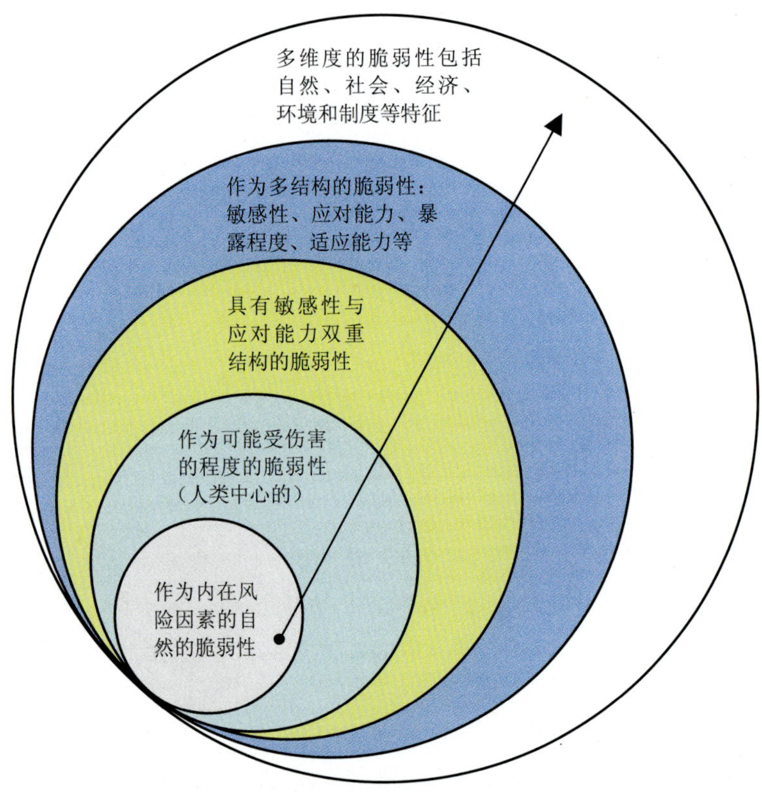

图 1-1 世界有代表性的脆弱性概念内涵扩展变化趋势（J Birkmann，2006）

IHDP 的学术委员会曾于 2005 年 2 月专门以弹性（resilience）、脆弱性（vulnerability）和适应（adaptation）这三个概念为主题举行研讨会，澄清概念，并将会议成果作为一个专门主题，在同年波恩 IHDP 第六次大会上发表。2006 年，Global Environmental Change 杂志正式发表了一组论文，集中反映了这一最新研究成果。W N Adger（2006）分别对社会科学和自然科学中的脆弱性概念以及研究方法的变化进行了梳理（表 1-1），比较清晰地展现了使用脆弱性概念的不同研究传统，加深了人们对脆弱性概念的理解。

20 世纪 80 年代初，国际食物安全领域中开始运用权利理论（entitlements theory）来解释饥饿问题产生的原因（Sen，1981，1984）。该理论成功地解释了社会差异对食物不安全状况的影响。该理论认为，食物不安全状况和其他社会危机的发生与人们的权利丧失密切相关。脆弱性被解释为一系列与经济和制度相互关联的不安全因素。食物安全的脆弱性评价主要关注社会、经济的获取能力而不是食物需求的有效性。在联合国粮农组织的文献中，脆弱性的概念也是不断变化的。1996 年的《罗马宣言》中，脆弱性定义为存在可能导致地方居民出现食物安全问题或营养不良的因素（不安全因素）（FAO，1996）。在 FAO 的《2000 年世界粮食不安全状况》报告中，脆弱性是指人们处于粮食不安全或营养不良的各种风险，包括影响其应对能力的各种因素。个人、家庭或人群的脆弱程度取决于其遇到的风险因素及其应付或承受压力的能力。这一表述，在 FAO 所属的农业与经济发展分会（ESA）一份工作报告中进一步简述为脆弱性是人们风险暴露程度和承受压力下的恢复能力（resilience）的函数。这种恢复力（系统弹性）取决于在维持人群达到最低福利标准或阻止情况恶化而导致陷入更深的不安全状况时，灾害风险管理策略（预防和阻止、减缓、应对）的可能效果（Christian，et al.，2004）。从相应的指标选择可以看出，风险暴露程度是人群处于饥饿和营养不良的状况，谋生能力和收入的稳定是抵御各种风险，保证人群粮食安全的必要手段。

表 1-1　脆弱性研究源流与传统（W N Adger，2006）

脆弱性研究领域	研究对象	来源
早期研究领域		
● 饥饿与食物安全中的脆弱性	● 解释粮食歉收和食物短缺对饥饿问题的影响，把脆弱性描述为权利丧失和缺乏能力	Sen（1981）；Swift（1989）；Watts and Bohle（1993）
● 灾害学的脆弱性	● 通过已经发生的和可能发生的灾害情景识别脆弱人群和灾害危险地带。经常用于气候变化的影响研究	Burton et al.（1978，1993）；Smith（1996）；Anderson and Woodrow（1998）；Parry and Carter（1994）
● 人类生态学	● 从社会结构的角度分析人类社会对自然灾害的脆弱性及其潜在原因	Hewitt（1983）；O'Keefe et al.（1976）；Mustafa（1998）
● 压力和释放模型	● 在人类生态模型之下进一步把风险、资源政治经济、规范的灾害管理和政府干预连接起来	Blaikie et al.（1994）；Winchester（1992）；Pelling（2003）
新出现的研究领域		
● 气候变化中的脆弱性	● 用更为广泛的方法和研究传统解释目前社会、物理或生态系统对未来风险的脆弱性	Klein and Nicholls（1999）；Smit and Pilifosova（2001）；Smith et al.（2001）；Ford and Smit（2004）；O'Brien et al.（2004）
● 贫困和可持续生计中的脆弱性	● 从经济因素和社会关系等方面解释为什么人们变得贫困或难以脱贫	Morduch（1994）；Bebbington（1999）；Ellis（2000）；Dercon（2004）；Ligon and Schechter（2003）；Dercon and Krishnan（2000）
● 社会—生态系统中的脆弱性	● 解释人类与环境耦合系统的脆弱性	Turner et al.（2003a，b）；Luers et al.（2003）；Luers（2005）；O'Brien et al.（2004）

灾害学的脆弱性研究中，由于在解释人类社会对灾害表现出的不同脆弱性时，各自理论基础不同，产生了许多学派和对脆弱性的不同解释。主要有权利理论、人类生态学理论和压力释放模型等（W N Adger，2006）。Cutter（1996）和 Cutter 等（2003）把脆弱性研究分为三种类型：第一类把脆弱性理解为一种暴露状况，即使人或地区陷入危险的自然条件；第二类是把脆弱性看成各种社会因素，衡量其对灾害的抵御能力（弹性）；第三类则是把可能的暴露与社会弹性在特定的地区结合起来。目前，又出现将环境心理感知因素和社会方面的风险因素引入灾害研究中，将环境风险和人类的反应整合起来的研究趋势。

可持续生计和贫困研究领域中的脆弱性研究，主要是在个体和家庭的尺度上，从人的谋生能力和消除贫困的角度分析脆弱性。脆弱性被解释为谋生能力对环境变化的敏感性以及不能维持生计。生计能力评价过程中对谋生技能、资产状况、生态风险和生态服务功能等多方面内容的分析（W N Adger，2006）。

气候变化中的脆弱性评估主要源于气候变化的影响评价、灾害和粮食安全等研究领域。这里的脆弱性评价使用更为广泛的工具，系统地考察哪些地区或人群是脆弱的，他们对什么脆弱和为什么脆弱等问题（Schröter et al.，2005；Patt et al.，2005）。

B Smit 和 J Wandel（2006）用网络层级模型表示了脆弱性的几个组成部分——干扰和外部压力的暴露状况、对干扰的敏感程度以及适应能力，在大尺度和区域等不同空间尺度下相互作用的复杂关系。他们还认为脆弱性各个组成部分之间的关系是动态的，这种关系是随着时间，因干扰类型、具体的地点以及系统特性而不断变化。适应性是降低脆弱性的途径。人们可以预测未来可能发生的环境变化，分析未来情景下的脆弱性，然后通过适应策略的选择，来改善当前的系统状态，降低脆弱性，从而更好地适应未来变化。适应能力还可以影响到系统的阈值和应对范围“coping ranges”，也就是系统能够处理、提供相应服务（accommodate）、适应和从中恢复的条件（conditions）。系统的应对范围（或适应域）因各种社会、经济、政治条件而变化。而且还与气候变化的特点有关，如极端气候事件以及普通气候事件的累积效应等都可以使适应域变窄。

IPCC 是气候变化的脆弱性评价研究的主要推动者和权威机构。IPCC 前后共有 3 个脆弱性定义：

① 脆弱性表示系统受到伤害的程度，是系统对气候变化的敏感性和适应能力的函数（IPCC，1995）。

② 脆弱性是自然或社会系统对气候变化持久性伤害的敏感程度。脆弱性取决于系统对气候变化的敏感性和系统对气候变化的适应能力；敏感性是系统对气候变化有利和不利的响应程度；适应能力是系统为趋利避害，在实践、技能或结构方面可能做出的调整程度（1997）。

③ 脆弱性是指系统容易遭受（susceptible to）或有没有能力对付气候变化（包括气候变率和极端气候事件）的不利影响的程度。它是系统对所受到的气候变化特征、幅度和变化速率的暴露程度及其敏感性（sensitivity）、适应能力的函数。敏感性是系统受到的与气候变化有关的、有利或不利影响的响应程度。与气候有关的因

素包括平均气候状况、气候变率和极端气候事件的强度和频率等，这些影响可以是直接的，也可以是间接的；适应能力是指一个系统调整自身以适应气候变化和极端事件和趋利弊害的能力（IPCC，2001c）。IPCC（2007）的第四次评估报告中依然采用这个定义。

从 3 个定义的细微变化看，IPCC 首先强调了脆弱性评价中，被评价系统所受到的外力干扰与气候相关（affected by climate-related stimuli），是特定系统对气候变化影响的敏感程度及系统对这种影响的适应能力的综合评价。其次，还强调了敏感性与脆弱性的不同，高度脆弱的系统是那些对适度气候变化高度敏感的系统，同时又是适应能力受到严重制约的系统（IPCC，1997）。第三，脆弱性随区域差异而不同。不同区域的自然、社会系统的内在特征、资源条件和法规体系的不同，而具有不同的敏感性和适应能力。第四，IPCC 重点关注的是应对气候变化的适应能力对脆弱性的影响。即使在同一区域，气候变化造成的影响、各自的适应能力以及表现出来的脆弱性也是不同的（IPCC，2001b）。

（2）气候变化中的脆弱性评价研究框架逐渐清晰

脆弱性评价被广泛地应用在经济学、工程学、心理学、人类学、全球变化、灾害和粮食安全等很多领域中，这些不同领域，在脆弱性评估研究方面做了大量的研究，专著或主要研究机构的技术报告、指导手册等文献众多，研究论文更是浩如烟海。以 vulnerability 为关键词在 ISI web of knowledge 学术期刊检索系统中检索量在 3 万以上（截止到 2005 年 12 月）。由于气候变化以及生态系统、人类系统对其响应和适应的复杂性，生态系统、人类系统对气候变化的脆弱性评价进展很慢。相比较而言气候变化背景下的脆弱性评估论文不到 500 篇，20 世纪 90 年代后期论文发表达到高峰，主要集中于气候变化对生态系统、粮食安全和农作物、水资源的脆弱性评价，此外，还涉及地质灾害、森林资源、海洋资源等的脆弱性评价。主要的代表人物有：Smith J B、林而达、Bolhofer W C、Feir R B、Emhart's.、Wisnieqski，J. 等（以 climate change and vulnerability 为关键词，截至 2005 年 12 月，ISI web of knowledge 检索的统计结果）。

多数研究是将受损害或可能受到气候变化的影响程度作为脆弱性的评价指标，也有一些研究将影响各种应对能力或适应能力的因素作为脆弱性评价的主要内容。Kelly 和 Adger（2000），O'Brien 等（2004）则将气候变化中的脆弱性研究归为“作为结果的脆弱性”（vulnerability as outcome）和“作为情景的脆弱性”（contextual vulnerability）两个相对的研究传统。前一种研究的脆弱性主要指一种无力的和处于危险中的状态（a state of ‘powerlessness and endangerment’）；后一种主要是辨识社会生态系统对变化情景的适应能力。

气候变化中的脆弱性评价与气候变化影响评估联系密切，但又有所不同，两者均在气候变化适应研究中占有重要地位。从 B Smit 和 J Wandel（2006）总结的气候变化适应研究的主要目的中的表述中可以明显看出这种区别与联系。他们的研究成果作为的一项最新成果，在 2005 年 10 月的波恩 IHDP 第六次会议开幕式上正式公布。他们认为气候变化适应研究具有多种研究目的，主要包括以下 4 个方面：

① 影响评价，适应与否作为一种假设，即在调整和不调整人类行为的前提下估计不同的长期气候变化情景下的损害情况。影响评估主要使用平衡或统计模型，主要回答特定气候变化情景的影响究竟有多严重或危险程度如何等问题（Dessai et al.，2003；Tubiello et al.，2000；Winters et al.，1998；Parry et al.，2001）。

② 评价特定的适应方式选择方案（specified adaptation options），鉴别首选的措施（preferred measures）。在这类研究中，用于排序比较各种可能适应方式相对优点的主要分析手段是成本效益分析、费用效益分析和多准则过程（multiple-criteria procedures）等。

③ 相对脆弱性指标评价，主要包括指标筛选，对各种脆弱性指标进行打分，进行不同国家、地区或社区的相对脆弱性对比评价。脆弱性在这里被看做是一个“起评点”（starting point）而不是“终点”（end point）或者“剩余影响”（residual），即最初影响成本减去由于采取适应对策的节约成本（O’Brien et al.，2004）。

④ 参与式的脆弱性评价（participatory vulnerability assessments）主要是在社区尺度上鉴别各种适应策略的可行性和实用性。此类评价主要通过在特定区域或社区进行调查，了解各种适应能力和适应需要，识别实现适应主动权（implementing adaptation initiatives）或者加强适应能力的各种手段。相对基于情景（scenario-based）的“自上而下”（top-down）的方法，这种方法也被称作“自下而上”（bottom-up）的方法。图 1-2 显示了这种脆弱性评价的概念框架。

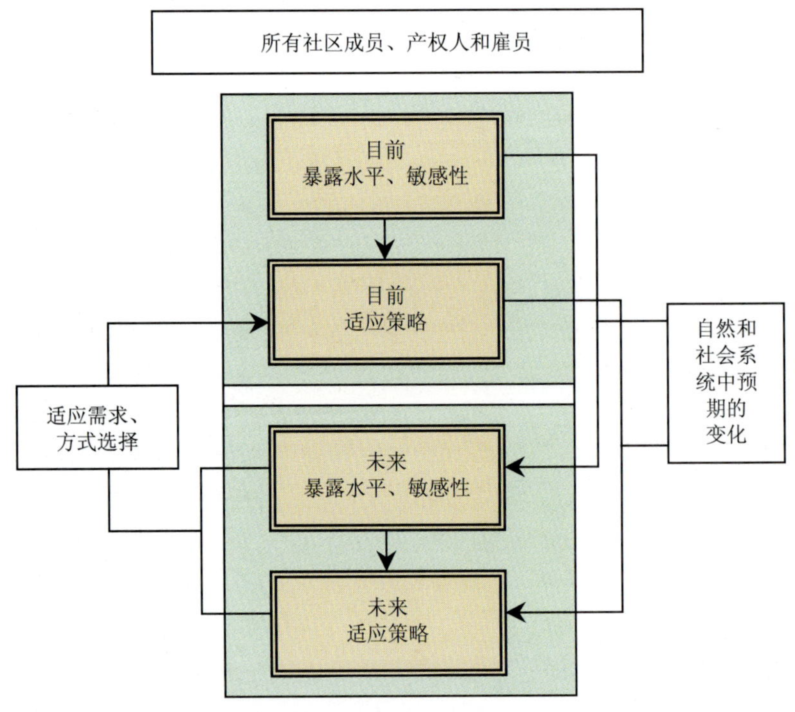

图 1-2　参与式脆弱性评估的概念框架（B Smit，J Wandel，2006）

从以上论述可以看出，气候变化的影响评价是适应研究的第一步，其研究本身并没有直接指向适应对策以及适应能力，其目的主要是让人们意识到特定气候变化情景的影响对人类究竟有多严重或危险程度如何。早期的气候变化影响评估中，人类的适应行为对气候变化潜在影响的反馈过程并不在其研究过程中，是一种人在环境外的评价模式。近些年的气候变化影响评价中开始将是否有人类的适应行为作为一种假设，引入评估模型中进行影响评估。而气候变化的脆弱性评价研究，无论是区域尺度上的相对脆弱性评价还是社区尺度上的参与式脆弱性评价，都是直接针对适应能力，目的是识别出那些气候变化影响大地区或缺乏应对气候变化不利影响的地区或人群，并且需要回答这些地区或人群为什么对气候变化表现出不同的脆弱性以及如何采取措施降低适应的脆弱性等问题，是一种人在环境中的评价模式。

从图 1-2 的脆弱性评估框架可以明显看出脆弱性评价的动态特征以及以人中心的评价理念。作为受到自然和社会系统变化影响的受众和适应者，人的发展需求以及对适应方式的选择等因素被纳入到脆弱性评价体系之中，并深刻影响着现在以及未来自然社会系统的脆弱性以及适应策略。IHDP 在 2005 年 1 月的研究通讯中推出“跨学科脆弱性（intervulnerability）评估框架”（图 1-3），则更能体现将脆弱性形成的时间和空间的动态变化过程以及包括气候变化和全球化过程在内的多种全球变化过程结合起来的脆弱性评价理念。并且提出要将大多数研究中的一般性指标评价方法转变为面向适应者的脆弱性评价（from generic indices to adaptive agents）。作为适应者的脆弱性不仅是暴露水平、敏感性和适应能力的函数，而且还包括适应者对变化和风险的认知过程，如对变化及风险的感知、评估，对适应方式的权衡与选择、决策过程以及对自身适应行为产生效果的评价等诸多过程。这些过程更多地涉及各种经济、社会和行为科学理论，不同的风险承担者会有不同的认知策略（L Acosta-Michlik，Mark Rounsevell，2005）。

（3）脆弱性评价方法还很不完善

气候变化中的脆弱性评估是国际脆弱性的研究领域中较晚出现的一个研究方向（W N Adger，2006）。尽管如前所述，在脆弱性评价的理论研究方面，近两年国际上取得了重大进展，但是由于脆弱性评价是一个连接自然学科和社会学科的跨学科研究主题，脆弱性本身具有明显的多变性和复杂性，目前还没有一种或者一套有效的方法能够处理脆弱性评价中面临的问题（W N Adger，2006；C Vogel，2006）。IPCC 在区域和系统的脆弱性方面的纲领性论述还没有全面反映出关于气候变化和风险与脆弱性之间因果联系的丰富而多样的科学发现（W N Adger，2006）。因此，下文重点介绍上述相关研究领域中的主要国际组织在脆弱性评价方法方面的研究进展，以便相互借鉴。粮食安全领域中的脆弱性评价将在下一节国际粮食安全研究进展中介绍。

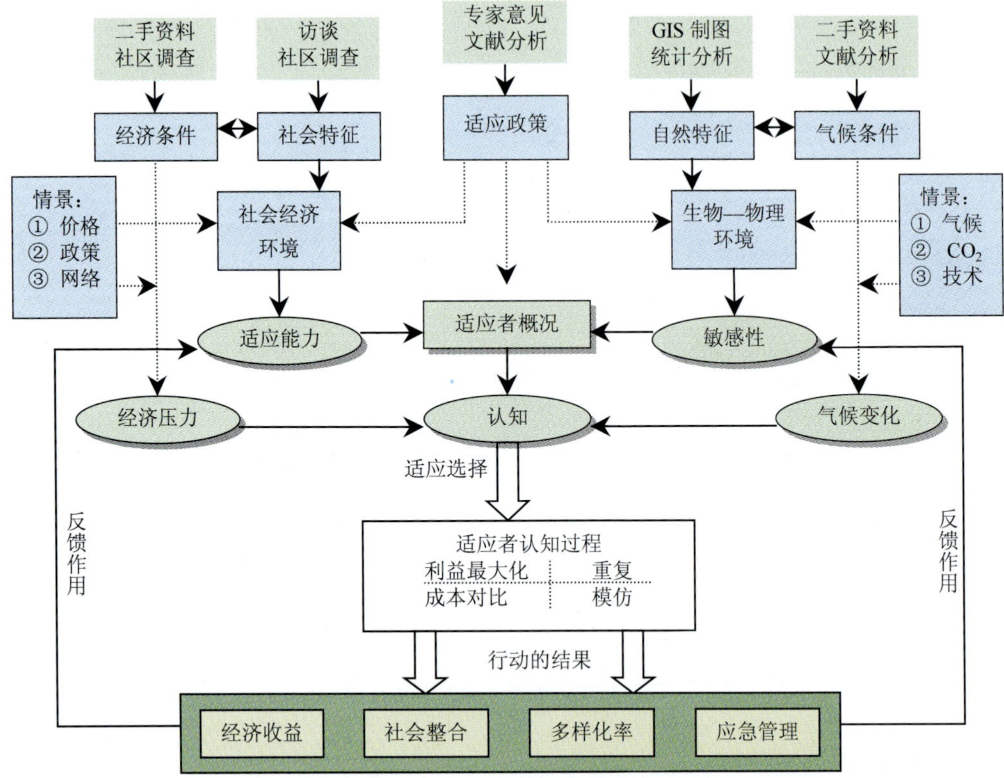

图 1-3　评估相互影响的全球变化过程的跨学科脆弱性评估框架

（L Acosta-Michlik，Mark Rounsevell，2005）

1）灾害学领域中的脆弱性评价　20 世纪 80 年代，随着世界范围内防灾和减灾实践的深入，灾害学研究中开始重视人类社会经济自身的脆弱性在灾害形成中的作用，主要研究人类社会对灾害的脆弱性。在联合国发展计划（UNDP）和国际减灾理事会（ISDR）的共同合作下，目前国际上共有灾害风险指数 DRI（Disaster Risk Index）[2]、热点地区计划（the Hotspots Project）[3]和美洲指数（the Americans Indexing Programme）[4] 3 个著名的全球尺度的灾害风险（脆弱性）评估体系。其中，灾害风险指数（DRI），是世界上第一个全球尺度的、空间分辨率到国家的人类脆弱性评价指标体系（Mark Pelling，2004）。

在评价指标生成的方法方面，主要有归纳和演绎两大类方法（Cardona，2003）。归纳的指标生成法主要是通过赋予各种指标适当的权重来生成多种指标的综合指数，最有代表性的是 Americans Indexing Programme。该计划从国家尺度上对美洲 12

2 http://www.undp.org/bcpr/disred/rdr.htm and http://gridca.grid.unep.ch/undp.

3 http://www.proventionconsortium.org/projects/identification.htm.

4 http://idea.unalmzl.edu.co.

个国家进行了灾害脆弱性评估。如普适性脆弱性指标 PVI（the Prevalent Vulnerability Index），评估国家尺度的社会经济脆弱性。主要包括 3 个维度的人类脆弱性：灾害暴露程度和敏感性、社会经济的脆弱性以及缺乏恢复能力（resilience）。这种评价的是本质的（天然固有的）脆弱性，而不是特殊的灾害类型或程度的脆弱性。每个维度有 8 个定量指标，通过权重方法最后生成一个综合指数。此外，灾害赤字指数 DDI（the Disaster Deficit Index）用于评估国家财政能力对 50 年、100 年和 500 年周期的灾害的响应程度和恢复能力。以最大可能灾害事件（MCES，maximum considered disaster event）时一个国家从私人、政府和国际获得各种重建基金的能力。一个可替代的指标是 MCES 的损失占年国家财政流通预算的比例（current account budgets）。

演绎的指标评价方法，一般基于历史数据资料的建模方法，如 Hotspots 利用每次灾害的人口死亡率和经济损失分别建立脆弱性的相关系数。DRI 包括两个全球性的脆弱性指标：相对脆弱性指数和关键社会经济指数。相对脆弱性指数以死亡人数与暴露人口的比例为脆弱性指标；国家尺度的关键社会经济指数依据各种灾害类型而有所不同。DRI 则是根据专家们的意见选取了 28 个与脆弱性相关的变量（表 1-2），通过相关系数法和逐步回归法筛选与灾害类型密切相关的 1～2 个关键脆弱性变量，建立了不同灾害的多元对数回归方程，从而确定与每种灾害风险最为密切的脆弱性综合指数（UNDP-BCPR，2004）。例如洪水灾害风险与暴露在洪水灾害中的高密度人口有关，其脆弱性来自低的人均 GDP 和高的人口密度。

表 1-2 DRI 的脆弱性评价指标（UNDP-BCPR，2004）

脆弱类型	指标
经济	GDP/居民购买力水平、人类贫困指数、总债务服务水平（debt service）（占出口商品和服务的比例）、通货膨胀率、食物价格（年%）、非就业率（非就业人口占总劳动力比例）
经济活动类型	可耕种土地（千公顷）、永久种植谷物的可耕地比例、城市人口比例、与农业相关的 GDP 比例、农业雇佣劳动力比例等
环境质量和依赖性	森林和林地的覆盖率、人为原因引起的土壤退化（GLASOD）
人口统计学	人口增长、城市人口增长、人口密度、老年抚养比
健康和卫生条件	拥有获得改善的供水条件的人口比例、每千人拥有医生人数、医院病床数量、预期寿命（男/女）、5 岁以下幼儿死亡率等
早期预警能力	每千人收音机拥有量
教育	文盲率
发展状况	人类发展指数

UNU-EHS 在脆弱性评价中也做了大量工作，积累了许多成功的案例和研究成果。在 2005 年发表的第一份研究概览中，该组织介绍了 *Measuring Vulnerability to Hazards of National Origin*（J Birkmann，2006）一书中的主要内容，代表了该组织

的研究进展和发展趋势。该书将目前世界上减灾领域中，重要的、不同尺度的脆弱性评估方法进行了评述。该书的主要观点是：①脆弱性评价如果仅仅以单纯的损失评估，就很难估计人群、社区或国家是否能够从灾害打击中吸取经验教训，因此，减灾的脆弱性评估要摆脱过去那种回顾性的损失评估模式（retrospective loss estimation），加强前瞻性的风险评估（forwarding-looking assessment）研究，如选取人口增长、贫困水平、文盲率等指标，在灾害和风险出现之前，采取适当行动，是减少脆弱性，降低灾害损失的关键，为此要在那些识别出来的脆弱地区，加强长期的、连续性的脆弱性评估（监测）；②未来的灾害脆弱性评价要开发出更精确的综合评价方法，将以经济收入为核心的，一般的、间接的灾害脆弱性评价（hazard-independent approaches），与以人员伤亡和财产损失为核心的直接的灾害脆弱性评价（hazard-dependent approaches）结合起来；③脆弱性和适应能力评价研究，要寻求定性评价和定量评价结合的平衡点，将一次性的定性和定量方法与反思性的、行动研究方法结合，发展连续监测和行为校正性的新评估方法，以及灾害链的影响评估方法，而不是仅仅评估同等灾害强度作用两次的影响情景；④脆弱性和风险指标的选取，应当是简洁的、便于理解而且既要适用于传统的计划制订，也要适合应对危机、减灾计划、土地利用计划和社区发展战略的决策过程。

2）气候变化影响/脆弱性评价　政府间气候变化委员会（IPCC）继 1995 年在第二次评估报告中提出关注脆弱性问题之后不久，于 1997 年 IPCC 又出版了一个专门报告《气候变化的区域影响：脆弱性评估》，使用 GCM 模型模拟在二氧化碳倍增（没有气溶胶影响的）情景下，气候变化影响的可能特征和幅度，并以此作为指标（R T Watson，et al.，1997），对全球 10 个主要地区（大陆次或大陆范围）的自然和社会系统应对气候变化的脆弱性进行了评估。并揭示了不同人口、环境系统在脆弱性方面的广泛差异（R T Watson，et al.，1997）。评估重点主要包括：生态系统、水文和水资源、食物和纤维生产、海岸带系统、人类聚落和人类健康等方面。2001 年，IPCC 第三次评估报告进一步明确了“影响，适应和脆弱性”的研究主题，评估范围进一步扩展到能源、工业、保险和其他金融业等经济系统。

模型模拟和多指标评价法是气候变化中的脆弱性评价的主要方法。模型模拟研究法是当前国际上发展最迅速的研究方法之一，主要的定量研究方法有：试验研究、作物模式模拟、经济模拟评估法等。如 IPCC 第三次评估报告（2001c）中用试验研究、作物模式模拟等方法评估了气候变化对作物产量的影响；用经济模拟评估的方法评估了气候变化对农产品产量及价格的影响以及区域差异；定量研究了一些地区气候变化对脆弱人群的收入、饥饿人口数量、人口压力、经济发展的影响等；AIR-CLIM 项目（2002）利用基于过程的平衡态陆地生物圈模型 BIOME3 模拟生态系统对气候变化的响应情况，用指标评价法来确定系统的脆弱程度，对未来 100 年欧洲自然生态系统的脆弱性进行研究。

总体上看，适应能力的脆弱性指标体系的研究还处于早期的发展阶段，尤其是适应者（风险承担者）参与的脆弱性评价方法需要提高（IPCC，2001c）。影响评估远远多于脆弱性评估。目前有关气候变化对农业影响的结论主要来自于假设气候情境下的模式模拟结果，适应措施的提出也多是基于未来气候变化的情景，对于已经发生的气候变化的影响和适应行为的评估研究较少，其主要原因是气候与社会经济条件的变化交织叠加难以有效地定量区分（王媛，2005）。气候变化影响评估结果的不确定性主要来源于气候模式的不完善和未来各种情景假设的不确定性（中国国家气候变化报告（Ⅱ），2006）。

在气候变化及其影响研究中，有不少统计模型和动力学模型，如 Gap model、BIOME2/3、MAPSS、VEMAP、SDGVN，以及 Holdridge Model 等，可以定量描述生态系统响应环境变化的过程及发展趋势，但是在脆弱性评价中，这些模型还很难确定生态系统承受气候变化的阈值（刘春蓁，1999）。近些年在确定系统承受气候变化的阈值研究方面出现了一些有益的尝试，如 AIR-CLIM 项目（Jelle G. et al.，2002）通过对比被评价系统在不同模拟气候变化情景下的响应程度，区分可接受和不可接受范围，来确定阈值或评价基准点，提出了以“危机气候条件”为气候变化的阈值。

此外，为了克服多指标评价法权重确定的主观性，作为 IHDP 2005 年的专题研讨会的一个成果，W N Adger 介绍了一个综合指数，用以评价社会脆弱性。该指标借鉴了 Foster 等（1984）度量贫困程度的方法，其数学表达为：

$$V_\alpha = \frac{1}{n}\left[\sum_{i=1}^{q}(W_0 - W_i / W_0)^\alpha\right]$$

其中，V_α是脆弱性指数；W_i 是每个评价单元 i 的福利水平；W_0 是福利水平达到危险或表现出脆弱性的阈值；n 是评价单元的总数；q 是位于阈值以上的评价单元的数量；α 是敏感度参数，它是每个评价单元升序排列的秩数。由于该指数中没有包括暴露水平和适应能力，因此还不能精确地刻画脆弱性的动态变化属性（W N Adger，2006）。该综合指数综合考虑了阈值评价，比一般的难以评价阈值的多指标评价法前进了一步。此外，公式中的敏感度参数的确定方法还值得商榷。

3）全球环境变化与食物系统计划（GECAFS，ESSP） GECAFS 的研究框架（2002）[5]的三大研究主题之一——食物系统对环境变化的脆弱性中，关注中长期的粮食安全问题；加强区域尺度的研究，把食物系统的社会脆弱性研究和自然科学的脆弱性研究整合为一种更为完整的、针对气候变化情景下食物系统的脆弱性研究方法。为此脆弱性研究要解决 3 个与食物系统风险相关的关键科学问题：重新定义食物系统的脆弱性的研究维度，研究目前食物系统面临的风险程度，及其对环境趋势变化和未来情景下的敏感程度，如何对比不同区域的脆弱人群面临的风险程度等。变化情景研究方面，重点解决 3 个问题：食物系统能够忍受的，由未来环境变化引起的环境和社会经济条件变化幅度有多大？对区域尺度的食物系统产生重要影响的全球环境变化的因素是什么？将与食物系统相关的全球尺度和区域尺度的环境变化情景连接起来的最好方法是什么？图 1-4 概括了 GECAFS 的基本研究框架和三大研究主题。

5 http://www.gecafs.org/conceptual_framework/conceptual_framework_research_objectives.htm.

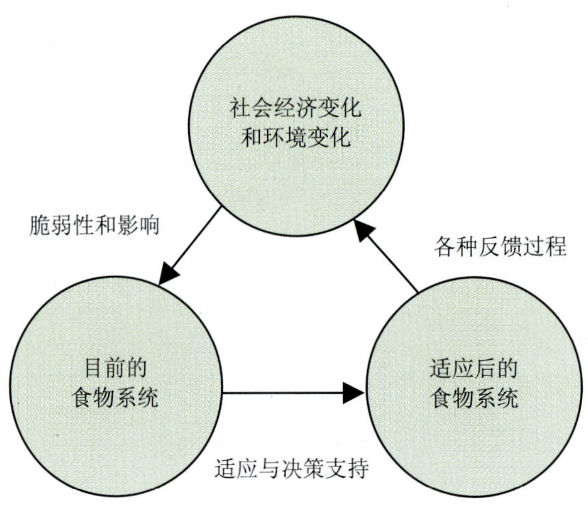

图 1-4　GECAFS 的研究框架（GECAFS，2005）

剑桥大学、麻省理工大学、哈佛大学等 5 个研究机构组织的“贫困、脆弱性计划——GECAFS Project”研究综述[6]中，提出了 5 个全球变化脆弱性研究目标（Polsky，et al.，2003）：①脆弱性评价知识背景分析要整合自然和社会多学科的视角以及本土（地方）知识；②脆弱性评价应该是基于区域的（place-based）、多空间尺度的（multi-scale）；③脆弱性的外力胁迫分析应该是多重压力的（multi-stress）；④脆弱性研究要考虑到不同的适应能力；⑤相关信息既要有前瞻性的，又要有历史性的。在另一份研究综述中，还介绍了全球变化与食物系统脆弱性评价指标，主要包括人均 GDP、婴儿死亡率和妇女识字率、谷物产量等[7]。

食物系统的脆弱性评价方法采用生计敏感性矩阵（A livelihood sensitivity matrix），打分量化的方法[8]（表 1-3）和基于行动者的模型评价（Agent-based models（ABM））方法。后者是一种自下而上的评价方法[9]。这两种均属于社会—生态脆弱性评价。

6 SEI: Global Change Vulnerability Assessment. Poverty and Vulnerability Programme: GECAFS Project. www.VulnerabilityNet.org.

7 SEI: Vulnerability Indicators and mapping. Poverty and Vulnerability Programme: GECAFS Project. www.VulnerabilityNet.org.

8 SEI: Agent-Based Modelling of Vulnerable Food Systems. Poverty and Vulnerability Programme: GECAFS Project. www.VulnerabilityNet.org.

9 SEI: Choosing methods in assessments of vulnerable food systems. Poverty and Vulnerability Programme: GECAFS Project. www.VulnerabilityNet.org.

表 1-3 生计敏感性评价矩阵（SEI，GECAFS，2005）

	气候灾害事件（climatic hazards）					暴露指数（Exp.Index）
	干旱	持续性干旱	洪水	持续性高温	其他	
生态系统服务						
土壤水						75
水供应						60
木柴						35
饲料						55
生计活动						
粮食种植						65
市场谷物供应						55
木炭						55
临时性劳动						30
职业						
小农户						60
新兴农户						40
商人						45
影响指数（Impact Index）		73	40	60	20	
核心方法：将各种符号转化为分数：5，4，3，2，1						

国际上除了 IPCC 组织的相关研究外，许多国家也都针对性地开展了国家尺度上气候变化对各行业脆弱性影响的评价研究和响应全球变化的对策研究，其中美国、加拿大、以色列、孟加拉国、坦桑尼亚等均在国家水平上进行气候变化对农业、林业、水资源、生态环境以及人体健康等方面的脆弱性评价，并结合未来经济及人口发展情景做出相应预测，取得了一些研究成果（Mark J.，et al.，1998；Huq S.et al.，1999；Jerry M Melillo，et al.，2000；Guy Pe’er，et al.，2000）。

（4）脆弱性研究中面临的挑战与研究方向

W N Adger（2006）认为当前脆弱性研究中主要面临脆弱性的度量、如何处理人类感知的风险以及适应的监控与管理等 3 个挑战。由于脆弱性具有动态的、多变量的特征，目前还很难缩减变量、有效地定量评价脆弱性。而且脆弱性及其多个阈值的大小受人的价值观和社会背景的影响，度量脆弱性不可避免地需要外部的价值判断和对可接受风险的解释。而且客观感觉到的脆弱性和风险与客观存在的也有很多的矛盾，很多情况是事实并不像它本来应该那样的。此外，人们总是对意外的事件表现出脆弱性，而且对不能预见后果的行动很敏感。因此，环境心理学是处理这类问题唯一的理论。但是经验的、感知的脆弱性更不易度量。脆弱性具有多尺度的特征（Turner et al.，2003a），脆弱的人群和地区往往被排除在决策过程之外（Dow，1992；Pelling，2003；Adger，2003）。因此降低脆弱性，提高社会—生态系统弹性的政策研究中需要同时考虑到边缘化、公平性以及脆弱性的体验在决策过程中的作用，同时还要揭示不同层次区域脆弱性的本质。尽管脆弱性研究存在着理论、数据和方法等因素的种种限制，但是在很多情境下，对脆弱性和弹性的认识还是能够为决策者提供较为宽泛的适用信息的（Karsperson et al.，2005）。

1.2.1.2 国内研究进展

中国气候变化的影响及其脆弱性和适应性的评估研究始于20世纪90年代初，由科学技术部、中国气象局、中国科学院组织编写的《气候变化国家评估报告》（2006），系统地总结了15年来气候变化影响与适应性方面的研究成果。并在报告的第二部分，重点阐述了气候变化影响评估的方法，分析了气候变化对中国主要脆弱领域（农业、水资源、海岸带资源环境、自然生态系统和其他领域等）和中国各区域的影响，探讨适应气候变化的对策；分析气候变化影响评估研究的不确定性及改进途径。此外，在秦大河等主编的《中国气候与环境演变（下卷）》（2005）中，介绍了中国农业、主要自然生态系统和水资源对气候与环境变化的脆弱性的一些研究成果。

本书作者依据上述文献以及对其他相关文献的研究，比较国内外气候变化的影响和脆弱性研究，可以看出中国的相关研究成果大量集中在气候变化影响评估方面，与国际接轨，研究水平较高。而对脆弱性的研究，无论从理论体系还是实践层面都很薄弱，特别是缺少实证研究的案例。

气候变化影响评估方面，为了克服全球气候模式（GCM）分辨率低，无法评价区域气候变化影响的问题，中国科学家在发展区域高分辨率气候情景做了大量探索性工作。从早期的简单空间插值，到目前运用区域气候模式（RCM）将预测结果降尺度分析到50km×50km的水平格点上，构建了中国区域的SRES气候情景，并已应用于农业、水资源、自然生态系统的影响评估研究中。用统计分析方法进行降尺度分析，在国外应用比较广泛，在国内研究中的应用则较少（中国国家气候变化评估报告（Ⅱ），2006）。

脆弱性评价的定量研究方法以多指标简单加权综合评价和利用脆弱度公式的指标综合评价法为主。相关的研究成果有：蔡运龙和B. Smit（1996）曾讨论了中国农业对气候变化的脆弱性问题，定性分析了气候变化对农业的影响及农业的潜在脆弱性，提出了一定的对策建议。谢云（1999）根据IPCC（1996）对敏感性的概念公式，利用气候产量变化量与气候生产潜力、趋势产量与气候产量之比分别定义气候敏感性指数和气候影响程度指数（气候—经济影响指数），初步探讨了中国粮食生产对气候资源波动响应的敏感性，以及气候的影响程度。刘文泉和雷向杰（2002）明确提出了农业生产气候脆弱性的定义：农业生产气候脆弱性是某一地区农业生产过程对气候变化的各种敏感反应，以及当地社会经济、生产条件和生态环境等对气候变化影响的可能适应能力。并在黄土高原地区农业生产的气候脆弱性评价研究中，采用专家调查和层次分析（AHP）相结合的方法，确定了敏感性和适应能力指标组，以及各层次的指标权重及总权重分布，构造判断矩阵，并通过了一致性验证，量化了区域间的脆弱性水平，提出了农业生产的气候脆弱性指标评价方案。该方案分两大类指标：敏感性指标包括3个气候敏感指标、5个环境敏感指标、2个土壤敏感指标；适应能力指标包括 4 个社会经济条件指标、4 个农业基础条件指标、3 个资源环境条件。刘文泉和王馥棠（2003）还利用国家气候中心提供的最新的 5 个 GCM 模式，生成未来气候变化情景，对黄土高原地区的社会经济系统、农业生产条件等适应性指标可能的变化进行了预测。

从农业灾害角度研究农业对气候变化的脆弱性研究方面，目前尚未见到系统研究成果。代表性研究有：商彦蕊（1999）选取了年降水量与蒸发量比、侵蚀模数、土地质量指数、冬小麦播种面积比、灌溉指数、单位面积农机动力、单位面积化肥施用量、单位面积产量、人均收入、人均粮食占有量等 11 项指标，采用德尔菲法确定各指标权重，利用脆弱度综合指标，对河北省的农业旱灾的脆弱性进行了评估。刘兰芳，刘盛和等（2002）选取水利化程度、农民人均收入、降水量、蒸发量、森林覆盖率、水土流失强度、人口密度、机耕水平、化肥施用量 9 个指标，采用专家打分、计算权重，利用脆弱度对湖南省农业旱灾脆弱性进行评价。何艳芬、张柏等（2004）利用 GIS 技术，选择湿润指数、4—5 月平均风速、土壤质地、地下水出水量、海拔高度、坡度、土地利用方式 7 个指标，结合层次分析和专家打分法，对松嫩平原农业对干旱的敏感性（作者认为敏感性是脆弱性的近义词）进行评价，并研究了不同影响因子（单项指标）对干旱敏感性的影响。

综合以上研究情况，国内气候变化影响和脆弱性研究领域中主要存在的问题有：

① 指标的选择方面为追求指标体系的完备性而不断提出新的指标，使指标种类增多、数目增大，指标体系普遍存在信息重叠，大多数指标选取以定性方法为主，同一研究领域内，缺乏大家一致认同的指标体系。

② 权重确定上经验估计方法较多，各种权重估计的定量分析方法使用不多，主要是专家打分、频度统计等，近些年开始引入的层次分析法等。

③ 综合指数的合理性需要深入研究，普遍使用的脆弱度计算公式数学意义清晰，但其对具体情景的机理含义不明确，指标缺乏直观性。其他的脆弱性或敏感性综合指数的有益探索仅为零星，其合理性也需要深入研究。

④ 一些脆弱性评价过于泛化，脆弱性评价的主体、对什么脆弱（导致脆弱的外力）等研究主体不明确，特别是缺乏对人类社会系统承受灾害破坏的阈值等问题的研究。

1.2.2 国内外粮食安全研究进展

1.2.2.1 国际粮食安全研究特点

（1）关注贫困与粮食获取能力，注重脆弱人群的识别

1974 年第一届世界粮食安全首脑会议上“全球和国家充足的粮食供给”是人们关注的焦点，而 1996 年第二届世界粮食安全首脑会议上人们关注的焦点则成为“贫困与粮食可得能力问题”。并认为“消除贫困对增加获得粮食的机会至关重要。绝大多数营养不良者不是无力生产便是无力购买足够的粮食。他们得不到足够的生产资料，如土地、水、投入物、改良种苗、适用技术和农业贷款。此外，战争、内

乱、自然灾害和与气候有关的生态变化以及环境退化也对千百万人产生了不利影响”（FAO，1996a）。同时提出了 3 个关键问题以指导消除饥饿的行动：“谁是粮食不安全地区”“他们分布在哪里”“他们为什么处于粮食不安全状况”。后来成立的 FIVIMS 增加为 4 个问题，表述为：“谁是粮食不安全的脆弱人群”“脆弱人群分布在哪里”“这些脆弱人群有多少”“他们为什么脆弱”。GECAFS 在此基础上又增加了第 5 个问题：“脆弱人群是怎样变得脆弱的，或者说在什么情景下他们会成为脆弱人群”。

家庭和个人的粮食获取能力取决于该家庭的“全部收入”。“全部收入”不仅包括现金收入，还包括自产自用实物收入及自我提供的劳务。家庭获取粮食的途径包括自家生产、市场购买、救济等。家庭收入决定了家庭支出的总额与结构。在一定收入下，家庭要在粮食支出和其他支出（如卫生保健、住房及基础教育等）之间进行权衡取舍。

同时，FAO 还从消除贫困，减少饥饿的角度，参考了联合国所属的国际农业发展基金会（IFAD）提出的可持续性生计方法的评估体系（SLA），提出了针对粮食安全的生计脆弱性评估指标体系。并在 FAO 所属的“粮食安全和农业项目分析服务机构”（ESAF）的直接推动下，从 1998—2002 年，分别在贝宁、危地马拉、尼泊尔、阿富汗、越南完成了国家尺度的脆弱人群评估工作（ESA，FAO，2004b）。

（2）重视粮食安全的可持续性和稳定性，加强了气候变化对粮食安全影响的研究

20 世纪 70 年代，由于人口增长的压力和几次世界性的气候异常造成大范围粮食减产，引起了世界各国政府和学者们对粮食问题的极大关注。1974 年的联合国粮食大会着重指出了气候对粮食生产的重要影响。之后，在 1996 年的《世界粮食安全罗马宣言》第 6 条指出：“粮食供应不利的季度和年度不稳定性可以减少。应该在尽量减少气候波动和病虫害的危害及影响方面取得进展。为了向缺粮地区及时转运供应，并对生物多样性进行保护和可持续利用，应当有效地综合利用气候预警系统”（FAO，1996a）。

在同年 FAO 的《气候变化和农业生产》研究报告中指出无论在发达国家还是发展中国家，气候变化都已经成为粮食生产年际变化的主要原因。大幅度的谷物减产将在发展中国家发生，平均减产约 10%（FAO，1996d）。此外，在这份报告中还围绕全球气候变化对谷物生产和畜牧业的影响汇集了 FAO 和 IGBP（国际地圈生物圈计划）的相关研究成果，主要从 CO_2 的肥效作用、UV-B 辐射和臭氧浓度变化与植物和牲畜生长、粮食产量等角度研究气候变化对食物生产的作用以及未来可能的影响，以及气候变化导致的水资源、土壤条件的变化，对食物生产的间接影响等（FAO，1996d）。

2003 年，FAO 又以“气候变化对粮食安全和可持续食物生产的影响”为主题，召开第 29 次会议，在会议文件中指出：气候变化对一些地区粮食生产的影响已经表现出来，而且似乎在比预计速度更快的方式发生影响；气候变化可以通过温度和降水变化等形式对粮食生产的自然供应能力产生影响，同时也可以通过减少那些以

利用生物资源、从事食物生产为主要收入来源的农民或渔民的经济收入，进而影响粮食获取能力；同时将脆弱人群分为3种程度不同的类型：目前生活在干旱易发区、基础设施和市场分销系统薄弱的低收入人群；生活在洪水易发区的中低收入人群；因食物生产系统受到气候变化间接破坏（如海平面上升导致土地丧失、洋流变化引起渔业资源变化等）而增加的脆弱人群。

与此同时，国际政府间气候变化委员会（IPCC）也陆续发表了气候变化对农业和食物系统影响的评估报告，开展了大量相关工作。国际科学理事会ICSU也注重此方面的研究，提出了全球环境变化与食物系统（GECAFS）计划，着重关注全球环境变化与食物系统的脆弱性研究，同时特别强调，要加强自然科学与社会科学的合作，比如在相关粮食生产政策的科学研究中加强国际上"两种科学文化"的合作（ICSU，2002）。此外，ICSU还把此专题列入其所属的地球科学合作组织（ESSP）新世纪在全球范围开展的4个合作计划之一，以促进全球变化研究中科学和社会的关联，更好地为人类社会的可持续发展服务。

目前，数值模拟、试验方法、统计模型是国际上主要采用的研究气候变化对粮食安全的影响的三大基本方法。除了产量影响评估外，还比较注重经济影响评估，如Fort Lesley和J McNair（1983）模拟分析显示全球农业结构很可能发生变化，加拿大、俄罗斯的谷物部门将处于更有利地位，美国的粮食出口将减少；Crosson P（1989）模拟分析美国内的农业比较优势将会明显东移，其他中、高纬度国家内也有类似的移动；Parry ML（1990）区域尺度上的食品保障将受到严重威胁，尤其在热带的欠发达国家。中纬度主要粮食出口国的减产将使粮价上升，每减产10%则粮价上升7%。

（3）重视粮食不安全状况和脆弱性信息和地图系统的建立

为了尽量利用现有资料和其他信息系统，避免工作重复，对政策制定者及相关救助机构提供关于粮食供求的及时准确的信息，更好地指导各国政府和研究机构开展消除粮食不安全现象的工作，联合国粮农组织一直很重视相关信息系统的建立工作。1975年开始开发了粮食与农业的全球信息及预警系统（Globle Information and Early Warming System on Food and Agriculture，GIEWS）主要提供包括粮食生产、价格、自然灾害及战争等引起的粮食安全问题、最不安全的国家或地区、粮食援助等方面的信息。其中粮食安全的监测包括了全球、区域、国家、国家内分区（sub-national）4个层次（FAO，2000a）。在此之后，一些发达国家也建立了相应的粮食预警系统。1991年7月FAO召开了"加强亚太地区国家早期预警和食物信息系统"的工作会议。

此外，在1996年的《罗马宣言》中又提出需要建立一个范围更广泛的信息系统，以定期更新的国家一级的粮食不安全和易受害信息及绘图系统，来标明已经受到或有可能受到饥饿和营养不良影响的地区和人口，包括地方一级的人口，以及造成粮食不安全的因素（FAO，1996a），1997年粮食不安全状况、脆弱性信息和地图系统（Food Insecurity and Vulnerability Information and Mapping System，FIVIMS）正式建立。该系统主要完成有关"谁是粮食不安全的脆弱人群""脆弱人群分布在哪里”“这些脆弱人群有多少”“他们为什么脆弱”四大核心问题的信息收集、分析和发布工作。同时与各个国家或合作组织的相关信息系统建立联系，对有关评估内容进行技术性指导等。目前有 7 个子系统：农业信息系统，健康信息系统，土地、水和气候信息系统，粮食产量早期预警系统，家庭粮食安全和营养信息系统、市场信息系统、脆弱性评估和地图绘制系统等。

1.2.2.2 国际粮食安全研究的新动向

（1）可持续的、稳定的、动态的食物系统概念的提出

联合国粮农组织曾于 1974 年、1983 年、1996 年对粮食安全下过 3 次定义。1983 年，联合国粮农组织通过的总干事爱德华·萨马乌提出的粮食安全概念中首次明确提出了“最大限度地稳定粮食供应”的目标。1983 年的概念不仅强调了粮食生产和供应总量，而且还强调了不同国家、地区和人群获得粮食的能力，涵盖了粮食生产、供给和收入等范畴，比 1973 年的定义内容更丰富，目标更具体。

1996 年，联合国粮农组织在“世界粮食首脑会议”上，再次更新了粮食安全的定义：“只有当所有人在任何时候都能够在物质上和经济上获得足够、安全和富有的粮食，来满足其积极和健康生活的膳食需要及食物喜好时，才实现了粮食安全”。此定义整合了食物获取能力、食物供应能力、食物需求和偏好（dietary needs and food preferences）及其稳定性（at all time）等概念，并提出了“营养安全”的内容，直至今日此定义仍被国内外学者广泛采用。

此后，FAO 又不断将上述理念明确化。2001 年 9 月，在德国波恩举行的世界可持续食物安全会议上，明确了“可持续的食物安全和生产”的理念。2002 年，FAO 所属的农业与经济发展分会 ESA（Agriculture and Development Economics Division）工作报告（Sumiter，2002）中又给出了一个便于操作的粮食安全的概念框架，包括粮食供应能力（food availability）、粮食获取能力（food access）、粮食利用能力（food utilization）和粮食获取能力的稳定性（Stability of access）4 个要素，尤其强调了粮食获取能力稳定性问题。

与此同时，报告中又指出了食物（粮食）安全的动态变化特征，即统计时段处于粮食安全状况的人群，也可能将来是粮食不安全的脆弱人群。同时在家庭水平和市场水平上把粮食不安全状况分为短时期的（Transitory FI）和长期的（Chronic FI）两种类型。减少贫困、消除饥饿就是要为农民提供持续、稳定的收入来源和福利保障。

此外，FAO 所属的 FIVIMS[10]管理机构还将导致粮食不安全的各种因素分为四类，分别代表了 4 个领域的潜在脆弱性，这四大领域是：社会经济和政治环境、粮食经济的运行状况（the performance of the food economy）、社会救助行动（care practices）和健康和卫生状况。

为了推进全球可持续性发展，更加直接地处理全球可持续发展问题，国际科学

10 http://www.fivims.net/static.jspx?lang=en&page=overview update 2005.

联合理事会（ICSU）于2002年将食物供应问题列入地球系统科学合作组织（ESSP）三大重点研究领域之一，即全球环境变化与食物系统（GECAFS）联合计划中。该计划除了基本采用FAO的定义，作为衡量粮食安全的标准外，着重从食物系统（Food System）的角度对粮食安全进一步界定。该计划认为：粮食安全的基础是粮食系统。当粮食系统承受压力时，粮食安全程度就会降低。这种压力来自一系列包括全球环境变化在内的各种因素，如冲突、国际贸易协定和政策的变化、HIV/AIDS等，全球环境变化既包括物理和生物化学的环境自然变化，也包括人类活动引起的环境变化。

该计划在2002年的食物供应（food provision）概念体系[11]之上，又作了进一步调整和完善。2005年[12]提出，粮食系统是自然环境和人类环境之间及其内部相互作用下，食物的生产、加工、分配、储备和消费等的一系列动态过程。这些过程包括：①食物供应能力（food availability），包括与生产（production）、分销能力（distribution）和交换相关的各种要素（exchange）；②食物获取能力（food access），包括与购买力（affordability）、分配能力（allocation）和选择权（preference）有关的各种要素；③食物利用能力（food utilization），包括与营养价值、社会价值和食品安全有关的各种要素（图1-5）。

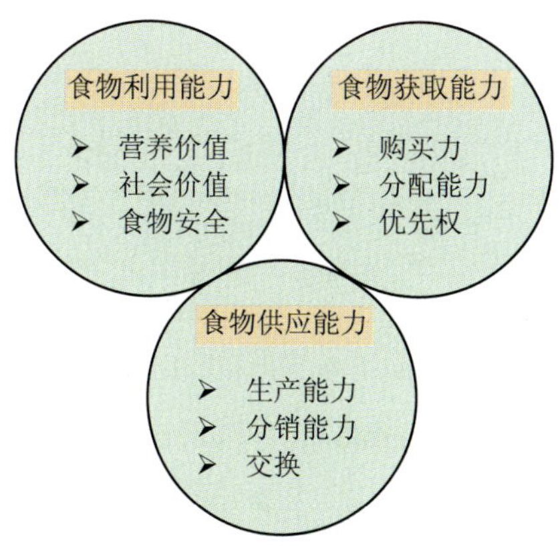

图1-5 粮食系统的概念体系（GECAFS，2005）

（2）粮食安全评价方法的日趋多样化，出现跨学科评价趋势

目前，国际上还没有公认的粮食安全问题的度量方法（Sumiter，2002）。国际上主要以每个国家或地区营养不良人口在总人口的比重作为粮食安全评价指标。如果这一比重达到或超过15%，这个国家或地区就属于粮食不安全地区（Smith，1998；Svedberg，2001）。自1999年起，FAO每年发布一次的《世界粮食不安全状况报告》就采用这个指标。其中营养不良人口的识别，主要采用社会学方法，分为营养学指

11 The New and evolving IGBP . Global Change Newsletter（IGBPⅡ-Special Edition）.IGBP，2002，50:42.

12 http://www.gecafs.org/conceptual_framework/definitions.htm update 2005.

标、人类学指标和消费行为学指标三大类。

FAO 先后使用过两个指标。1996 年提出了不同地区的膳食热量标准，每天消耗 9 711 kJ 热量为最低限标准（FAO，1996b），并用人均每日膳食能量供应指标（DES）和能量摄入变差系数（CVEI）等营养学指标来识别脆弱人群，其中的 CV 指数是通过家庭收支状况调查（HIES）获得（FAO，1996c）。之后，从 2000 年起，在每年的《世界粮食不安全状况报告》中开始使用 BMI 指数（Body Mass Index）识别粮食不安全的脆弱人群。该指数是一个人类学指标，在医学上广泛用于肥胖症鉴别，因此具有较好的数据可获性，操作简便，评估费用相对较少（FAO，2000b）。

美国农业部经济研究局从 1997 年开始编制和发布美国居民粮食安全状况的报告（Household Food Security in the United States）。报告中采用问卷调查法进行评估。问卷包括 18 个有关粮食消费条件和行为的问题，针对家庭、成人和儿童共分为三部分，如由于没有足够支付能力购买食物而挨饿，成人一整天未进餐，儿童吃不饱，不能为儿童提供营养均衡的食品等。根据受访者对问题的“是”或“否”的回答，计算粮食不安全的状况，识别营养不良或饥饿人口。也有人通过考察特定人群在出现粮食不足时采取的对策行为方式（如借钱或出卖生产性资产购粮、减少用餐次数、减少成人用餐数量等）及其频率来衡量粮食不安全的程度，如 Rose 和 Oliveira（1997）、Hamilton，et al.（1997）。

宏观层面的粮食安全评价指标以世界银行所资助的研究为代表。如世界银行于 1997 年对中国粮食安全状况进行全面评估的研究框架为：粮食消费、需求与粮食产量预测、粮食增产的各种制约因素的评价（包括农业科研、肥料、土地、水资源、基础设施、政策等）、粮食国内外粮食供应状况评估（包括国内外市场供应量和粮食价格波动等因素）。L R Brown 的有关中国粮食安全论述基本思路也是遵循这个评估体系。

ESA，FAO（2005）在题为“Tomorrow’s Hunger：A Framework for Analyzing Vulnerability to Food Insecurity”的工作报告中对过去 5 年有粮食不安全状况（脆弱性）评价的研究状况作了简要评述，该报告认为：粮食安全脆弱性的长期评估体系长期以来没有建立，现有的脆弱性评估关注的是短期性的粮食风险，而很少识别和分析长期的、潜在的粮食风险（Haddad and Frankenberger，2003；Webb and Rogers，2003）。大多数的评价方法是依据过去经济发展情景评价粮食不安全状况。Smith et al.（2000）、UN–SCN（1999）、FIVIMS（2000）等提出的多项量粮食安全风险的评估体系，主要用于分析粮食安全和各种风险因素的直接联系，是一种静态评估模式。为此，又给出了一个动态的、依据今后发展趋势来评估粮食不安全状况和脆弱性原因的理论框架，见图 1-6（ESA，FAO，2004a），建立了粮食安全脆弱性的、长期的、跨学科的综合评估体系，以识别和分析潜在的粮食风险，见图 1-7（ESA，FAO，2005）。

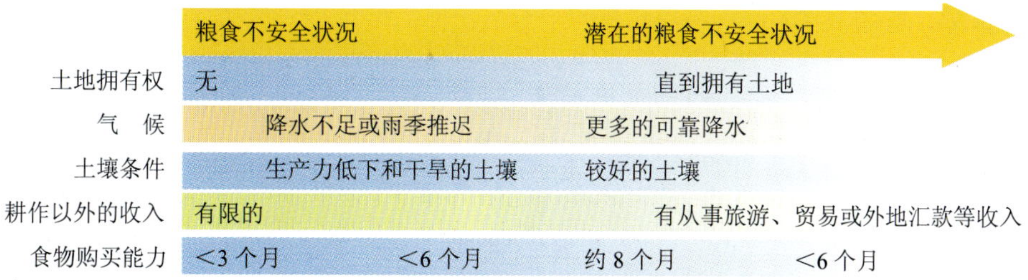

粮食不安全状况
潜在的粮食不安全状况
土地拥有权
无
直到拥有土地
气　候
降水不足或雨季推迟
更多的可靠降水
土壤条件
生产力低下和干旱的土壤
较好的土壤
耕作以外的收入
有限的
有从事旅游、贸易或外地汇款等收入
食物购买能力
<3 个月
<6 个月
约 8 个月
<6 个月

图 1-6　粮食不安全状况的脆弱性评价体系（ESA，FAO，2004a）

当前的粮食安全状况
事件 t_0-t_1
预期的粮食安全状况
现状
风险（强度、趋势、季节性）
类型
水平
频率
时间
严重程度
风险（强度、趋势、季节性）
行动
水平
市场/非市场
事前/事后
食物供应能力
食物获取能力
食物消费能力
食物利用能力
营养状况

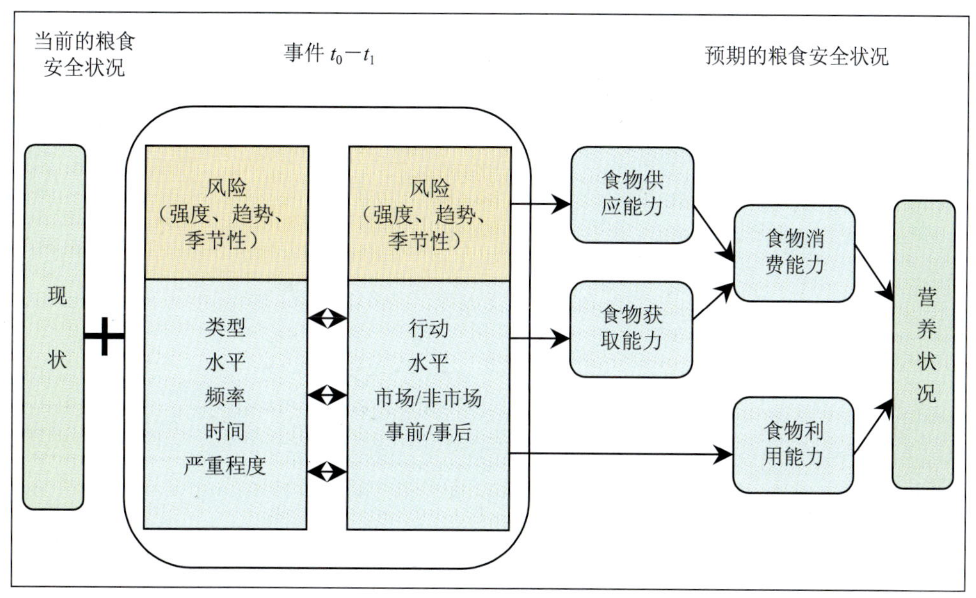

图 1-7　未来粮食不安全状况的综合分析研究框架（ESA，FAO，2005）

1.2.2.3 国内粮食安全评价指标研究概况

中国粮食安全指标体系，大多数是在粮食安全预警系统研究中提出的。此外一些学者业从一般角度提出了一些粮食安全评价指标，用于一般研究。总之各种指标体系差异较大。

顾焕章等（1995）从政府收购价格与市场价格的差异角度反映粮食安全问题，进行粮食安全预警，主要选取了粮食市场价和粮食收购价的差率、比较利益差距率（粮农与种植其他作物、工副业收入差距率）、粮食储备量、产量预测 4 个指标。

李玉珠和王济民（1997）选择人口增长率、粮食净出口率、粮食储备率三个指标，利用历史上这些指标发生粮食警情时的数据表现，计算平均值来确定粮食安全预警警戒线。

朱泽（1997）提出粮食总产量波动系数、粮食自给率、粮食储备水平、人均粮食占有量、低收入阶层的粮食保证水平 5 个指标，并用前 4 个指标的简单平均法生成粮食安全综合系数。这一指标体系被广泛采用。徐逢贤等（1999）选用上述 5 个指标和同样方法，在生成粮食安全综合指标时还将低收入阶层的粮食保证水平计算在内。该指标体系被国内学者引用最多。

李志强等（1998）提出了粮食供需平衡的警戒线计算公式，选用国内粮食增长率、人口增长率、收入增长的粮食需求率等指标进行计算，并划分了 4 个水平的供需平衡警戒线。

马九杰等（2001）运用聚类分析、主成分分析、因子分析等方法对能够反映粮食安全的指标群进行筛选和体系构建，提出了用食物及膳食能量供求平衡指数、粮食生产波动指数、粮食需求波动指数、粮食储备—需求比率、粮食外贸依存系数，即净进口需求与国内总需求的比率、粮食价格上涨率等指标加权平均构造粮食安全综合指数。还有两个补充指标，评价地区和人群间的粮食获取能力：国家粮食分销能力指标——地区间价格差异水平、居民收入分配与差距指标——贫困人口比率。

程亨华和肖春阳（2002）提出粮食安全指标包括 4 个方面：粮食产量波动系数（认为控制在 2%比较理想）、粮食库存安全系数、粮食外贸依存系数、贫困人口的温饱状况等。

宁自军，程利仲（2003）生产安全指标（粮食生产波动系数、粮食自给率、粮食供求差率）、流通安全指标（粮食储备率、对外贸易依存度、价格波动指数）、消费安全指标（需求波动率、低收入人口比重、生产与消费结构吻合率等）。

肖国安（2005）提出用粮食产量增长率、粮食需求增长率、粮食总库存率进行粮食供需平衡的短期预警，长期粮食安全预警需要考虑各种生产物质投入价格和政府农业政策等多种指标。

1.2.2.4 国内外粮食安全研究的差异

本书参考了朱泽（1998）、农业部软科学委员会（2001）、侯东民（2002）、刘晓梅（2004）、肖国安（2005）、王宏（2005）、毛惠忠（2005）等系统研究中国粮食安全问题的专著，以及吴志华，胡学君（2003）、石少龙（2003）、高帆（2005）、徐瑞娥（2004）等人的中国粮食安全研究综述，以及笔者对其他相关文献的研究，比较国内外粮食安全研究，可以看出以下明显差异：

① 国际上基本以 FAO 的粮食安全定义为标准，目前中国没有统一的粮食安全定义。多数学者认可 FAO 的定义，但也有不少学者提出自己的定义。中国粮食安全研究主要集中在国家粮食安全的宏观层面上，对于微观层面的家庭和个人的粮食安全问题还很少涉及。这种差异的背景是中国长期粮食总量供应不足，保障国家粮食供给能力是国家粮食问题的重点。

② 中国粮食安全状况评估体系基本沿袭世界银行的研究框架，所不同的是将该研究框架中的主要关键内容进行了指标量化。国际上粮食安全侧重粮食获取能力评价，近些年开始关注粮食安全稳定性评价；而中国历来比较重视粮食稳定性指标，对经济收入指标重视不够。虽然考虑了低收入或贫困人口的粮食保障问题，但在指

标计算时大多选用了贫困人口或低收入占总人口的比重，因此也不是对这类人群的粮食获取能力，或经济收入能力的评价。而且有些研究也只是用此指标作为参考补充指标。无论是粮食短缺时期，还是在粮食供大于求时期，对于一个国家或地区而言，脆弱人群的粮食安全问题都应予以关注。尤其是目前农民增收与粮食生产的矛盾日益突出、中国全面建设小康社会、构建和谐社会的背景下，更需要加强这方面的研究。

③ 由于中国各级统计资料没有公布居民食物消费方面和体征指数的资料，也不便于计算居民膳食热量消费状况，国内绝大多数研究用人均粮食占有量来代替个人粮食供需状况的指标。

④ 在评价指标选择上，国内粮食问题研究自 20 世纪 90 年代以来开始重视粮食价格、粮食贸易指标。特别是加入 WTO 和中国粮食供需出现新问题的背景下，2000 年以后部分粮食安全研究开始用外贸依存率代替粮食自给率，外贸依存率是粮食净进口量占粮食总需求量的比例。对粮食自给率和外贸依存率的比例存在不同的评价标准。粮食自给率 90%或者 95%是普遍接受的标准。

⑤ 从综合评价方法上，国外研究方法以社会学和人类学方法为主，国内多采用多指标综合评价方法，指标综合基本是简单平均或加权平均的方法，其他研究领域常用的许多综合评价方法很少使用。

⑥ 农业波动和粮食生产波动的研究一直在中国占有重要地位。在国内农业领域，波动研究可以分为政策周期与气候周期两大流派（李岳云等，2001）。农业经济领域，粮食供需预测很少考虑气候变化因素对粮食产量的影响，粮食安全的脆弱性评价的研究非常少，粮食安全评估中对脆弱人群以及粮食的经济获取能力的评价不多。自然科学领域重点研究气候条件与粮食产量的关系以及气候变化对粮食生产的影响。从气象要素与作物产量形成和质量关系、气象灾害对产量的影响、农业气候资源评价与区划研究，到气象产量预报、气候变化对未来粮食生产影响的评估等方面作了广泛研究。其中产量预报研究领域在 20 世纪 90 年代初已经逐步成为气象部门的一项基本业务工作（张宇等，1995），但是对粮食安全（生产）的经济影响因素研究涉及不多。

⑦ 中国基本没有粮食安全方面的信息和地图系统，在粮食预警研究中绝大多数也只是对粮食安全预警信息系统构建进行理论和方法性探讨。

1.3 研究方案

1.3.1 研究目的及主要内容

1.3.1.1 研究目的

通过分析不同气候变化情景对中国粮食单产和粮食供需平衡的影响，识别粮食单产对气候变化的敏感区和粮食安全的脆弱区，分析脆弱的原因，评估可接受产量波动水平及风险，丰富人们对中国粮食安全系统稳定性、粮食安全保障能力以及应对自然突发事件和气候变化的能力建设等方面的认识，为区域粮食生产布局调整和提高粮食生产宏观管理政策的区域针对性提供决策依据。

1.3.1.2 研究内容

（1）21 世纪初中国粮食供需格局

自 20 世纪 90 年代中期以来，中国的粮食生产已经发生了许多重大变化。不仅粮食总产量经历了明显的涨落变化过程，而且社会经济条件也发生许多变化，特别是在 1998 年以来中国政府在粮食生产、流通领域进行了一系列市场化改革，如放开粮食主销区，保护粮食主产区，加大了粮食主产区的农业税费制度改革，以及“退耕还林（草）”等政策。这些政策的实施必将对中国的粮食供需格局产生一定的影响。而已有研究中国粮食生产空间格局的文献主要集中在 20 世纪 90 年代中后期（殷培红等，2006b）。基于此，第 2 章主要利用 2000—2003 年县（市）粮食产量，以及 2002 年人口数据，以人均占有量划分粮食供需平衡类型，说明 21 世纪初中国粮食供需平衡的空间格局，为整个研究提供研究背景。

（2）区域粮食产量形成系统的稳定性评价

“最大限度地稳定粮食供应”“粮食获取能力的稳定性”是国内外粮食安全评价中的重要目标和内容之一。中国粮食安全领域历来重视粮食生产和供应的稳定性研究，并主要以粮食产量的波动和价格波动作为主要研究内容，各种刻画产量稳定的指标和识别产量波动原因的方法非常丰富、多样，数据处理方式也有很大差别，已有研究成果缺乏可比性，特别是缺乏粮食产量波动（稳定性）的区域差异方面的研究。为此，第 3 章首先对主要粮食生产稳定性度量方法的空间鉴别能力进行了对比研究。由于影响粮食单产和粮食播种面积波动的主要因素是不同的，第 3 章的研究没有像大多数研究那样只是讨论粮食总产量的波动，而是分别加以讨论。在确定了适用于区域对比的稳定性指标之后，重点分析了粮食单产的时间和空间变化的区域分异特征、单产减产风险的区域差异，同时对单产空间变化的异同性进行了研究。这些研究内容和结果将是后续三章研究的基础，如单产对气候变化的区域响应分析，以及评估“极端气候事件对中国粮食供需平衡影响”时，单产空间变化的异同性和减产概率地区分布等结果将直接用于全国粮食减产情景的设计和减产风险分析。

（3）粮食单产对气候变化的敏感性评价

第 4 章与第 6 章的研究主题共同构成了气候变化中的脆弱性评价研究框架中的干扰和外部压力的暴露状况、对干扰的敏感性、适应能力、阈值（可接受水平）等 4 个重要部分。其中前两个部分主要在第 4 章讨论。

气候变化状况（干扰和外部压力的暴露状况）分析主要利用全国 730 个国家基础站点逐月气温、降水数据，分析 1985—2004 年中国主要生长期的温度和降水变化以及其他季节性气候因子的气候变化类型及区域分布特征。其中，着重对 4—10 月主要生长期温度的线性趋势变化（距平值）、波动变化（去趋势标准差），以及时间变化过程等方面的区域差异进一步分析。由于时间和理论方法所限，在分析气候变化特征（脆弱性评价中的暴露状况）时，未能涉及气候变率对粮食产量的影响评估。

单产对气候变化的敏感性评价是脆弱性评价中的难点之一。以往研究中常用的许多方法存在一些问题，不能很好地识别单产对气候变化的敏感区。为此，第 4 章首先对两个时间序列的互动关系分析方法进行理论探讨，重点分析相关系数法和时间序列分析法（协整检验）在分析单产对气候变化响应关系中运用的可行性。然后利用综合的方法分析单产对关键气候因子气候波动变化响应的复杂性，识别出单产对气候变化的敏感区。

在气候变化对粮食单产影响评价方面，第 4 章从区域差异角度入手，分别分析气候趋势性变化对单产趋势增长的影响和气候变化对单产波动变化的影响，识别气候变化对单产趋势增长贡献大的区域。

（4）极端气候事件对中国粮食供需平衡的影响

极端气候事件对粮食产量的影响及脆弱性评价是整个气候变化影响及脆弱性评价中最为薄弱的领域。第 5 章从分析极端气候事件对单产影响评价的特殊性入手，对已有的一些理论和研究方法进行了系统地梳理和论述，初步建立了极端气候事件对粮食产量影响评价的研究框架，提出了从区域尺度估算极端气候事件对全国粮食总产量影响的一种方法。重点讨论了东北低温冷害、北方旱灾两种影响较大的主要灾害，选择历史典型灾年作为假设情景，运用统计方法对中国粮食供需平衡的可能影响、减产风险等内容进行受灾情景分析。

（5）粮食安全脆弱区的识别

在气候变化的脆弱性评价研究框架中，第 6 章主要对粮食安全领域中的恢复（适应）能力或粮食获取能力、阈值（社会可接受水平）等方面内容的研究方法进行了一些尝试。以地方政府通过自身财政能力保障粮食安全的“经济补偿能力”作为粮食安全保障的主要恢复（适应）能力或粮食获取能力的评价指标，综合考虑了粮食供需平衡、粮食安全储备以及地方经济实力等主要粮食安全评价内容，构造综合评价指标——粮食安全保障的财政压力水平，以地方财政的可接受水平的阈值作为基本评价标准，进行粮食安全等级划分，识别粮食安全脆弱区。同时还讨论了粮食安全地区的可接受的产量波动水平以及减产风险。初步分析了气候变化对中国粮食安全脆弱性的一些影响。

1.3.2 研究单元与研究时段

本研究以全国 2 300 个县（市）和 338 个地区为主要研究单元。第 3 章、第 4 章和第 5 章的评价基本单元为 338 个地区，由于计算过程中，不同运算程序对缺失值数量的容忍程度不同，以及单产数据与气象数据空间匹配等原因，不同章节实际参与计算的地区数会有所不同。所有章节中县域空间分辨率的地图均是基于 2 300 个县（市）资料绘制。第 2 章的统计分析结果由于完成较早，且正式发表，所以依然采用原文的 2 075 个县（市）（不包括市辖区资料）数据分析的结果。

研究时段定为1985—2004年，主要有以下3个原因：

① 1985年以来是中国主要地区最近50年来温度明显上升阶段。

② 1985—2004年是中国社会经济条件变化相对稳定，社会干扰因素对研究的影响相对较少的阶段。1985年以前，中国社会经济条件发生了多次重大变化，各种人为因素对粮食生产以及统计数据的质量和完备性影响较大；1979年以来对中国农业产生巨大推动作用的联产承包政策实施以及对农业生产的影响到1980年代中期基本趋于稳定，此后中国的社会经济条件变化相对稳定。2004年以后，一系列农业新政策出台对农业生产产生重大影响。

③ 资料的可获得性。主要受两个因素影响：a. 根据国家民政部发布1971—2004年的"中国行政区划变化公告"统计，1984年以前中国地区级行政单元发生跨地区的行政范围调整的现象非常频繁，甚至是跨省调整，1985年以后仅有小部分地区行政范围进行了调整，直接使用历年地区级产量波动数据可靠性差，数据订正工作繁杂；b. 目前可以公布的、同一统计口径的全国县域统计数据最长时间序列绝大多数在1985—2004年。

1.3.3 数据来源与处理方法

1.3.3.1 数据来源

（1）粮食单产时间序列数据

粮食单产数据根据粮食总产量和粮食播种面积两项统计指标计算而来的。1985—1999年的分县（市）数据分别来自国家统计局农村社会经济调查总队编辑的《中国分县农村经济统计概要1980—1991》（无1986年数据）《1994—2000中国农村统计年鉴》、《2000中国县（市）社会经济统计年鉴》（此本年鉴中的1992年和1999年数据缺少市辖区数据）。该统计来源的数据自2000年以后不再公布分县（市）的粮食播种面积数据，因此1999—2004年单产数据采用地区数据，主要来自国家统计局综合司编辑的《中国区域经济统计年鉴》。然后利用两套数据交叉年，1999年数据对数据统计口径的一致性进行了验证，有7个省、直辖市和自治区数据统计口径与2000年前后统计口径不一致。对于没有统计口径一致的其他统计年鉴数据替代的省、直辖市，全套单产时间序列更换为省、直辖市统计年鉴数据。具体处理情况如下：

① 广东、湖北2000—2004年分县（市）数据使用广东和湖北农村统计年鉴。

② 海南、黑龙江、重庆、新疆全部使用省、直辖市和自治区统计年鉴数据。

③ 山西2000—2004年单产数据使用山西经济年鉴2001—2005。

除了黑龙江省全部使用地区数据之外，以上地区单产全部序列均由分县（市）数据生成。除了这7个省、直辖市和自治区以外，其他省、直辖市和自治区所属的1985—1999年的地区单产时间序列数据利用分县（市）数据生成，2000—2004年单产时间序列数据使用经过行政区调整后的地区数据。

（2）社会经济数据

第 2 章所用的 2 075 个县（市）（不包括市辖区）的 2002 年年末人口总数、地方财政收入、第一和第二产业增加值、行政区土地面积、2000—2003 年的粮食总产量，以及九大农业区、牧区、半牧区、农耕区的划分，地形条件等的分县名单均来自国家统计局农村社会经济调查总队正式出版的 2001—2004 年的《中国县（市）社会经济统计年鉴》。2002 年各县（市）常用耕地来自《2003 年中国区域统计年鉴》。西藏的常用耕地面积是利用 2001—2004 年《西藏统计年鉴》计算平均值来代替。云南全省缺少 2002 年分县（市）耕地资料。

1985—1987 年以及 2000—2004 年年末实有耕地面积、农作物总播种面积、粮食播种面积、粮食总产量数据，1987—2004 年的有效灌溉面积、化肥施用量等 2 300 个县（市）社会经济数据来自中科院地理所“中国自然资源数据库”。

2 300 个县（市）的 2004 年年末人口总数、地方财政收入、第一和第二产业增加值、国内生产总值来自国家统计局农村社会经济调查总队电子版统计数据。

2 300 个县（市）的 1986 年年末人口总数来自公安部编的《中华人民共和国全国分县（市）人口统计资料》，中国地图出版社，1987 年出版。

分县（市）的粮食作物轮作制度、熟制等数据依据国土资源部的《农用地分等规程》附录 B 中表 B.2 全国各县（市）标准耕作制度速查表（内部资料）分类整理（2001 年行政区划）。地区级相关信息根据分县（市）资料整理。

（3）气象数据

利用国家气象局公布的 1951—2004 年全国 730 个基础气象站点的逐月气温、降水数据，生成各气候指标站点数据和地区数据。地区气象数据生成有两类情况：

① 一个地区评价单元范围内有多个气象站点时，取几个站点的平均值；

② 一个地区评价单元范围内没有气象站点时，取周围最邻近的几个气象站点数据的平均值。这类地区共有 34 个。

从 730 个基础气象站点剔除了序列短于 17 年的站点，合并了迁址站点数据。同时考虑到一些极高山和海岛基础站点气象数据对粮食生产没有太大意义，在生成用于单产和气候互动关系分析的地区数据序列时，也做了剔除处理。但是在分析气候变化特征时，仍然保留了后两种站点数据。最终用于分析单产和气候互动关系的基础站点数为 659 个。生成的 338 个地区气象数据中有 10 个地区序列长度在 17～19 年不等，其余 328 个地区气象数据序列长度为 20 年。

1.3.3.2 行政区范围调整及地区单产序列生成

中国行政区划范围调整频繁，为此作者分别建立了 1970 年以来的分县和分地区的行政区调整数据检索文件。1985 年以前主要涉及跨县、跨地区调整两大类情况。2000 年以来仅有少量地区涉及跨地区的行政区调整，但各省缺少 2000 年以来统计口径一致的县域数据，为了避免跨地区的行政区划调整带来较长时间序列的地区级统计单元数据的误差，本研究主要采取分县汇总地区数据、行政区统计单元还原，以及将相关统计单元合并计算等方式，最后生成评价统计分析基本单元，以保证其行政区范围的一致性。

每个地区所包括的县（市）名单通过下列步骤得到。首先以 2001 年的地区行政区划所包括的县级行政单元为基础，初步确定各地区汇总的县（市）名单。然后参考 Mapinfo7.0 版 1990 年代中期的地理行政区底图的制图单元和数据来源情况进一步调整各地区的县（市）名单。然后对发生跨地区行政区调整的地区，进一步利用县域数据还原，如果没有可用的县域数据，就将相邻地区值合并计算，由此最终确定分县汇总地区数据的县（市）名录，以及地区统计单元的个数。

1.3.3.3 单产时间序列缺失数据处理方法

（1）利用统计口径一致的其他年鉴补值

对没有分县（市）数据的地区，在考虑了行政区调整因素后，直接用地区数据，具体涉及的省、直辖市和自治区如下：

① 陕西 1992 年粮食产量分县（市）数据汇总地区值：《陕西地县经济 1991—1992》（陕西省统计局编，中国统计出版社）；

② 西藏单产分县（市）数据汇总地区值：1992—1993 年、1997 年《西藏统计年鉴》；

③ 北京、天津、内蒙古、浙江、广西、甘肃 6 省市使用分县数据汇总 1986 年地区值；

④ 1986 年各地区数据：河北、江苏、福建各省统计年鉴；

⑤ 1992 年各地区数据：河北、河南、山东、江西、云南、江苏、浙江各省统计年鉴。

（2）采用一定算法补值

Matlab 软件中提供的常用数据插补方法有：linest，nearst，cubic 和 spline 等，这几种方法要求曲线具有单调变化区间（张志涌等，2003）。此外，还有利用拟合的趋势方程补值，对于平稳序列还可以用自回归方法来补值（何春燕和熊燕辉，1994；Erik Banks，2004）。由于大多数单产时间序列为非平稳序列，单产波动周期短，对于本研究的核心目的是提取波动项而言，上述补值方法均不适用。受上述插值基本思想的启发，本研究采取了最邻近年插值的思路，首先选取缺值年份前后各一年的单产数据，然后根据地域相似性原理，选取缺值县（市）邻近几个县市的数据，分别计算缺值县（市）前后各一年的粮食播种面积及粮食产量占这几个县市相应指标总和的比例，最后利用这两年的平均比例，以及缺值当年这几个县市的粮食播种面积及粮食产量总和，推算出缺值县（市）当年的单产数据。

经过反复试验对比，如果缺值县（市）的粮食数据在邻近地区所占比例很小时，如低于 20%，且用于插值的 3 年时段中，单产数据没有大的跳跃性变化时，该补值方法的精度很可靠，误差会控制在 5%以内，进一步合成地区数据时，误差还会进一步减小。在本研究中，这种插值方法绝大多数用于市辖区数据的补值，市辖区的粮食数据一般在周边地区中所占比例都很低，一般不超过 10%甚至还不足 5%，因此总的补值结果可信度高。整个时间序列数据中，补值数据控制在 2 个以内，超过此范围的县数据以及超过误差允许范围的插值数据都舍弃不用。

对最终无法用上述方法插补的县或者地区，则从全部时间序列中扣除，不参与计算，共计 64 个县市。有 18 个地区的时间序列数据缺失数超过 3 个。全国仅有 15 个省、直辖市和自治区的地区不缺少 1986 年单产数据，单产时间序列长度为 20 年。新疆缺失 1985 年、1986 年数据，单产时间序列长度为 18 年，黑龙江缺失 1985 年数据，单产时间序列长度为 19 年。

1.3.3.4 时间序列数据的预处理

（1）数据校对

数据校对除了考察数据本身以及由此生成的各项指标的合理性，以及运用 SPSS 中的 explore 的数据考察功能找出奇异值核对数据等方法外，对于 338 个地区单产、粮食播种面积时间序列和 137 个地区农业技术投入时间序列数据，主要采用了绘制时序图的检验方式，提高数据校对效率。

（2）单产和气候因子时间序列的分解

在非平稳时间序列分析中，通常将序列分解为三大因素的综合影响：

① 长期趋势波动，它包括长期趋势和无固定周期的循环波动；

② 季节性变化，它包括所有具有稳定周期的循环波动；

③ 随机波动，除了长期趋势波动和季节性变化之外，其他因素的综合影响均归为随机波动。

这三大因素的综合影响会导致序列呈现出各种变化情况。其中前两个因素也被称为时间序列的确定性因素。一般可以用加法模型、乘法模型和混合模型来估计各因素之间的相互作用。确定性信息的提取方法非常多，构造季节指数、趋势拟合法和各种平滑法是最常用的提取确定性因素的分析方法。但是它们对确定性信息的提取都不够充分。George 等（1997）在 *Time Series Analysis Forecasting and Control* 一书中，用大量的案例分析证明了差分法是一种非常简便、有效的确定性信息提取方法。而 Gramer 分解定理在理论上保证了适当阶数的差分一定可以充分提取确定性信息（王燕，2005）。

单产和气候因子序列一般选择加法模型进行时间序列分解。具体的分解过程如下：

第一步，分别对 338 个地区单产、气候因子的原始序列进行线性趋势拟合分析，对不能用线性方程拟合的时间序列，进行二次曲线拟合分析。对于两类趋势拟合都不适用的地区序列，仅分解为周期波动项和随机波动两项。

第二步，对所有序列进行差分运算，得到随机波动项。本研究中所有序列经过一阶差分运算就已通过平稳性检验。通过对这些地区差分序列的时序图进行分析发现，绝大部分序列的随机波动循环不超过 2～3 年，因此可以认为 2～3 年以下波动为随机波动。

第三步，运用加法模型和第一步拟合的趋势项，从原始序列中得到两类波动项之和（去趋势波动项），然后进行 3 年滑动平均去掉随机波动项，得到周期波动项，即“三年以上滑动平均波动项”，在本研究中可简称为“周期波动项”。

1.3.4 主要研究方法和技术手段

1.3.4.1 主要研究方法

（1）影响粮食生产的关键气候因子的筛选

采用区划和因子分析方法筛选关键性气候因子。首先根据传统的九大农业区和熟制情况，将全国 338 个地区划分为 19 个研究子区域，尽量符合每个研究子区域内的农业自然条件基本相似，研究子区域之间差异显著的区划基本原则。然后分别对这些研究子区域的 20 年气温、降水每年 24 个逐月气候指标进行因子分析，在确定了每个研究子区域的地区性关键性气候因子后，综合考虑了区域可比性、主要粮食作物生长期、农业灾害以及指标相对独立性等因素，最终确定 6 个季节性气候因子和 4 个主要生长期气候因子为关键性气候因子。

（2）近 20 年中国关键气候因子气候变化的区域特征

以气候趋势变化方向、显著水平和方差变化类型作为指标，对全国 338 个地区的 6 个季节性气候因子和 4 个主要生长期气候因子的时间序列划分气候变化类型，运用 Mapinfo 地理信息系统空间叠加方法展现气候变化类型的区域差异。趋势变化显著水平等级划分，依据时间序列统计时段前后两端各 5 年数据进行的均值显著性检验方法，根据通过的不同显著水平检验的结果以及趋势变化方向，将趋势变化显著地区划分出两类各 3 个等级。方差变化类型的划分，首先根据方差齐性检验结果，区分出气候变化异方差地区，然后根据前、中、后 3 个时段方差的大小组合关系划分出 6 个异方差类型。4—10 月主要生长期温度的时间变化过程的区域差异运用系统聚类方法进行分析。

（3）气候变化对单产的影响

利用时间序列时域分析技术——协整关系检验方法分析单产与关键气候因子周期波动项之间的长期互动关系，以及气候趋势变化对单产趋势变化的可能影响。同时还将此方法与相关系数法结合，重点分析 1994 年转折年前后两个时段单产和气候周期波动项之间相关关系的变化情况，说明单产对气候变化区域响应的复杂性以及增产年和减产年气候因素对单产变化的不同影响。此外，还运用两个时空变量场的典型相关分析法，分别分析了影响单产总体变化、周期波动变化和趋势变化的主导气候因素。

（4）粮食单产对气候变化敏感区的识别

采用极大似然法进行回归方程的参数估计，选择允许异方差存在的 PP 单位根检验法，对残差序列进行 1 阶自相关平稳性检验，以残差序列符合 0.1 显著水平的严平稳条件作为两个时间序列变量具有协整关系的标准，筛选单产对某个关键气候因子变化的敏感区。运用 Mapinfo 地理信息系统空间叠加方法识别单产对两个及其以上关键气候因子变化的公共敏感区。

（5）极端气候事件对中国粮食供需平衡的影响

选取农业政策相对稳定的 1985—2004 年，根据极端气候事件对单产影响随机性强的特点，采用随机波动序列（差分序列）的回归分析法建立单产—气候变化响应方程，运用历史相似灾年情景设计方法估算假想受灾区域的单产平均减产幅度，以单产变化空间型（EOF 分解）的 328 个地区特征向量值作为比例系数估算全国其他地区的减产幅度，以近十年来农业气候最适宜年 2004 年的粮食总产量为标准，分析在气候暖期、现有技术和种植结构条件下极端气候事件对中国粮食供需平衡的影响，最后利用单产减产年时间序列的概率密度函数进行减产风险分析。

（6）粮食安全脆弱区的识别

以粮食安全保障的财政压力作为识别粮食安全脆弱区的综合评价指标，人均地方财政收入为辅助指标，以粮食安全脆弱性的阈值（粮食安全保障的财政压力可接受水平）为基本标准，对全国 2 300 个县（市）小康水平的粮食安全状况进行等级划分，并在小康水平粮食安全脆弱区中对温饱水平的粮食安全状况进一步分类。粮食安全脆弱性的阈值，通过目前全国 2 075 个非市辖区所属的县（市）的粮食安全保障的财政压力频率分布特征确定。运用 Mapinfo 地理信息系统空间叠加方法分析气候变化对粮食安全脆弱性的影响。

（7）区域粮食产量形成系统稳定性评价

以波动系数（相对波动指数）为主要稳定性指标，从粮食单产和粮食播种面积两个方面分析粮食产量形成系统稳定性的区域差异。同时利用波动系数的减产序列，通过近似正态分布的概率密度函数分析单产减产 10%的风险概率地理分布。

（8）粮食单产时间变化的空间分异规律

对 320 个数据完整的单产原始时间序列（单产总体变化）的标准化数据进行不同方法的聚类分析，最后选用空间鉴别效果最好的动态聚类（快速聚类）方案，结合波动系数最后将单产总体时间变化过程划分为 8 大类共 10 小类用以说明粮食单产时间变化的空间分异特征。

1.3.4.2 主要技术手段

本研究过程中综合利用了 SPSS11.0 软件、SAS8.0 软件、Excel2000 和 Access2000 软件的各自所长进行大量的数据库管理、评价指标计算以及基本统计图表输出，以提高完成效率。使用 SAS8.0 软件编写循环运算程序调用相关统计模块完成主要的统计分析。经验正交分解（EOF）利用 Matlab6.5 软件编写程序完成。此外，还较多地用到 Mapinfo7.0 地理信息系统空间叠加方法。

2 21世纪初中国粮食供需格局

2.1 研究方法

2.1.1 粮食供需平衡的标准确定

卢良恕等（1993）根据联合国粮农组织公布的人均营养热值标准，结合中国国情计算并提出中国人均粮食消费达到400 kg时，就可以达到营养安全的要求。该标准包括了口粮消费以及其他间接粮食消费数量。另根据农业部数据，1985—1991年中国人均粮食占有量一直在361～393 kg徘徊，1996—1999年中国人均粮食占有量维持在402～419 kg，之后出现下滑，2003年人均粮食占有量降至近20年来的最低水平334 kg，2004年开始回升。目前，中国正处于全面奔小康、建设和谐社会的阶段，因此，可以把人均粮食占有量400 kg作为粮食生产是否达到小康水平的标准。目前，国内多数文献采用人均粮食占有量400 kg作为研究粮食安全的基准线，人均粮食占有量300 kg是比较公认的温饱标准。为了便于与其他相关研究结果比较，本研究选取人均粮食占有量400 kg标准计算各县（市）的余粮数量，简称为"小康水平的余粮量"；以人均粮食占有量300 kg计算各县（市）的粮食短缺数量，简称为"温饱水平的缺粮量"。人均粮食占有量300 kg是一个地区保证居民生活应达到的最低福利标准，也是本研究粮食安全评价的最低标准。

为了相对准确刻画中国粮食生产的基本格局，消除年际波动影响，本章采用多年平均粮食产量，以及统计时段末的人口数量计算人均粮食占有量。

2.1.2 粮食供需格局类型的划分

2.1.2.1 主要余粮区

主要余粮区是指人均粮食占有量超过500 kg的县（市），代表在保证本区小康水平粮食占有量的前提下，正常年份能够比较稳定输出余粮的地区。计算的基本假设前提是，仅从区域粮食供需平衡角度，不考虑因不同粮食作物类型和品种而产生粮食贸易的影响，结合粮食产量波动因素，用一个地区可能提供的余粮数量的多少来确定是否为主要余粮区。受自然灾害影响，中国不同地区的农业生产不同年份都会有不同程度的减产，民政部门将农作物产量减少三成（30%）以上定义为成灾（张兰生等，1990）。若以在县域平均未达到成灾水平的最大受灾减产成数两成（20%）

的假设情景计算粮食产区的人均占有量，仍然能够达到人均 400 kg 小康需求标准的地区才能成为常年比较稳定的余粮输出区，则只有正常年份的人均粮食占有量超过 500 kg 的县（市）才是中国的主要余粮区。本研究所识别出的主要余粮区，除四川省以外，涵盖了政府重新界定的粮食主产区分布范围，并有所扩展。

2.1.2.2 一般余粮区和潜在缺粮区

一般余粮区是指人均粮食占有量在 300～500 kg 的地区。考虑气候波动和自然灾害影响，从中可另外划分出潜在缺粮区，即指正常年份下人均粮食占有量达到了温饱水平，但是在受灾时成为缺粮地区，以县域平均达到成灾水平的最低受灾减产成数三成（30%）时人均占有量低于 300 kg 的温饱需求为标准，则当人均粮食占有量未超过 430 kg 的县（市）就能成为缺粮区。因此，潜在缺粮区是指多年平均人均粮食占有量 430～300 kg 的地区，表示受灾害影响或产量波动时不能稳定保证温饱或小康水平需求的粮食短缺地区。

2.1.2.3 常年缺粮区

常年缺粮地区是指在正常年份人均粮食占有量也未达到温饱水平，理论上需要政府救济来保证基本粮食供给的缺粮地区，以多年平均人均粮食占有量小于 300kg 的地区为常年缺粮地区，表示正常年份的缺粮状况，粮食产量小于温饱水平的需求量的差值为缺粮数量。

2.2 中国粮食供需平衡类型的空间格局

根据全国 2 075 个县（市）（不包括市辖区分区资料）计算，2000—2003 年 4 年人均平均粮食占有量为 422.9 kg，44%的县人均粮食占有量超过 400 kg，25%的县人均粮食占有量超过 500 kg，但仍然有 28%的县不足 300 kg 的温饱水平，潜在缺粮区占总数的 33.6%（殷培红等，2006a）。

21 世纪初期，中国的主要余粮区主要集中在两大地区内：①地势二级阶梯界线以东地区：东北地区、黄淮海平原、湘、赣、鄂、闽等四省，北方明显多于南方地区；②400mm 等降水量线以西地区：甘、宁、内蒙古、新疆、雅鲁藏布江谷地。总人口 2.38×10^8，占全国多年平均粮食总产量的 42%，人均粮食占有量 708 kg，小康水平的余粮总量为 764.09×10^8 kg（占全国的 88.7%，表 2-1，图 2-1）。

中国一般余粮区主要分布在南方地区。人均粮食占有量达到小康水平的一般余粮区，总人口 2.11×10^8，占全国多年平均粮食总产量的 23%，人均粮食占有量 445 kg，小康水平的余粮总量为 97.1×10^8 kg（占全国的 11.3%），主要集中在四川盆地。人均粮食占有量未到小康水平的一般余粮区，总人口数 2.73×10^8，占全国多年平均粮食总产量的 23%，人均粮食占有量 349 kg，小康水平的缺粮总量为 0.14×10^8 kg。

表 2-1　中国主要余粮区粮食生产特点及社会经济条件的区域差异统计表

分区	东北地区	华北平原	长江中下游以南地区	二级阶梯上的农区	一、二级阶梯上的农牧交错带	西部牧区及绿洲农业区	总计
每组县（市）总数/个	124	178	83	27	11	89	512
2002 年末人口总数/万人	5 471.6	10 974.3	4 546.7	986.3	284.8	1 509.5	23 773.2
正常年份粮食总量/10^8kg	563.2	687.6	281.7	55.9	19.5	107.1	1 714.9
小康水平的余粮总量/10^8kg	344.31	248.68	99.8	16.5	8.1	46.7	764.09
县均人均地方财政收入/（元/人）	209	299	223	196	337	217	—
县均一、二产业增加值比值	1.85	0.88	1.29	1.15	1.03	3.13	—
县均粮食作物播种比例/%	88.2	73.3	63.9	79.8	79.7	70.2	—
县均垦殖率/%	30.4	50.5	17.6	25.2	11.4	25.7	—
县均粮食作物单产/（kg/hm^2）	4 711	9 173	13 278	9 273	3 428	2 575	—
县均人口密度/（人/km^2）	122	538	250	301	68	41	—
人均粮食占有量/（kg/人）	972	638	607	598	682	749	707.67

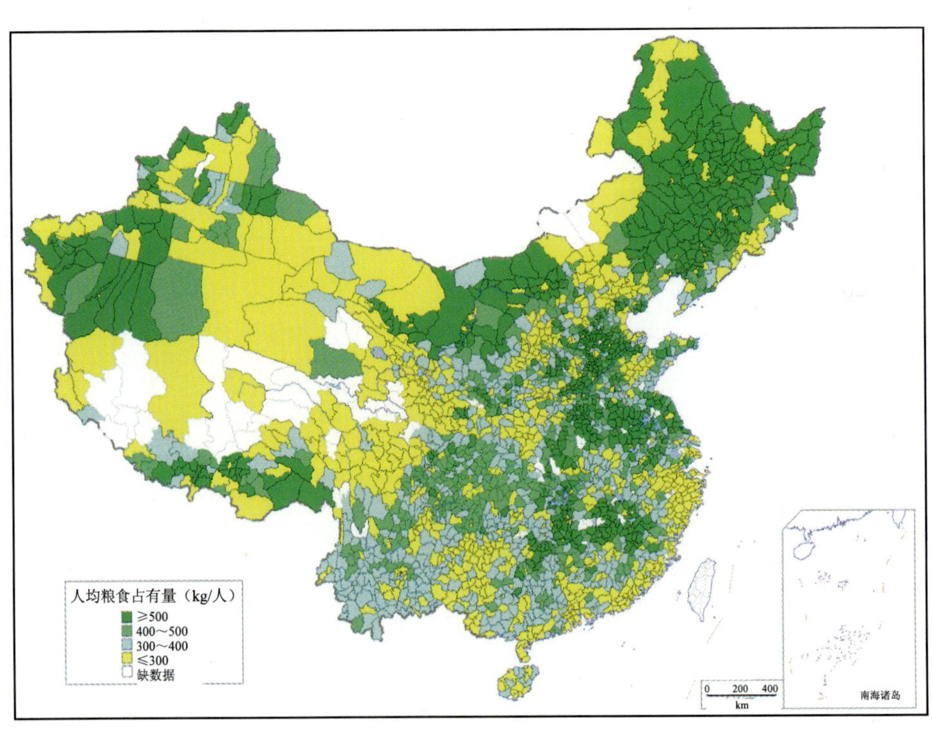

图 2-1　21 世纪初中国人均粮食占有量分布图（2002—2004 年平均）

中国常年缺粮区主要分布在胡焕庸线以西地区的农区和半农半牧区内。此线以东地区较少，且南方多于北方，相对集中在东南沿海、长江中下游平原、云贵高原东部等地区。东北地区是中国常年缺粮县最少的地区。总人口 2.27×10^8，人均粮食占有量 203kg，温饱水平下多年平均缺粮总量为 174.36×10^8kg，多年平均粮食总产量仅占全国的 12%（表 2-2）。

表 2-2 中国常年缺粮区粮食生产特点及社会经济条件的区域差异统计表

分区	东北地区	华北平原	长江中下游以南地区	二级阶梯上的农区	一、二级阶梯上的农牧交错带	西部牧区及绿洲农业区	总计
每组县（市）总数/个	35	37	154	137	132	88	583
2002 年末人口总数/万人	1 048.7	2 262.9	10 258.1	5 107.9	3 018.2	991.6	22 687.4
正常年份粮食总量/10^8kg	20.0	55.3	227.0	125.8	61.0	17.1	506.2
温饱水平的供需缺口/10^8kg	11.4	12.6	80.76	27.5	29.5	12.6	174.36
县均人均地方财政收入/（元/人）	447	388	452	211	144	422	—
县均一、二产业增加值比值	0.98	0.77	0.90	1.32	1.41	1.50	—
县均粮食作物播种比例/%	79.0	80.0	66.0	75.0	80.0	56.0	—
县均垦殖率/%	16.0	25.0	19.0	13.0	20.0	27.0	—
县均粮食作物单产/（kg/hm^2）	8 518	5 267	11 637	6 310	2 233	1 939	—
县均人口密度/（人/km^2）	149	402	516	210	135	86	—
人均粮食占有量/（kg/人）	167	229	223	246	190	162	202.83

中国潜在缺粮区分布广泛，南方明显多于北方，相对集中分布在胡焕庸线以东，地势第二级阶梯范围内以及南岭及其以南地区，东北、华北、长江中下游地区以及中国四大牧区分布很少。总人口 3.38×10^8，平均人均粮食占有量 361kg，小康水平的缺粮总量为 208.55×10^8kg，占全国多年平均粮食总产量的 30%。

与 20 世纪 80 年代中期（图 2-2）、90 年代中期粮食供需状况对比（IRSA，1997），中国粮食生产重心进一步北移，同时出现“西扩”趋势，粮食供需的基本格局没有明显改变。除了豫东地区外，新出现的余粮区均出现在边疆与少数民族地区：东北北部、河套平原以东以北地区、新疆阿拉泰地区和塔里木盆地西部、雅鲁藏布江谷地、云南西部。20 世纪 80 年代中期以来的十年间，中国东南沿海，特别是长江三角洲、珠江三角洲以及山东中部地区已不再是余粮区。20 世纪 90 年代中期以来在晋陕两省的黄土高原丘陵山区、冀北山区、山东中部、浙江北部、准噶尔盆地西部等地区新出现了成片的缺粮区。2000 年以来全面展开的“退耕还林（草）”的生态建设是新出现前两个缺粮区的主要原因；其他新出现的缺粮区则与 1998 年以来国家一系列粮食购销市场化改革，放开粮食主销区，保护主产区等政策实施有关。越来越多的经济发达地区采取了市场手段解决粮食问题，放弃比较优势低的粮食生产，进一步追求经济利益最大化，积极进行农业产业结构调整，粮食播种面积大幅下降。与此同时，在稳定粮食生产政策的影响下，边疆少数民族地区种植粮食作物

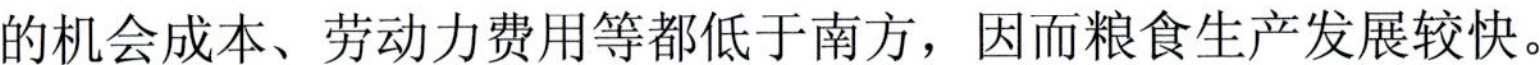

的机会成本、劳动力费用等都低于南方，因而粮食生产发展较快。

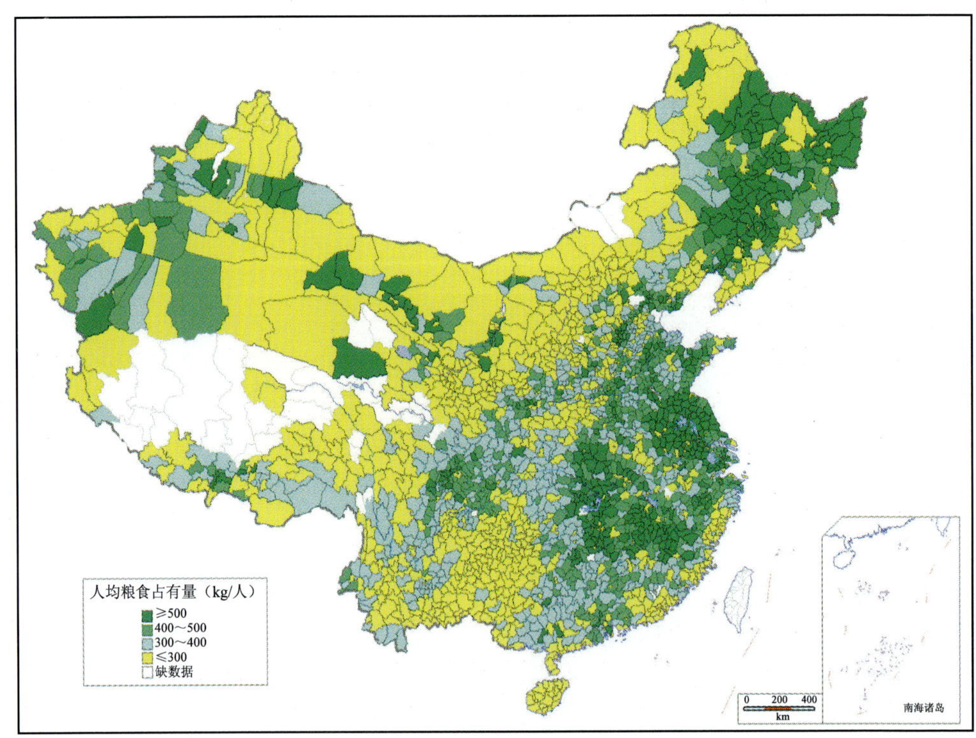

图 2-2 1980 年代中期中国人均粮食占有量分布图（1985—1987 年平均）

2.3 中国粮食供需平衡的区域分异规律

中国粮食供需平衡以东西分异规律为主，其次是南北分异。地势第二级阶梯以东地区，主要余粮区分布最广，而且北方明显多于南方；常年缺粮区相对较少，南方多于北方。这里人口稠密，地理条件优越，既是中国粮食总量、小康水平余粮数量最多的地区，也是温饱水平缺粮总量最多的地区，三者分别占全国的 38%、80% 和 60%。根据地理条件和粮食生产特点，可进一步将本区划分为南北三个亚区：东北地区、华北平原、长江中下游以南地区。地势第二级阶梯以西、400mm 等降水量线以东地区，以潜在缺粮区为主，其次为常年缺粮区和一般余粮区，主要余粮区非常少，供需格局南北差异不显著，考虑牧区、半牧区居民膳食结构的特点，可分为农耕区和农牧交错带两个亚区。400 mm 等降水量线以西地区，常年缺粮区分布广泛，其次是主要余粮区和一般余粮区，潜在缺粮区很少，受非地带因素影响，区内区域差异显著，主要产粮区分布在绿洲和河谷地带。

2.3.1 东北地区

东北地区包括内蒙古东部三盟一市、黑龙江、吉林、辽宁等地区。东北地区是中国最大的余粮区，主要余粮区占绝对优势，缺粮地区最少。近 20 年来，大部分地区粮食总产量增加明显（图 2-3）。主要余粮区的人均粮食占有量为 972 kg。粮食作物比例高达 88.2%，耕地资源最丰富、人口密度较小。主要余粮区的粮食单产水平不到华北平原的一半，粮食生产总量次于华北平原，人口密度不到华北平原的 1/4，小康水平余粮量最多，约占主要余粮区的 45%，高出华北平原 12 个百分点。人均地方财政收入低于全国平均水平，列本研究划分出的六大地理区中的倒数第二位。

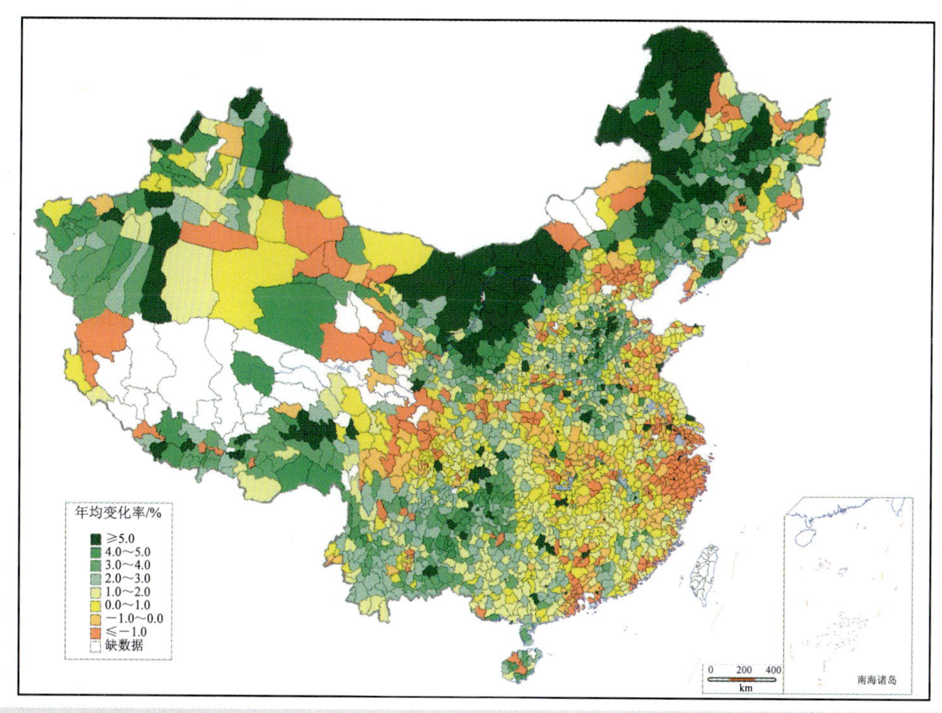

图 2-3 1985—2004 年中国粮食总产量年均增长率分布图

2.3.2 华北平原区

华北平原区主要包括京津唐地区、河北（不含北部山区和半牧区）、山东、河南东部平原区、安徽北部、江苏北部等地区。华北平原区是中国第二大余粮区，主要余粮区分布占绝对优势，其次是一般余粮区，相对集中在山东以及江苏北部，常年缺粮区数量很少，缺粮总数略高于东北地区。主要余粮区的耕地数量多，垦殖率高达 50.5%，单产水平较高，粮食生产总量在六大区中最高，总余粮量约占主要余粮区的 33%；人均地方财政收入在六大地理区域中列第二位，第二产业增加值高于第一产业。近 20 年来，华北平原区内部的粮食生产出现分化，河北、河南平原区粮食总产量增长快，居全国前列，而京津唐、山东、安徽北部、江苏北部等地区粮食总产量变化不明显，部分地区甚至出现负增长。

2.3.3 长江中下游以南地区

长江中下游以南地区主要包括湖北东部、湖南东部、江西、浙江、福建、广东、海南，以及江苏南部。近 20 年来，本区绝大部分地区粮食总产量增加不明显，负增长地区数量众多。特别是长江三角洲、浙江省以及珠江三角洲、福建沿海成为中国总产量减产最明显的地区。目前，本区多种粮食供需类型并存，既是中国温饱水平缺粮总数和缺粮县最多的地区，也是第三大余粮生产区，潜在缺粮区相对较多。小康水平余粮量约占主要余粮区的 13%，其中 93%的余粮出产于湘、赣、鄂、闽 4 个省。人均粮食占有量在 6 个地理区中排倒数第二位，温饱水平粮食缺口占常年缺粮区的 46%。

主要余粮区的人口密度（全国中等水平）较低，粮食单产水平最高。但是平均的粮食作物播种比例在全国最低，为 64%，77%属于丘陵、山区县，耕地少，垦殖率仅高于二级阶梯的农牧交错带，未来增产余地不大。人均地方财政收入属于全国平均水平，如果继续下调粮食作物播种比例则会产生更多的缺粮区。因此，控制人口数量和粮食作物播种比例是保持本区余粮区地位的关键。

常年缺粮区相对集中在东南沿海、长江中下游平原地区。人均财政收入和人口密度全国最高，均是主要余粮区的 2 倍。单产水平比主要余粮区低 12%，垦殖率和粮食播种比例列倒数第二位，缺粮的主要原因是人口压力，其次是耕地少，粮食种植比例低。

2.3.4 地势第一、第二阶梯上的农牧交错带

地势第一、第二阶梯上的农牧交错带主要包括河北北部、山西汾河以西以北地区、陕西北部、宁夏南部、甘肃东部南部、四川西部等地区，以及内蒙古与陕西、山西交界的农区和半牧区。近 20 年来，虽然这一地带尤其是 400mm 等降水量线附近粮食总产量增加比较明显，但是本区的缺粮区分布依然很广泛，常年缺粮区占绝对优势，是全国第二大粮食短缺区，温饱水平粮食缺口占常年缺粮区的 17%。人均财政收入最低，粮食播种比例、垦殖率位于全国前列，粮食单产只有全国平均水平的 16%，广种薄收的特点突出。本地区平原县仅占 8%，属于位于季风和非季风区的过渡带，气候变率大，地处生态脆弱带，粮食生产受自然条件限制较多，耕地、粮食、经济和环境之间矛盾非常突出，是中国粮食安全最脆弱的地区。

2.3.5 地势第二阶梯上的农区

地势第二阶梯上的农区主要包括山西汾河以东以南地区、陕西南部、河南西部、四川东部、重庆、湖北西部、湘西地区、贵州、云南、广西西部等地区。近 20 年，后 4 个地区粮食总量增加较快，而其他产粮地区减产也较突出。本区是全国第三大粮食短缺地区，缺粮县的总数、粮食生产总量列全国第二位，缺粮总量列第三位，

温饱水平粮食缺口占常年缺粮区的16%。一般余粮区和潜在缺粮区分布最广、数量最多。一般余粮区相对集中在四川东部和重庆，潜在缺粮区相对集中在云南和陕西南部。常年缺粮区相对集中在云贵高原东部、豫西和鄂北山区，89%的地区属于丘陵山区县，垦殖率最低，只有本区主要余粮区的一半，单产和人口密度比本区主要余粮区低1/3左右，粮食短缺主要是因为耕地资源少和自然条件限制。本区主要余粮区很少，主要分布在汾渭谷地、四川盆地西部、贵州北部。在6个地理区的主要余粮区中，属于粮食生产自然条件好的地区，平原县占到41%，单产水平较高。但是因人口密度高，人均粮食占有量和人均地方财政收入最低，粮食生产面临更多的经济和人口压力，稍一放松粮食生产，这些地区就可能降为一般余粮区。

2.3.6 西部牧区及绿洲农业区

西部牧区及绿洲农业区主要包括内蒙古中、西部地区、宁夏北部、甘肃北部、新疆、青海、西藏等。近20年内蒙古中部、宁夏、新疆西部、北部的绿洲以及雅鲁藏布江谷等地区粮食总产量增加最明显，总余粮量相当于长江以南地区余粮量的近一半，人均粮食占有量仅次于东北地区。本区以主要余粮区和常年缺粮区为主，后者分布最广泛。72%的常年缺粮区为牧区、半牧区，人均财政收入高，是全国平均水平的1.7倍，牧业收入占有重要地位，粮食缺口量小，如果考虑牧区居民膳食结构因素，半牧区实际的缺粮程度还要轻，牧区可能不是真正意义上缺粮区。余粮区分布相对集中，主要分布在雅鲁藏布江谷和绿洲农业区，具有明显的地广人稀、广种薄收的生产特点，单产水平只有全国平均水平的19%；人均地方财政收入属中等水平，第一产业占优势。粮食生产主要受干旱、风沙、土壤盐渍化和灌溉水源等自然条件的限制，是中国著名的生态脆弱区。

3 区域粮食产量形成系统的稳定性评价

3.1 中国粮食产量波动研究评述

3.1.1 主要研究成果简介

粮食生产的波动程度是评价粮食安全的重要指标之一，直接关系到粮食供需平衡的稳定性、粮食储备量、贸易依存度的变化、以粮食种植为生地区和人口的经济收入稳定性以及低收入人口的粮食获取能力等。因此，农业波动和粮食生产波动的研究一直在我国占有重要地位，一些外国学者也一直关注中国粮食波动问题的研究。如：Tang A M 和 Kueh Y Y 做出了开创性工作（李岳华等，2001）。此外，Stone B 和 Z Tong（1985）、Wan G H 和 J Anderson（1991）、Stone B 和 Scott Rozelle（1992）等人、联合国粮农组织以及国外主要生产和消费国的研究机构等，都对中国粮食安全现状进行过专门研究。

国内学者从全国角度研究粮食产量（主要是总产量）波动时间变化规律（周期性）的成果比较多。以专著形式对此问题进行专门论述的研究有：朱希刚（1997）、朱泽（1998）、李岳云、蒋乃华等（2001）、严瑞珍、程漱兰（2001）、肖国安（2005）等。从某种作物或者某个地区的角度研究粮食产量波动的时间变化规律的成果非常之多，很难一一列举。而从全国粮食产量波动的区域差异以及空间变化规律、区域生产波动对全国粮食总产量的影响等研究相对较少，绝大多数以论文形式发表，主要的研究成果简述如下。

王世耆和程延年先生（1991）研究了我国 1948—1981 年的粮食总产量和主要作物产量趋势变化和波动变化（变异系数）的分布特征，从气象灾害程度与减产年份的关系说明了气象灾害对全国粮食总产量波动的影响。信乃诠和程延年先生（1995）利用变异系数研究六大行政区、省级行政区的产量波动在全国粮食产量总波动的比例，以及变异系数的区域差异，定性说明了历史气候变异、作物产量变异及其相互关系的基本规律。吴金栋和太华杰（1996）运用熵值分析法，利用全国七大区 1961—1990 年的气象和产量资料，讨论了我国主要气候指标的熵值以及粮食气象产量熵的时空变化类型，详细分析了我国气候变化的不稳定性。宋学明和赵建华（1997）分析了中国粮食单位面积产量区域差异及影响因子。谢云和刘继东（1997）运用经验正交分解的方法研究 1949—1992 年我国粮食的气侯单产的时空变化规律；蒋乃华（1998）利用全国及省级 1963—1996 年数据，线性回归剔除趋势产量后，运用方差分解方法研究六大行政区产量波动对全国总产量波动的贡献，用方差和协方差说明各大行政区总产量空间变化的一致性特征。王建林和太华杰（1998）直接利用 1949—1995 年全国粮食总产量数据，计算六大行政区相邻两年大于 0℃的积温和降水总量差异与相邻两年产量差异（一阶差分）的相关系数，分析六大行政区的粮食作物平均单产的丰歉与气象条件的关系。党安荣等（1999）利用 GIS 的分析手段，分析 1985 年和 1994 年相隔十年的两年间全国单产空间变化的区域差异及原因。邓国（1997）用变异系数指标，研究相对气象单产（气象单产与趋势单产比值）的波动程度，用于全国单产风险分区。刘明亮和陈百明（2000）从农业灾害角度研究了我国粮食生产波动性（波动系数）及区域差异。李岳云等（2001）也运用方差分解法探讨了三大经济地带的粮食波动区域差异。刘景辉等（2001）使用全国 1952—1998 年产量原始数据序列，用多元回归方程的偏回归系数说明不同熟制地区单产波动对全国单产变化的影响，并计算单产贡献率。曾燕和邱新法（2002）研究影响我国主要粮食作物产量波动的气象因子等。钟甫宁和邢鹂（2004）使用 1978—2001 年粮食单产波动数据（剔除趋势产量），计算变异率（波动系数）和变异系数研究东部 11 个粮食主产省、7 个粮食主销省区和 11 个西部省的单产波动区域差异等。以上粮食生产波动研究对象的空间尺度很大，多数研究以三大经济地带，或者六大行政区域为评价单元，全国尺度上的评价基本单元很少涉及省以下区域。

目前识别产量变化主次因素的研究方法最常用的是简单线性相关系数法、回归系数法。此外还有生产函数法，如谢云（1999）、李岳云等（2001）；灰色关联分析法，如毛惠忠（2005）、刘景辉等（2001）；方差分解法，如蒋乃华（1998）、李岳云等（2001）；丰歉年型判断法，如尹东和杨家宝（1998）、王建林和太华杰（1998）；计量经济模型法，如张宇（1995）、李国祥和陈劲松（2001）等。此外，王建林和太华杰（1998）的气候要素与产量一阶差分相关系数法；马祖琦和尹怀庭（2001）用主成分分析法，研究陕西粮食单产的主要影响因素；肖国安（2005）用典型相关法分析了影响粮食生产率的主要因素。

总体上看，以上研究方法中典型相关、差分法等方法引入国内相关研究的时间不长。在社会科学领域中产量波动原因多以定性分析为主，主成分分析（因子分析）分析方法在社科领域研究中还很少用到，而社会科学方面常用的方差分解、生产函数法在自然科学中识别粮食产量波动因素的研究中还不多见。

3.1.2 相关研究存在的问题

总结以上研究成果，可以看出中国粮食产量波动研究存在以下几个问题：

① 重视总产量波动原因的分析，对于单产波动原因研究很少。从全国角度研究单产波动原因的主要研究有：宋学明和赵建华（1997），王建林和太华杰（1998），刘景辉（2001）等。目前，我国耕地资源稀缺，粮食增产的主要途径是提高单产。影响粮食播种面积和单产主要的影响因素是不同的。播种面积更多地受市场、政策等社会经济因素的影响。单产主要受技术和自然条件影响。自然条件的变化规律复杂，有些有趋势性变化，有的具有波动性，有的两者兼备，如气候条件。仅研究总

产量波动原因显然存在一定的片面性，不利于区分自然、社会因素的不同影响，缺乏针对性。因此，需要加强单产波动的研究。

② 识别粮食产量波动来源的定量分析方法非常丰富，但常用定量方法各有利弊。简单线性相关分析在刻画不同时间序列整体趋势变化上具有简明易操作的特点，但不能精确刻画曲线的波动形态的相似性，相关系数很高的两个变量之间，波动幅度、频率差异可以很大。灰色关联分析在刻画非线性序列的协同变化趋势和波动形态上有一定的改进，其实质是对反映各因素变化特征的数据序列进行几何比较。党安荣等（1998）还对线性相关系数和灰色关联度这两种方法进行了对比研究，结果发现：两种算法得出的排序结果有一定差异，除了首要因素结论基本一致外，其他要素较难找出一致性结果。方差分解法适用于分变量（如加和或乘积关系）对总变量的波动来源识别（徐建华，2002）。李岳云等（2001）认为方差分解法虽然有效，但不适用于识别各要素具有复杂组合关系的波动来源分析，也不能直观反映产量数值的变化。主成分分析和典型相关分析为了解决这一问题提供了一种多元统计分析方法。主成分分析适合评估和产量相关性好的因子作用，但主分量含义不直观（王世耆和程延年，1991），因子分析则对后一种缺陷进行了改进。典型相关分析将主成分分析的原理与相关分析方法结合在一起，遵循典型因素相关性最大原则，比较适合分析多因素的综合影响。

③ 由于粮食产量数据的使用方式不同（如是否分离趋势项，如何分离趋势项以及波动的度量指标等），时间序列长度不一、定量分析方法的差异，以及研究侧重角度不同，选取的主要指标不同等多种原因，导致前述相关研究结果缺乏可比性，很难形成统一认识，仅在单产是影响总产量波动最主要原因以及粮食播种面积的波动主要受社会经济条件，特别是价格因素影响等问题上达成较一致的共识，而在其他生产要素投入，以及气候条件对单产波动的影响程度等更深入、更具体的因素识别上，各研究结果还存在着较大的分歧。对粮食生产波动（稳定性）的区域分异规律研究数量不多、方法多样、空间分辨率不同，也同样缺少具有可比性的结论。

3.2 主要研究方法

粮食总产量的大小是粮食生产能力、粮食供应能力最直接的体现，粮食产量的波动程度反映了产量的稳定程度。为了区域对比研究，可采用单位粮食播种面积的总产量为主要指标，本书简称“粮食单产”。在前人研究的基础上，本章重点对单产稳定性进行评价，影响稳定性的主要因素将在后续几个章节中讨论。同时为了对粮食生产、供应能力的稳定性有更深入的整体理解，本章也选取粮食播种面积的波动状况作为辅助指标说明粮食生产稳定性的区域差异。

3.2.1 时间变化过程分析

3.2.1.1 时间序列变化特征分析

对粮食单产的时间序列主要作以下分析：

① 对 338 个地区单产和粮食播种面积原始序列进行增长趋势分析，取统计时段前后两端各 5 年做均值的显著性检验。

② 利用 SPSS 统计软件的曲线估计方法对单产原始时间序列进行趋势拟合曲线分析（简单线性方程、二次方程和三次方程），说明曲线趋势变化特征。

③ 用哈特莱（Hartley）方法[13]，对单产时间序列进行方差齐性检验，未通过显著性检验的时间序列，说明时间序列发生了方差变化。

3.2.1.2 区域分异的聚类分析

从变化过程的角度，运用聚类方法划分单产时间变化过程类型区，研究单产的时间和空间变化特征。

第一步，利用近 20 年 320 个数据无缺失值地区的单产原始数据标准化序列，以每一年单产为分类变量，每个地区为聚类样本，运用 SPSS 软件，尝试使用多种聚类方法，尽量选择初次分类结果较少出现极小或孤立样本类别的同时，结合各地区的单产时序图，对聚类结果的区分度进行检验。对比分析结果表明，在选择同样分类数（12 类）的情况下，系统聚类中选用欧氏距离平方为距离测度单位，用最远距离法聚类的效果和动态聚类（或快速聚类）法产生的结果比较理想。然后将这两个分类方案结果绘制成图，结果表明，两个方案所展示的空间分异规律基本吻合，动态聚类结果在东北三省及内蒙古东半部地区具有更好的空间区分度，由此确定选用动态聚类法的分类方案。

第二步，结合单产时序图对动态聚类方案中的两个极小样本类别（样本数分别为 6 个和 2 个地区）进行归并，并删除了不能归并的两个孤立样本类别（上海市辖区和上海市辖县）。

第三步，得到 8 类聚类方案之后，对每类地区的单产时间序列进行主成分分析，选取典型地区作为每类的时间变化特征曲线。在此过程中发现，样本数最多的两类中还可以根据波动特征（波动系数大小）进一步划分出两个亚类。

3.2.2 粮食生产稳定性的度量

目前，描述波动程度的主要统计方法有 4 种：①剩余法（残差法），计算用波动系数来表示波动强度，适用于比较不同时段的波动变化规律研究，但由于提取趋势产量的方法差异，难以有一致性结论。②方差法，即用变量的离散程度来表示波动程度，主要计算变异系数，近些年也有人用线性拟合的趋势总产量代替平均值计

13 张厚粲. 心理与教育统计学[M]. 北京：北京师范大学出版社，1995.

算变异指数，如李岳云等（2001）研究江苏省的粮食生产和供给波动；钟甫宁和邢鹂（2004）研究全国单产波动的地区差异等；吴金栋和太华杰（1996），尹东和杨家宝（1998）的熵值分析法。其实质也是基于方差的思路分析，只是用于描述变量的离散程度的物理量和计算方法不同。③分段线性拟合法，用不同时间段的平均增长率来衡量波动强度的变化，如宋学明和赵建华（1997），曾玉平（1998），党安荣等（1998）等。④差分法，计算一阶差分的相对变化量（平均敏感度），主要见于树木年轮研究中，用以说明年轮年际宽窄变化对气候因素的响应程度。

以上方法各有利弊，为此本研究主要选择了如下 3 个指标利用全国 338 个地区 20 年的单产数据进行了对比研究。从表 3-1 可以看出，三个波动指标之间的相关系数很高。但是，以平均敏感度和变异系数为波动指标，全国粮食播种面积平均波动程度比单产变化小（表 3-2），平均值的差异均达到 0.05 显著水平，而以波动系数为指标，两者差异不显著。三个波动指标描述单产变化时，波动系数表现出的变化数量级最小，变异系数最大，它们之间的差异均达到 0.05 显著水平。为此，本研究重点探讨了 3 个指标在识别波动的区域差异方面的适用性，即空间鉴别能力的评价（表 3-3，图 3-1）。

表 3-1　三种波动指标的相关系数

			变异系数	平均敏感度	波动系数 *B*
Spearman's rho	变异系数	Correlation Coefficient	1.000	0.739	0.774
		Sig.（2-tailed）	0	0	0
		N	335	321	330
	平均敏感度	Correlation Coefficient	0.739	1.000	0.926
		Sig.（2-tailed）	0	0	0
		N	321	321	321
	波动系数 B	Correlation Coefficient	0.774	0.926	1.000
		Sig.（2-tailed）	0	0	0
		N	330	321	330

表 3-2 三种波动指标描述粮食播种面积和单产变化的差异

		单产变异系数	播种面积变异系数	单产平均敏感度 1	播种面积平均敏感度 1	单产波动系数 $B1$	播种面积波动系数 $B1$
总数	有效值	335	335	317	323	326	327
	缺失值	3	3	21	15	12	11
平均值[a]		0.164 49	0.146 59	0.100 72	0.069 65	0.076 99	0.074 45
十分位	10	0.073 00	0.052 59	0.036 60	0.037 16	0.030 29	0.035 38
	20	0.091 00	0.063 74	0.043 82	0.043 25	0.038 38	0.040 86
	30	0.107 00	0.074 86	0.054 18	0.048 35	0.043 72	0.045 64
	40	0.128 40	0.087 75	0.062 00	0.055 41	0.052 08	0.052 84
	50	0.150 00	0.104 05	0.073 75	0.060 29	0.063 75	0.060 90
	60	0.171 00	0.115 89	0.088 80	0.066 90	0.071 20	0.071 88
	70	0.198 00	0.141 25	0.109 34	0.075 33	0.085 40	0.083 10
	80	0.233 00	0.183 67	0.152 10	0.088 73	0.110 10	0.099 90
	90	0.278 00	0.286 58	0.202 70	0.113 40	0.151 44	0.129 24

注：a. 统计指标用 1 表示去掉极端值影响后的平均值。

表 3-3 两种计算方法的单产波动系数评价结果对比

		单产波动系数 B	单产波动系数 A
总数	有效值	330	327
	缺失值	8	11
平均值	—	0.080 12	0.078 76
十分位	10	0.030 51	0.023 26
	20	0.038 54	0.031 26
	30	0.043 93	0.035 52
	40	0.052 46	0.042 72
	50	0.064 20	0.050 90
	60	0.071 38	0.065 36
	70	0.087 08	0.081 60
	80	0.113 28	0.115 82
	90	0.152 63	0.162 40

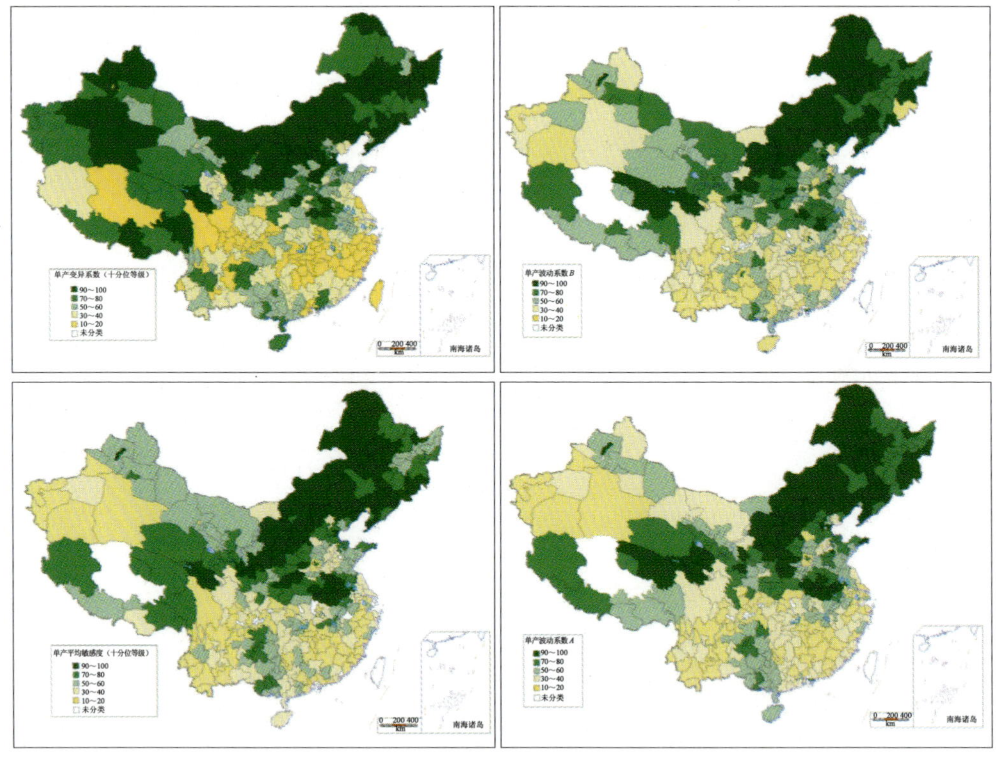

图 3-1　三种波动指标的空间鉴别能力对比

3.2.2.1 变异系数

即时间序列的标准差与平均值之比。如果直接对原时间序列计算，则将时间序列的趋势变化也包含其中。在空间分布上与其他两个指标最大的差异体现在单产变化类型 1 类 a 和 2 类 b 两类线性增长趋势最明显的地区分布（图 3-2），其他地区的基本趋势相似。该指标可以综合反映时间序列的时间和空间变异特征，但是不能很好区分趋势变化和波动变化程度的差异，也不能直接表现变化方向，不能用此指标进行减产风险分析。用以说明空间波动的差异程度时，需要剔除趋势变化的影响。鉴于此，本研究一般不用此指标描述时间序列变化特征，仅将其作为描述某一评价指标的区域空间分异程度的定量描述指标，如单产、经济收入水平等的区域差异程度。

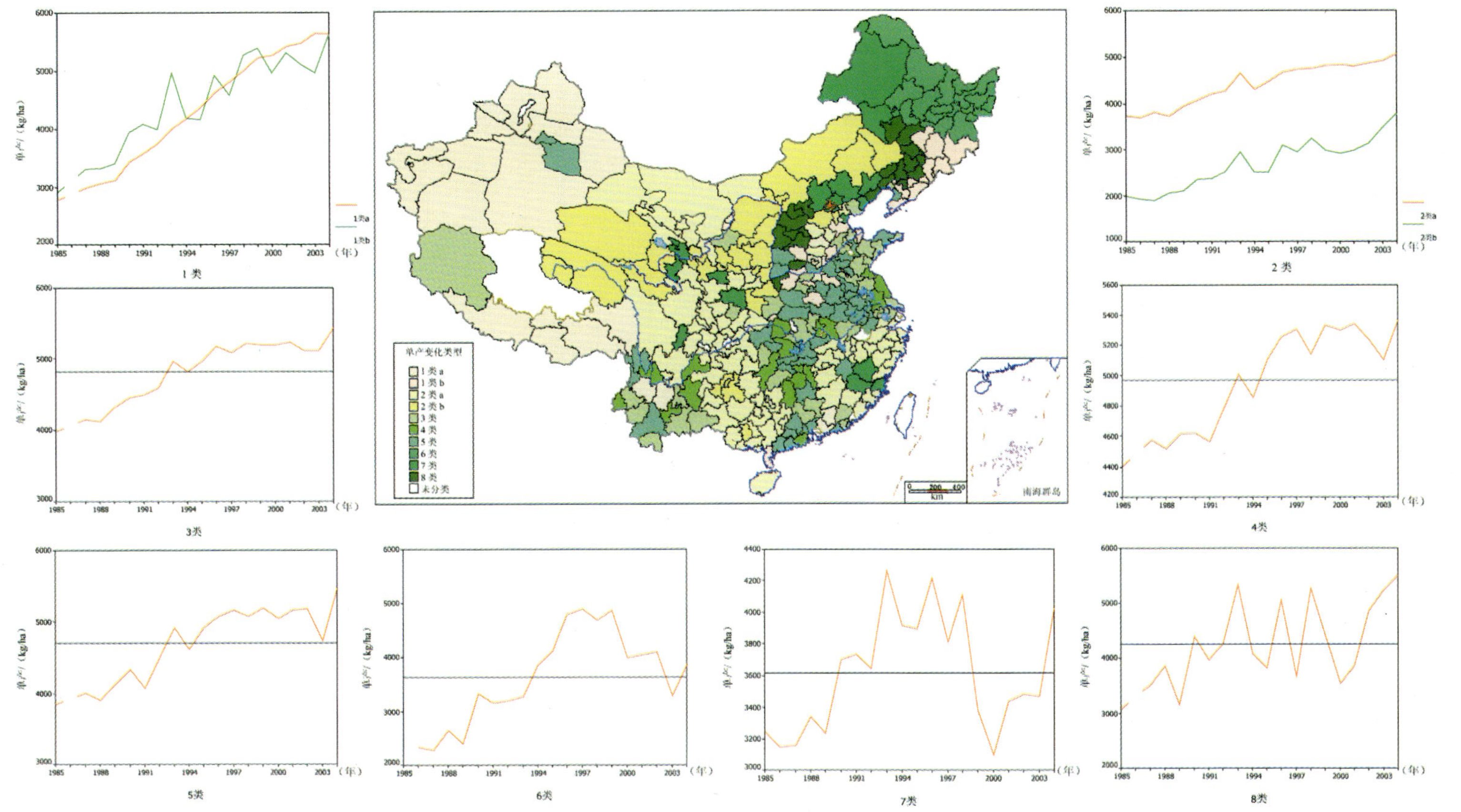

图 3-2　中国粮食播种面积单产总体变化（含趋势项）类型分布

3.2.2.2 绝对波动指数

借用树木年轮平均敏感度的计算方法，其实质是一阶差分相对量。为了区别于本研究中的敏感度，定义为绝对波动指数 S：

$$S=\frac{1}{n-1}\sum_{i=1}^{n-1}\left|\frac{2(x_{i+1}-x_i)}{x_{i+1}+x_i}\right| \quad i=1，2，\cdots，n \qquad 公式 3.1$$

该指数反映了相邻两年时间序列的数值变化程度，这种变化程度与现实生活中人们感觉到的变化幅度比较接近，可用于分析人类感知的单产变化幅度以及相应的减产风险分析，比较适合研究不同量级的气候年际波动分析，但不适合不同时代的波动差异对比。在树木年轮研究中，该指数首先用来评估树木年轮年表重建气候变化的可能性，当指数低于某一临界值时，年表不能用于做气候重建（吴祥定等，1990）。

3.2.2.3 波动系数

相对于平均状态的变化比例，反映了变量围绕一个平均状态的变化情况。一般理解为从原始序列中剔除趋势变化后的波动产量相对于趋势产量的比例。

$$\alpha=\frac{1}{n}\sum_{i=1}^{n}\left|\frac{x_i-\hat{x}_i}{\hat{x}_i}\right| \quad i=1，2，\cdots，n \qquad 公式 3.2$$

$\hat{x}_i$ 是时间序列 $\{x_i\}$ 的趋势值，其大小因平均状态趋势拟合方式不同而不同，因而也是一种相对波动系数。本研究对两种趋势拟合方法进行了对比研究。波动系数 A 的趋势值是用单产最优拟合曲线值，即从简单线性方程、二次方程和三次方程三种曲线拟合达到显著（$\alpha<0.05$）水平的曲线中，选择判决系数最大的方程值作为趋势值。波动系数 B 的趋势值是用达到显著（$\alpha<0.05$）水平的直线拟合值，对增长趋势显著，却不能用直线拟合的时间序列，用二次曲线作为趋势值，全国单产序列中有 12 个地区属于此类。除了以上两种情况外，全国有 60 个地区的单产序列和 144 个地区的粮食播种面积序列为平稳序列，不需要去趋势，波动系数中的趋势值为原始时间序列的平均值。

表 3-3 和图 3-1 显示了两种算法得到的波动系数在空间分布上基本是相似的，数值等级差异未通过显著性检验。与平均敏感度对比，除了新疆北部、内蒙古西部以及广西、贵州等地的个别地区在数值上略有差别外，波动系数 A 的空间分布与平均敏感度空间分异规律最为吻合，但对西北部地区单产波动空间差异识别程度不如波动系数 B。因此，本研究最后确定用线性去趋势得到的波动系数进行相关内容分析，对单产波动程度的描述属于中等水平。以下如没有特别注明，所有波动系数均为波动系数 B 的算法，不再一一标出。

波动系数的趋势值或平均值是对整个统计时段的一种平均，因此该指标刻画年际波动幅度时，数值偏小。用于分析波动来源时，对弱干扰反应会不敏感。但适合不同年代的波动程度对比。

3.2.3 单产空间变化的 EOF 分解

不同粮食主产区和粮食短缺地区产量增减的空间变化的异同性（共变特征），是影响全国粮食供需平衡的一个关键因素。为此，本研究利用 Matlab 软件进行经验正交函数分解（Empirical Orthogonal Function，EOF），研究全国粮食单产空间变化的异同性。

经验正交函数分解，在气象和海洋资料分析中有非常广泛的应用，其功能是从气象变量场的资料集中识别出主要的相互正交的空间分布型（Spatial Pattern）或模态（Mode）。资料集是由 m 个空间点上的 n 个观测值，按照一定规则排列的资料矩阵（空间场）。当资料矩阵中的观测值为距平值时，即被分析的场是零均值时，经验正交函数分解和主成分分析的算法是相同的（吴洪宝和吴蕾，2005）。对于一个包含了 m 个空间点（变量）的 n 个时间点的距平值资料矩阵，EOF 分解的实质就是把该矩阵分解为空间函数矩阵（矩阵的特征向量）和时间系数矩阵，即把被分解的矩阵上的任意一个观测值看成是空间函数和时间函数的线性组合。经验正交函数稳定的必要条件是资料集必须是平稳时间序列以及 $m \gg n$（章基嘉等，1979）。上述分解可以表示为：

$$X_{n\times m}=T_{n\times m}\times V_{m\times m} \qquad \text{公式 3.3}$$

其中 $X_{n\times m}$ 是 m 个空间点 n 个时间点的距平值矩阵，其中 m 为地区数，n 为年数，对于本研究，就是 331 个地区 18 年的单产原始数据的标准化序列；$T_{n\times m}$ 是时间系数矩阵；$V_{m\times m}$ 是空间函数矩阵，由特征向量组成。

然后利用求矩阵特征值的方法计算 $X_{n\times m}$ 的协方差矩阵 $S_{m\times m}=XX'$ 阵的特征值，以及对应的特征向量，最后利用公式 3.4 求出时间函数。

$$T_{n\times m}=X_{n\times m}\times V'_{m\times m} \qquad \text{公式 3.4}$$

特征值的大小表示与其对应的特征向量即空间型的方差贡献率（权重），选取最大的几个主成分，分别将其对应的特征向量中的分量值分别填在对应 m 个空间点的位置上绘制出等值线图，即可得到几种典型的空间型分布图，以此分析不同空间点在空间变化上的共变特点。时间函数系数表示空间型随时间的变化。两者结合就可以看出每年的空间型（邓爱军等，1989；黄嘉佑，2004）。

3.3 中国粮食生产的空间变化特征

3.3.1 粮食单产变化的区域差异

3.3.1.1 总体趋势变化

1985—2004 年，全国粮食单产普遍增加，平均增产 1.9%，仅有 4.8%的县市单产略有下降（年均变化率小于－0.5%），全国有 18.6%的县市单产增加幅度在 3%以上。甘新区、内蒙古长城沿线、东北区、黄土高原区北部以及黄淮海区是中国粮食单产增加最明显的地区，年均增长率列前五位（表 3-4）。

表 3-4　1985—2004 年中国粮食生产年均变化率（%）分区统计表

农区类型	粮食总产量	粮食播种面积	粮播单产	粮播比例	耕地面积
东北区	2.5	－0.2	2.7	－0. 2	0.1
内蒙古及长城沿线	3.0	－0.2	3.2	－0. 8	0.8
黄淮海区	1.4	－0.6	2.0	－0. 8	0.0
黄土高原区	1.5	－0.7	2.2	－0. 4	0.0
长江中下游区	0.0	－1.1	1.1	－1.2	0.4
西南区（不含四川盆地）	1.6	0.0	1.5	－0.9	1.1
四川盆地	0.7	－0. 4	1.0	－0.7	－0. 6
华南区	0.5	－0.1	1.3	－1.6	0.5
甘新区	2.8	－1.1	4.0	－2.3	1.0
青藏区	0.5	－1.3	1.9	－0.6	－0. 2
全国县域平均增长率	1.2	－0.7	1.9	－1.0	0. 3

全国 338 个地区近 20 年的单产时间序列中，67.8%的地区单产增加达到 0.05 显著水平（表 3-5），其中 35.9%的地区（全国的 24.4%）单产增加达到 0.001 显著水平，只有 2.7%的地区单产略有下降，但未达到 0.05 显著水平。

表 3-5　1985—2004 年中国粮食单产变化过程分类统计指标

类　型	1a	1b	2a	2b	3	4	5	6	7	8	全国
趋势显著$^{\alpha}$（地区数）/%	100	82.6	82.7	69.0	75.0	90	58.0	50.0	10.5	5.0	67.8
方差变化（地区数）/%	16.7	13.0	24.7	17.2	22.5	15.0	8.0	28.6	15.8	25.0	18.8
总　数	24	23	81	29	40	20	50	14	19	20	320

注：α= 0.05 显著水平。

从单产拟合的趋势线类型看，有 69.7%的地区是三次曲线，10.3%的地区为二次曲线，9.4%的地区为直线，10.6%的地区属于无趋势类型。无趋势类型主要分布在山西汾河以西以北、河北北部以及青海东部与甘南的地形过渡地区。

3.3.1.2 单产时间变化的区域分异规律

（1）单产时间变化的区域差异

中国单产时间变化过程的东西差异明显，东部变化复杂、类型多样，西部变化过程简单。北方地区单产变化过程复杂，南方地区单产变化类型较少。在地势第二级阶梯界限附近单产变化过程与两侧差异较大。

此外，全国有 18.8%的地区单产时间序列存在方差变化（方差异性显著水平达到 0.05），主要出现在 6 类、8 类、2 类 b 和 3 类地区。其中前 3 类地区整体上介于 100～500mm 等降水量线之间的地区，属于中国的农牧交错带，波动系数也是全国最大的地区（表 3-6）。

表 3-6 1985—2004 年中国粮食单产变化过程分类统计指标（2）

类型	1a	1b	2a	2b	3	4	5	6	7	8	全国
波动系数	0.055 6	0.105 2	0.049 4	0.128 5	0.049 8	0.038 3	0.069 4	0.146 6	0.122 5	0.181 4	0.080 4
年均增长率/%	0.035 7	0.025 1	0.015 0	0.030 1	0.013 2	0.009 4	0.015 8	0.021 2	0.001 6	0.013 0	0.017 3
总数	24	23	81	29	40	20	50	14	19	20	320

全国大部分地区单产变化在 1994 年前后出现明显转折，大致可以分成 4 种情况：

① 近 20 年单产始终保持明显增加趋势（表 3-6），在 1994 年前后单产水平超过平均值，以 1 类、2 类地区为主，绝大部分地区分布在东经 110° 以西，小部分在辽宁、吉林东部（1 类 b）和江南地区（2 类 a）。1 类 a 单产增长速度最快，波动系数较小，基本分布在新疆和西藏。

② 单产增长趋势在 1994 年以后平均值达到一个新高度后，增加趋缓，呈波动变化状态，以 3 类、4 类和 5 类地区为代表，4 类区单产均值变化在 1994 年前后具有不同程度的突变特征，该类地区分布较分散，相对集中在江苏、湖北、湖南和云南等地；3 类和 5 类地区以渐变方式为主，交错分布在山东、淮河流域、河南东部、湖南东北部以及广东西部。后两类地区主要区别是 5 类区总体上升趋势比 3 类区速度快，在 1991 年、2003 年普遍出现明显减产，这些地区主要分布在淮河流域、鲁西南以及河南东部。总体上，这两类地区基本位于中国的气候过渡带上。

③ 单产平均值在 1994 年以后达到最高后，增长趋势开始出现下降，7 类地区下降最明显，单产变化曲线呈现对称上凸型，目前单产平均水平已低于 1994 年水平，此类地区数量不多，集中分布在呼伦贝尔盟、兴安盟、河北北部、辽宁朝阳地区和北京；6 类地区单产自 1999 年左右开始出现下降趋势，单产水平还保持在 1994 年平均水平之上，该类地区全部分布在黑龙江省。

④ 近 20 年单产基本没有趋势变化的 8 类，始终围绕平均值变化，1994 年之后波动幅度出现变大趋势，其中有 25%的地区方差变化达到 0.05 显著水平，该类地区高度集中分布在辽宁、吉林与内蒙古交接地带以及山西大部分地区。

（2）单产波动变化特征

中国单产波动程度南北差异显著，北方普遍单产波动明显，尤其是东北、内蒙古东半部、晋陕黄土高原区以及三江源地区单产波动系数大于 0.1。这些地区基本上属于 1 类 b、2 类 b、6 类、7 类、8 类单产变化过程。南方地区除了云贵高原东部及广东西南部地区（多属于 3 类、4 类、5 类单产变化过程）波动系数大于 0.06 以外，绝大部分地区单产波动很小（图 3-3）。

3.3.1.3 单产空间变化的异同性

分别对全国 320 个序列完整地区的单产原序列标准化（单产总体年际变化）和单产周期波动标准化（单产 3 年滑动平均波动）时间序列进行 EOF 分解，根据特征向量累计方差贡献率大于 70%，且单一主成分的方差贡献率不低于 5%的选择原则，分别得到两类单产时空场的前 3 个主成分向量场（图 3-5、图 3-6），及其方差贡献（表 3-7）。可以看出全国两类单产变化的收敛性很好，前 3 个主成分的累积方差贡献率分别达到 73%和 75.8%。

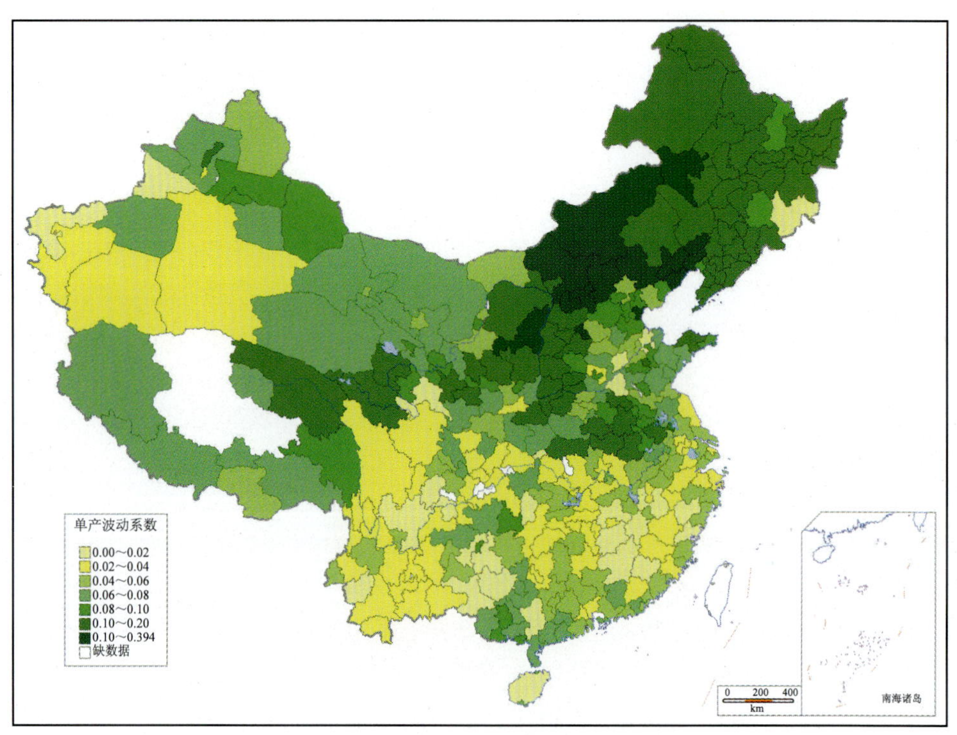

图 3-3 中国粮食单产波动变化的区域差异

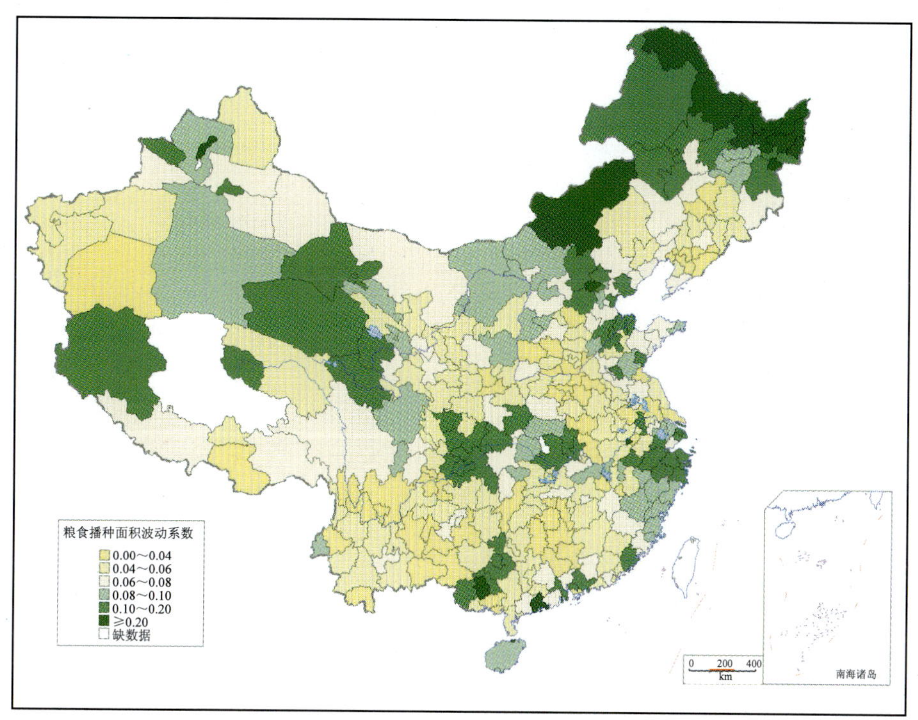

图 3-4 中国粮食播种面积波动变化的区域差异

表 3-7 1987—2004 年全国单产标准化序列场 EOF 分析前 3 个主成分向量场的方差贡献

特征向量	原始序列			周期波动项序列		
	EOF1	EOF2	EOF3	EOF1	EOF2	EOF3
特征向量的方差贡献/%	57.7	7.8	7.5	41.5	22.8	11.5
特征向量的累积方差贡献/%	57.7	65.5	73.0	41.5	64.3	75.8

两类单产序列时空场的第一主成分均反映了单产变化特征的全国一致性，方差贡献率分别达到 57.7%和 41.5%，主要反映了技术和政策等社会因素对单产变化的影响。近 20 年来单产总体上升趋势明显，1994 年前后超过平均值，增加趋势开始减缓，高值中心在云南省，低值中心在华北长城沿线，负值中心范围很小，主要在呼伦贝尔盟（图 3-5）；1998 年以前单产波动呈正向变化，此后转为负向变化，1995—1998 年之间为单产波动正向变化峰值区，高值中心主要分布在东北、华北东部、南阳盆地—淮河一线、内蒙古长城沿线、云贵高原东缘、兰新铁路沿线、东南沿海等地理过渡地区，负值中心范围很小，主要分布在长白山区、长江下游地区、内蒙古西部、黄土高原南部、三江源地区、新疆西部（图 3-6）。

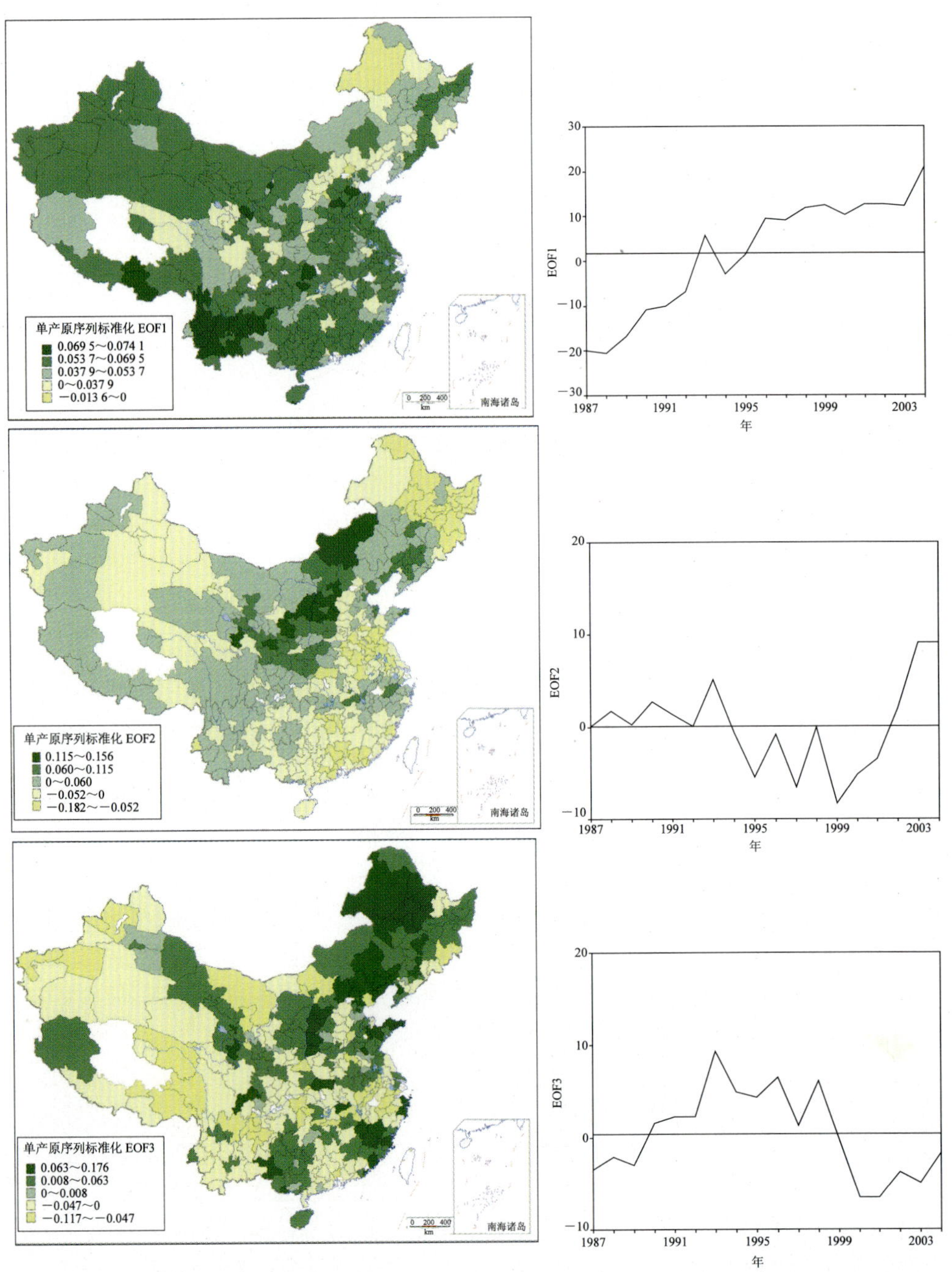

图 3-5　标准化单产原始序列前 3 个主成分向量场（左）和时间系数（右）

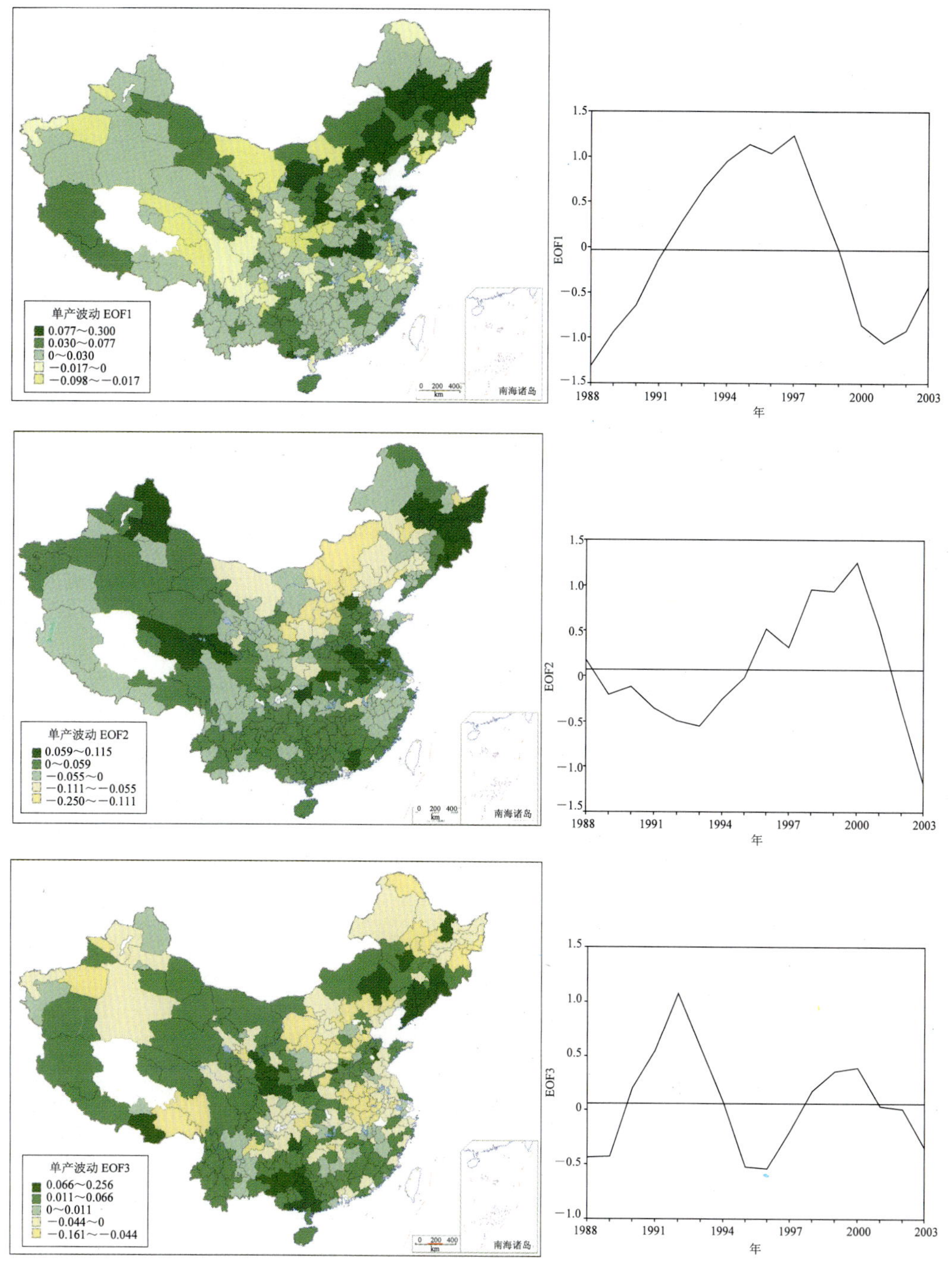

图 3-6 单产周期波动标准化时间序列前 3 个主成分向量场（左）和时间系数（右）

两类单产序列时空场分解得到的第二、第三主成分明显反映出全国单产变化的非同步性，这些单产变化与气候因素的关系将在下一章重点论述。单产原始序列和周期波动这两个序列的第二主成分反映的其实是同一类型的空间变化型，全国单产时空变化大致以胡焕庸线为界，东西反向变化。1993—2000 年，当东部大部分地区单产增加时，西部夏季季风区过渡地带、辽宁和吉林中西部、江南地区和长江中游沿岸地区单产下降，黑龙江南部和东部地区、黄淮平原、三江源地区单产增加最快。2000 年以来，东部单产开始明显下降，西部从锡林郭勒高原—黄土高原一带单产增加最迅速。

两类单产序列时空场的第三主成分主要反映了单产变化的南北差异，分别代表了两种空间变化型。单产周期波动序列反映了东北北部（主要是黑龙江省）、晋陕蒙交界区、江淮地区、长江中游沿岸地带单产变化的空间一致性，并与广大长江以南地区、黄河下游地区、辽宁吉林、锡林郭勒高原等地区呈反向变化（图 3-6）；单产原始序列的空间变化型反映了北方绝大部分地区单产变化的空间一致性，并与长江以南大部分地区（除了云贵高原东部、江西福建两省外）呈反向变化（图 3-5）。

综合以上单产空间变化特征，分析目前中国三大余粮区和两大常年缺粮区的单产空间变化特征，可以得到如下结论：①大多数情况下，长江中下游以南的余粮区与北方两大余粮区单产呈反向变化，有些年份会出现与辽宁吉林余粮区同步变化；②东北余粮区内部存在南北分异，经常会出现北部与南部单产不同步增减的情形，大致的分界线在松辽分水岭附近；③华北余粮区除少数情况，个别地区（河北中南部、黄河下游沿岸）外，大部分地区单产同步变化，多数情况下与辽宁吉林余粮区同步变化；④长江中下游以南和北方农牧交错带两大常年缺粮区单产出现同步变化的机会较多，但也存在反向变化；⑤由于目前中国主要余粮区北移至东北和华北地区，上述单产空间变化格局对中国粮食供需平衡是有利的。

3.3.2 粮食播种面积变化的区域差异

全国粮食播种面积普遍下降，年平均下降 0.7%，有 26%的县市年均下降速度超过 1%，其中浙江、江苏南部、长江中下游平原、川西高原、甘新区、广东等地区粮食播种面积下降速度超过 2%。全国仅有 8.2%的县市，粮食播种面积增幅在 2%以上，主要分布在大兴安岭地区、内蒙古东部三盟一市以及中西部的阿拉善盟、伊克昭盟（今鄂尔多斯市）至乌兰察布盟一带，以及云贵高原东部地区（图 3-7）。而同期耕地面积在不同区域有升有降，总体变化趋势不明显。相比之下，粮食播种比例普遍下滑，整体下降速度超过粮食播种面积的下降速度，其中有 36.6%的县市粮食播种比例下降幅度在 1%以上，新疆超过 2%。从总体上看，粮食播种比例下降是导致全国粮食播种面积下降的主要原因。

对全国 338 个地区近 20 年的粮食播种面积时间序列统计数据进行的趋势变化显著水平检验结果表明，全国 66.2%的地区粮食播种面积下降显著，达到 0.05 显著水平，20.1%的地区粮食播种面积变化不明显，未达到 0.05 显著水平，全国只有 13.7%的地区粮食播种面积上升明显，达到 0.05 显著水平。

中国粮食播种面积波动程度区域差异很明显。东北农业区北部、东部沿海地带、西部非季风区、长江中游地区波动程度大，其中东北农业区北部、京津唐地区、山东黄河下游地区、长江三角洲、浙江北部、福建南部、珠江三角洲地区、广西中部地区波动系数最大在 0.1 以上。华北平原大部分地区、黄土高原农业区南部、辽宁和吉林的中东部、南方大部分地区波动系数相对较小，大部分地区小于 0.06。

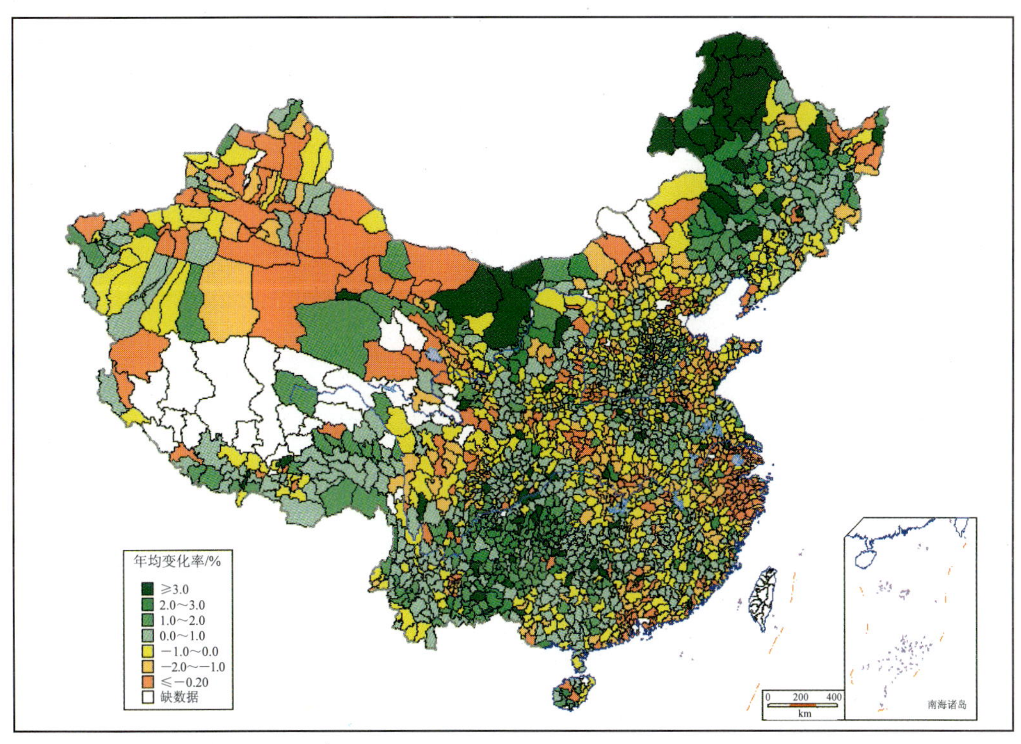

图 3-7 1985—2004 年中国粮食播种面积变化分布图

3.4 粮食产量系统稳定性的综合评价

3.4.1 单产减产的风险分析

由于粮食播种面积波动基本上受政策、价格等社会经济因素影响，随机性很大。因此，本研究只计算了单产的减产概率。首先从波动系数 *B* 序列（直线趋势拟合）中选出负值建立减产序列，利用正态分布的概率密度函数分别计算减产 10%、20%、30%的概率，全国 330 个有效地区平均的减产概率分别为 17.2%、2.6%和 0.5%；而利用最优曲线拟合趋势的波动系数 *A* 减产序列计算的结果分别为 14.6%、1.8%和 0.3%；利用 326 个差分减产序列（平均敏感度）计算的结果分别为 28.4%、7.3%和 2.8%，该结果表示的是年际间减产的风险概率。如本章 3.2.2 节所述，三种指标的空间分布基本相似，所以本研究选择中等风险水平方案（相对波动序列，直线拟合趋势线），计算了每个农区内各个地区减产概率的平均值（表 3-8），并将波动系数

B 序列计算出的单产减产 10%的概率分布制成图。图 3-8 表明，中国北方地区、西部非季风区的青藏高原区以及云贵高东部单产减产 10%概率较高，绝大部分地区超过 10%（10 年一遇）。

表 3-8　中国粮食产量形成系统稳定性的区域差异

农区类型	单产平均敏感度 1[a]	单产波动系数 *B*1[b]	单产减产 30%概率	单产减产 20%概率	单产减产 10%概率	播种面积平均敏感度 1	播种面积波动系数 *B*1
东北区	0.204 96	0.147 54	0.016 75	0.077 42	0.334 02	0.090 87	0.093 87
内蒙古及长城沿线	0.242 61	0.185 43	0.021 06	0.087 18	0.341 60	0.093 88	0.088 94
黄淮海区	0.103 17	0.080 61	0.005 03	0.025 88	0.162 23	0.060 17	0.067 81
黄土高原区	0.156 42	0.116 77	0.001 17	0.016 94	0.208 01	0.065 77	0.056 94
长江中下游区	0.060 40	0.044 78	0.001 18	0.008 71	0.101 33	0.061 10	0.072 12
西南区（不含四川盆地）	0.068 51	0.060 79	0.000 02	0.003 71	0.170 15	0.077 17	0.082 10
华南区	0.055 69	0.052 15	0.000 95	0.007 19	0.086 87	0.068 65	0.081 18
甘新区	0.071 13	0.063 00	0.002 05	0.016 83	0.115 32	0.092 10	0.084 85
青藏区	0.098 86	0.078 71	0.018 33	0.072 53	0.372 90	0.063 48	0.078 69
四川盆地	0.061 48	0.047 03	0.000 87	0.009 09	0.121 31	0.062 56	0.061 06
全国	0.100 72	0.076 99	0.005 11	0.026 28	0.171 91	0.069 65	0.074 45

a. 1 表示从原数据列中提出极端值的计算结果。

b. *B* 表示直线拟合趋势计算波动系数。

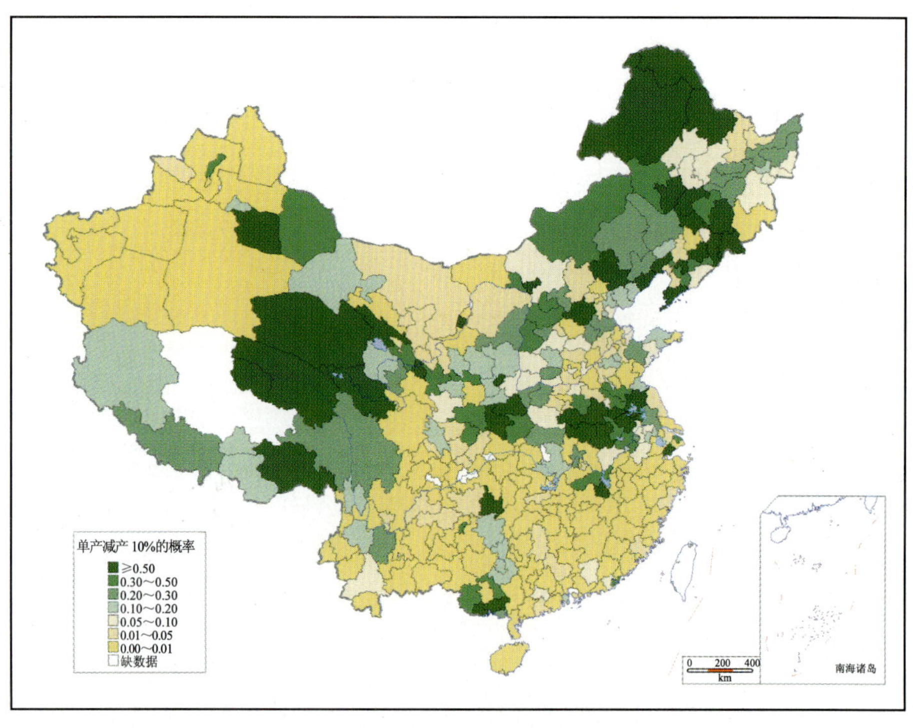

图 3-8　中国粮食单产减产 10%的概率分布（中等水平算法）

粮食供需不稳定区的减产风险分析，主要选取了如果总产量减产 10%，现有粮食供需水平就会下降一个等级的地区，即人均粮食占有量在 300～333 kg 和 400～444 kg 的地区分别是总产减产 10%时的温饱水平和小康水平的粮食供需不稳定区。假设粮食播种面积和人口总数稳定在统计时段的水平（2002—2004 年），分别选择了单产高风险（绝对波动系列）和中等风险（相对波动序列）方案识别粮食供需不稳定区的高风险区，两种算法的高风险区分布基本一致（表 3-9）。辽宁南部、广西东部和安徽西部高风险区数量较多。

表 3-9　粮食供需不稳定区的高风险区

<table>
<tr><th>人均粮食占有量/（kg/人）</th><th>单产减产序列</th><th>风险概率</th><th colspan="2">分布地区（地区级名称）</th></tr>
<tr><td rowspan="2">300～333</td><td>绝对波动序列</td><td>5 年一遇</td><td rowspan="2">鞍山、丹东、徐州、洛阳、玉林、延安、陇南</td><td>青岛、梧州、文山、白银</td></tr>
<tr><td>相对波动序列</td><td>10 年一遇</td><td>朝阳、常州、烟台、钦州</td></tr>
<tr><td rowspan="2">400～444</td><td>绝对波动序列</td><td>5 年一遇</td><td rowspan="2">保定、辽阳、阜阳、六安、开封、巴中</td><td>阿拉善、淮北、内江</td></tr>
<tr><td>相对波动序列</td><td>10 年一遇</td><td>沧州</td></tr>
</table>

3.4.2 主要地区粮食产量稳定性的区域差异

3.4.2.1 两大主要余粮区

（1）东北区

东北区是中国最大的余粮生产地区。近 20 年来，东北区的粮食总产和单产年均增长率在全国位居前列，同时也是全国粮食产量最不稳定的地区。由于本区小康水平余粮生产量占主要余粮区的 45%左右，因此，本区的粮食产量波动对全国供需总平衡以及粮食市场价格的稳定性影响较大。

本地区单产和粮食播种面积的波动程度列全国前二位。除了松嫩平原、小兴安岭南部、黑龙江东部丘陵山区、辽河平原外，大多数地区单产减产 10%的概率超过 20%，减产风险列全国第三位。粮食播种面积波动程度区内差异较大。与单产波动相比，黑龙江北部地区粮食播种面积波动程度超过单产波动程度，但这些地区大部分不是东北的重要产粮区；吉林、辽宁两省大部分地区粮食产量波动主要源于单产波动，尤其是这两个省的东部丘陵山区粮食播种面积波动程度属于全国最小的地区之一；其余地区单产波动与粮食播种面积波动幅度持平。

自 1997 年以来，东北大部分地区单产增加速度趋缓，尤其是黑龙江各地区出现明显下降，吉林、辽宁西部地区单产趋势变化不明显（图 3-9）。近 20 年来，除了小兴安岭北部、三江平原、辽宁中东部等地区粮食播种面积减少较多外，东北大部分地区粮食播种面积有所增加，总体下降速度属全国最小的地区之一。可见在控制好粮食播种面积波动和总数的前提下，降低单产波动幅度是稳定东北区粮食生产的关键。

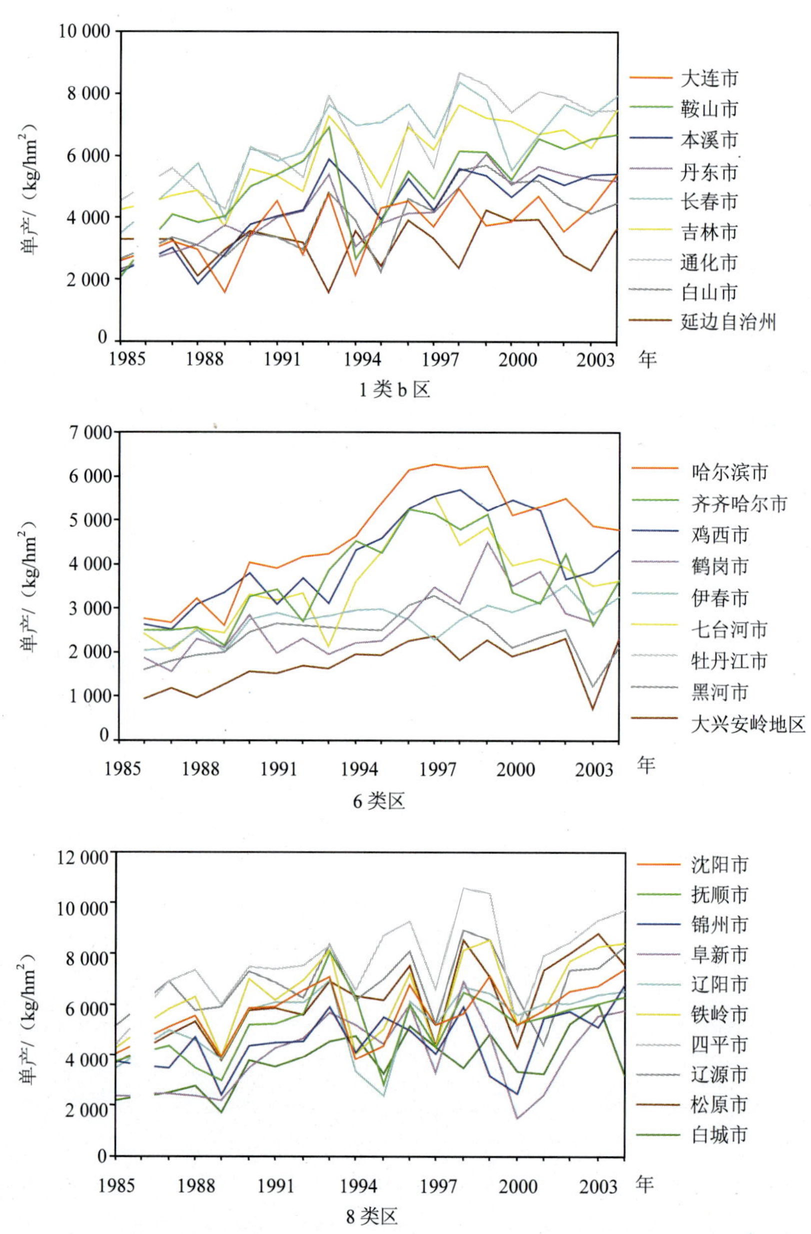

图 3-9　东北区主要单产变化类型的时间序列图

（2）黄淮海区

总体上，黄淮海区的单产和粮食播种面积的波动水平低于东北区，但粮食播种面积减少的地区多于东北区。单产波动程度在全国属于中上水平，粮食播种面积波动程度列全国第二位。淮河流域的单产波动水平明显超过粮食播种面积，减产 10%

的概率超过 30%，风险最大。黄淮海区东部沿海地区，单产和粮食播种面积的波动程度都较大，在全国均属于中上水平，粮食播种面积减少较多。全区只有河北中南部和河南北部地区单产和粮食播种面积的波动程度以及减产概率都较小，粮食产量波动主要来源于单产波动，这几个地区近 20 年来单产和粮食播种面积都保持着增加趋势，单产变化类型属于 1 类 b 或者 2 类区。而其他地区单产变化类型多属于 3 类和 5 类，单产平均值在 1994 年前后跃上一个新阶段之后，单产变化趋势不明显（图 3-10），粮食播种面积呈下降趋势（如山东、本区北部），或者增加不明显（如淮河流域）。

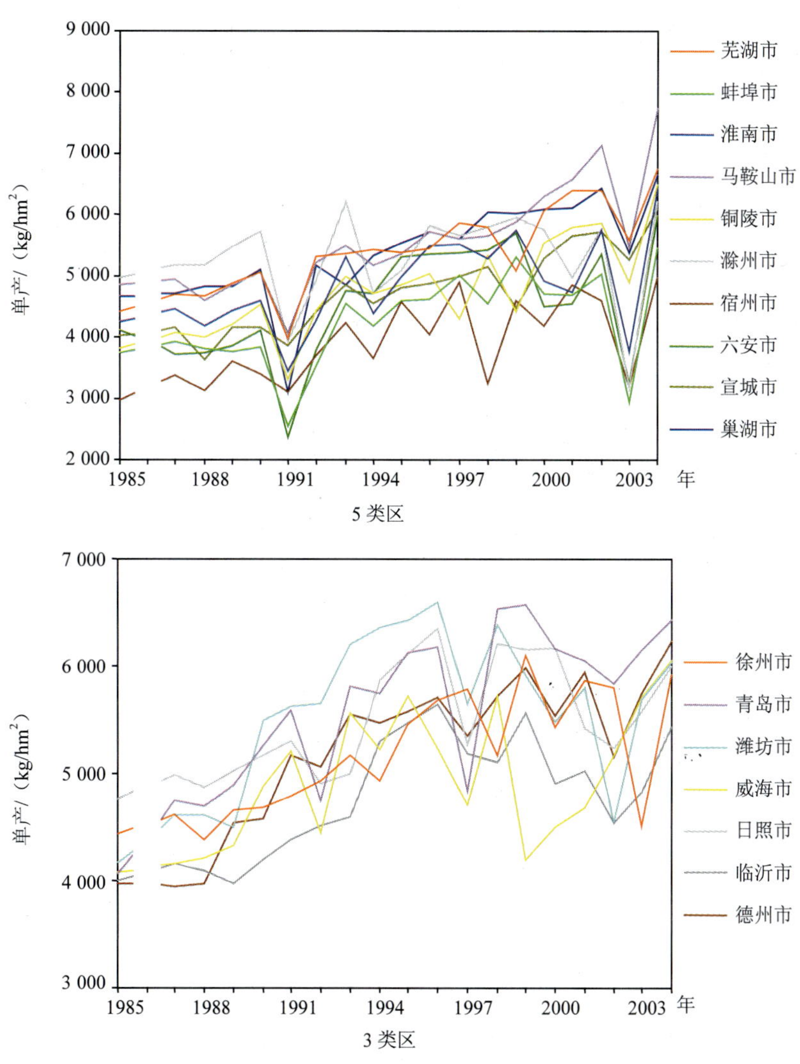

图 3-10　黄淮海区主要单产变化类型的时间序列图

综上所述，目前黄淮海区的粮食总产量以及单产的总体增长趋势在全国已不占明显优势，区内粮食生产分化严重，粮食供需平衡不稳定区的数量明显多于东北区（图 3-11）。该区生产全国 28%的余粮，对全国粮食供需总平衡影响较大。如不加以重视，其粮食主产区的地位将会下降。

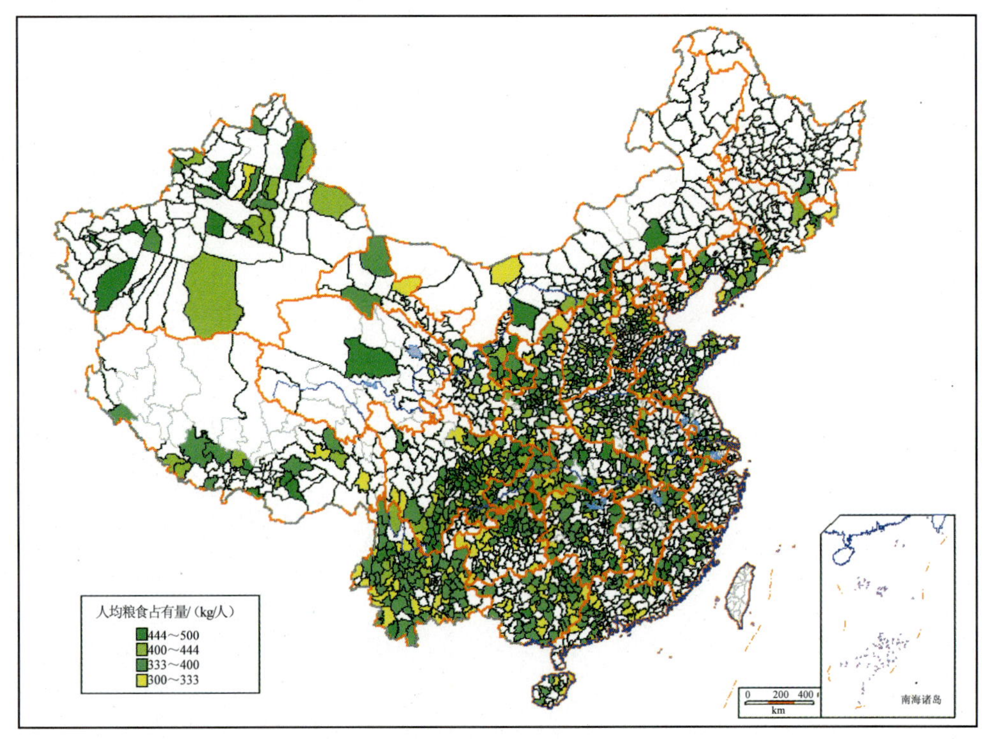

图 3-11　2002—2004 年中国一般余粮区分布图

3.4.2.2 南方地区

南方地区单产波动程度明显小于北方。多种粮食供需类型并存，其中潜在缺粮区分布最广泛，明显多于北方，相对集中分布在胡焕庸线以东，地势第二级阶梯范围内。此外，长江中下游地区、南岭及其以南地区也有一定数量的分布。潜在缺粮区是粮食供需平衡不稳定的地区，该类地区粮食产量波动大小不仅对本类地区，而且对全国的供需平衡水平均有一定的影响。总体上看，南方的潜在缺粮区粮食生产稳定性较好，除了重庆、湖北、湖南北部的粮食播种面积波动系数较大且明显超过单产波动系数以外，其他地区两个指标的波动系数普遍较小。

地势分界区附近的单产波动相对较大，主要属于 4 类和 5 类地区，这些地区 1994 年以来单产跃上一个台阶后，增势不明显。秦岭山区和云贵高原东部单产减产 10%的概率在 10%以上。地势第二阶梯过渡区东西两侧，单产波动小，单产变化类型大多数属于 2 类 a，单产保持明显上升趋势（图 3-12）。

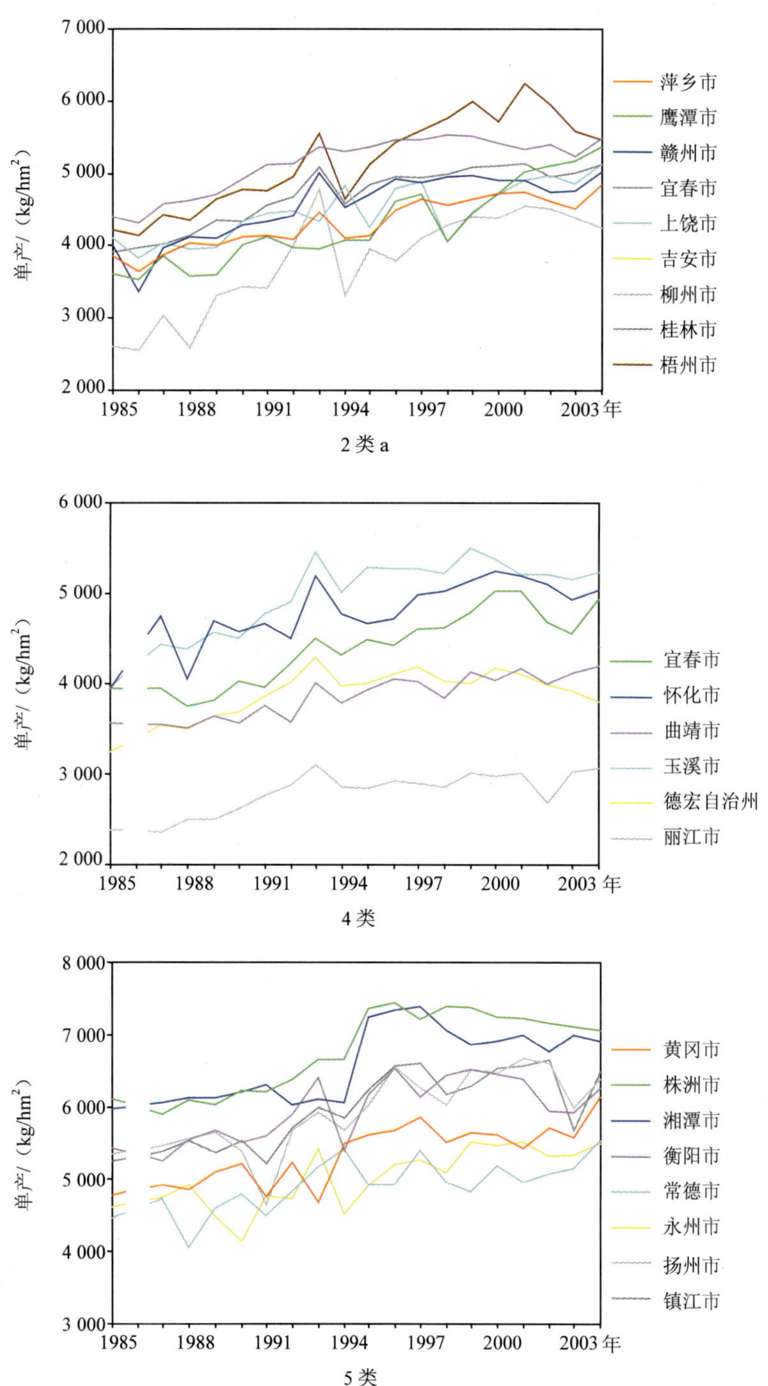

图 3-12　南方地区主要单产变化类型时间序列图

长江中下游区主要余粮区，除了湖北外，湖南、江西等粮食主产区单产和粮食波动面积的波动水平都比较小，粮食产量稳定，单产水平最高，是中国自然条件最好的粮食产区。东部沿海等经济发达、人口稠密区，粮食产量波动的主要来源是粮食播种面积的波动。

3.4.2.3 北方农牧交错带

北方农牧交错带（主体位置与九大农区中内蒙古及长城沿线地区分布相似）是中国常年缺粮区比例最高的地区。本区粮食播种面积和单产的波动程度都很大，居全国首位，大部分地区单产波动幅度远远超过粮食播种面积波动程度。内蒙古及长城沿线地区平均单产减产 10%的概率高达 34%，仅次于青藏地区。内蒙古东部、山西北部以及河北承德地区单产减产 10%的概率超过 30%。

本区单产变化类型的空间分异规律明显受降水控制。400～500mm 等降水量线以东地区，单产增加趋势不明显，波动变化特征突出，主要属于 7 类和 8 类地区；400mm 等降水量线以西以北地区，近 20 年单产增加迅速，波动幅度也很大，主要是 2 类 b 地区（图 3-13）。

综上所述，近 20 年来中国广大北方地区，除了华北平原大部分地区、黄土高原农业区南部、辽宁和吉林的中东部等地区粮食产量稳定性主要取决于单产的波动程度以外，大多数地区粮食产量稳定性受单产和粮食播种面积波动共同影响。广大南方地区，除了东南部沿海地区、长江中下游沿岸地区主要受粮食播种面积波动影响以外，大部分地区单产波动系数明显低于粮食播种面积波动系数。因此，稳定粮食播种面积对保证中国粮食生产稳定性具有十分普遍的重要意义，而保证北方全国主要余粮区单产的稳定性更是意义重大。

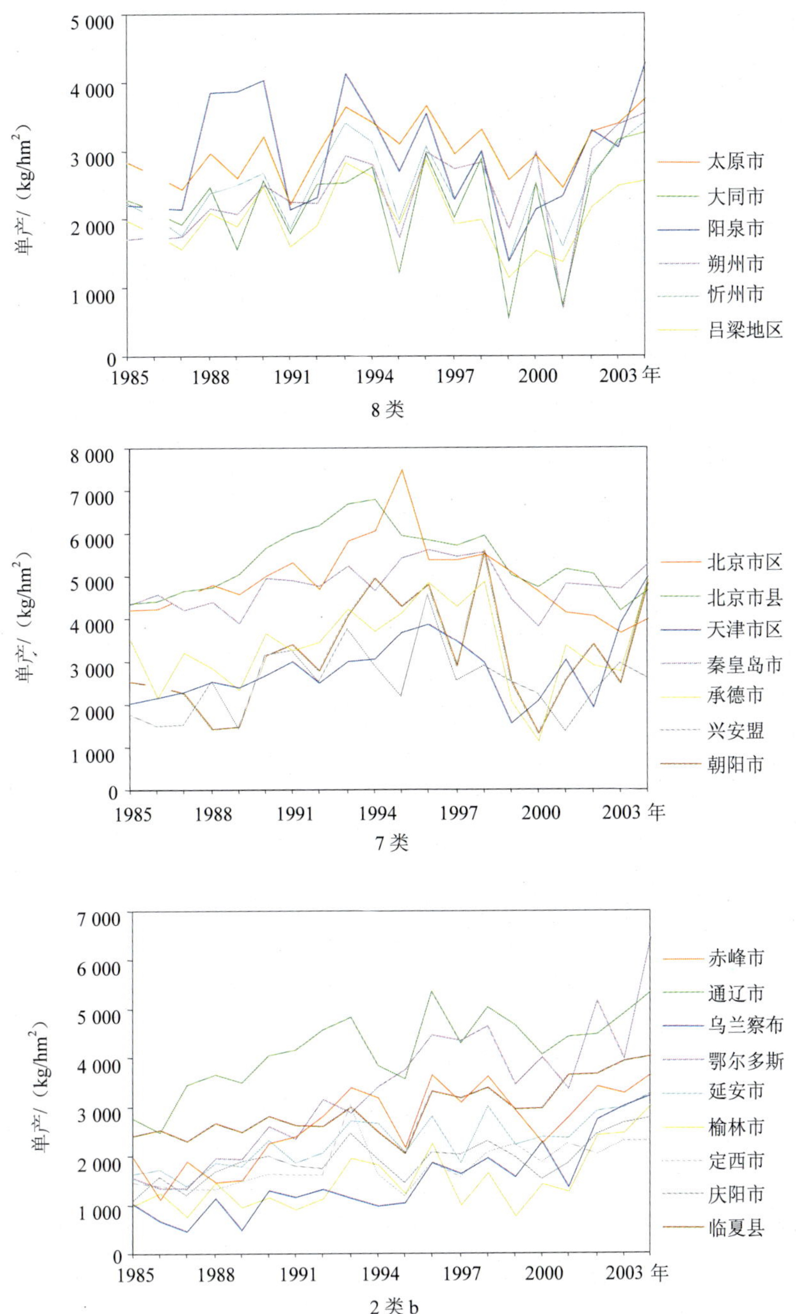

图 3-13 北方农牧交错带主要单产变化类型时间序列图

4 粮食单产对气候变化的敏感性评价

4.1 研究方法

4.1.1 关键气候影响因子的选取

气候条件是影响农作物生长发育和产量形成的最主要的外界因素之一。适宜的热量条件和水热配合程度是保证作物产量形成和稳定的基础。但是由于中国气候条件、作物熟制区域差异显著，粮食作物种植结构非常复杂，三大粮食作物生长期彼此交错，不同地区影响粮食作物产量形成的关键气候因子存在地域差异。例如，中国的水稻生长期大多数地区在 4—10 月，华南三季稻为 12 月至次年 5 月。春小麦生长期大多数地区在 3—8 月；冬小麦生长期最长为 9 月至次年 7 月，黄淮和江淮地区为 10 月至次年 6 月，华南地区最短为 11 月至次 3 月。春玉米生长期一般为 5—8 月；夏玉米生长期，黄淮海地区为 5—9 月，南方一般为 8—10 月；冬玉米生长期一般为 11 月至次年 2 月[14]。

宏观研究既要考虑全国可比性，又要兼顾地区差异，可将关键性气候因子分为地区性关键性气候因子和全国性关键性气候因子两大类型，同时重点考虑东北、华北和长江中下游以南地区等三大粮食作物的生长季、主要农业灾害（低温冷害、旱涝）等气候指标。为了避免气候指标之间的交叉重复，本研究采用以下方法和步骤筛选全国性关键性气候因子。

（1）研究子区域的划分。利用《2002 年中国县（市）社会经济统计年鉴》中列出的九大农业区和国土资源部发布的《农用地分等规程》附录 B，表 B-2 全国各县（市）标准耕作制度速查表（内部资料），将全国分为 19 个研究子区（见表 4-1）。利用 659 个有效国家基础气象站点 1985—2004 年逐月温度、降水气象数据，计算各子区的逐月温度距平值和降水距平百分率气候因子指标。

（2）确定 19 个子区域的地区性关键性气候因子。利用 SPSS11.0 软件的 Data Reduction 模块中的 Factor Analysis 程序，分别对各子区的 20 年逐月温度距平值、降水距平百分率共 24 个气候指标进行因子分析，选取特征值大于 1，方差累计贡献率在 80%以上的前几个因子，作为地区性关键性气候因子（表 4-1 中公共因子得分有下划线的因子）。

---

14 根据以下文献整理：中国农业科学院. 中国农业气象[M].北京：中国农业出版社，1999；程德瑜. 农业气候学[M]. 北京：气象出版社，1994.

表 4-1 各研究子区气候因子的公共因子得分汇总

研究子区	TM1	TM2	TM3	TM4	TM5	TM6	TM7	TM8	TM9	TM10	TM11	TM12	PM1	PM2	PM3	PM4	PM5	PM6	PM7	PM8	PM9	PM10	PM11	PM12
东北区	0.894	0.898	0.922	0.852	0.97	0.757	0.81	0.866	0.859	0.742	0.884	0.768	0.908	0.867	0.893	0.944	0.883	0.866	0.893	0.911	0.74	0.84	0.945	0.942
内蒙长城 1	0.939	0.889	0.896	0.784	0.794	0.922	0.947	0.824	0.775	0.899	0.888	0.849	0.871	0.894	0.807	0.903	0.829	0.938	0.707	0.776	0.666	0.67	0.728	0.775
内蒙长城 2	0.948	0.965	0.782	0.936	0.75	0.887	0.832	0.862	0.768	0.892	0.9	0.823	0.696	0.887	0.903	0.916	0.844	0.854	0.822	0.843	0.793	0.869	0.896	0.806
黄淮海	0.921	0.903	0.738	0.767	0.872	0.69	0.88	0.903	0.735	0.739	0.842	0.715	0.755	0.917	0.648	0.938	0.902	0.839	0.884	0.78	0.779	0.819	0.685	0.875
黄土高原 1	0.89	0.93	0.834	0.956	0.871	0.843	0.855	0.811	0.809	0.817	0.712	0.934	0.78	0.756	0.932	0.754	0.942	0.842	0.892	0.859	0.889	0.733	0.834	0.747
黄土高原 2	0.923	0.907	0.88	0.937	0.854	0.802	0.773	0.915	0.89	0.851	0.865	0.824	0.793	0.853	0.719	0.884	0.852	0.872	0.917	0.843	0.709	0.895	0.828	0.94
黄土高原 3	0.831	0.884	0.899	0.814	0.944	0.716	0.847	0.806	0.756	0.727	0.872	0.784	0.694	0.801	0.85	0.715	0.829	0.831	0.778	0.902	0.784	0.527	0.819	0.842
甘新区 1	0.687	0.853	0.92	0.912	0.918	0.92	0.947	0.933	0.795	0.898	0.926	0.789	0.908	0.852	0.954	0.85	0.888	0.885	0.865	0.845	0.921	0.911	0.849	0.768
甘新区 2	0.815	0.899	0.757	0.882	0.818	0.939	0.9	0.787	0.809	0.691	0.917	0.839	0.849	0.796	0.83	0.752	0.666	0.618	0.849	0.896	0.63	0.863	0.733	0.794
长江中下游 1	0.922	0.843	0.87	0.905	0.891	0.823	0.833	0.86	0.852	0.734	0.833	0.801	0.819	0.948	0.804	0.791	0.857	0.803	0.843	0.884	0.857	0.855	0.782	0.885
长江中下游 2	0.687	0.927	0.933	0.846	0.935	0.815	0.884	0.876	0.859	0.921	0.746	0.784	0.887	0.849	0.78	0.888	0.916	0.792	0.954	0.919	0.904	0.72	0.919	0.798
华南区 1	0.83	0.885	0.793	0.919	0.858	0.868	0.908	0.9	0.884	0.7	0.823	0.692	0.746	0.852	0.812	0.861	0.884	0.728	0.824	0.836	0.812	0.886	0.878	0.77
华南区 2	0.755	0.863	0.864	0.718	0.725	0.866	0.805	0.949	0.864	0.904	0.868	0.911	0.829	0.873	0.725	0.888	0.753	0.857	0.883	0.876	0.813	0.883	0.915	0.85
华南区 3	0.88	0.696	0.771	0.861	0.79	0.885	0.886	0.874	0.836	0.897	0.806	0.718	0.923	0.808	0.858	0.722	0.84	0.826	0.959	0.864	0.732	0.881	0.895	0.83
西南区 1	0.788	0.866	0.778	0.902	0.91	0.896	0.886	0.808	0.941	0.803	0.793	0.857	0.865	0.848	0.854	0.833	0.957	0.804	0.859	0.909	0.865	0.86	0.628	0.773
西南区 2	0.918	0.825	0.808	0.885	0.928	0.897	0.86	0.883	0.92	0.756	0.755	0.869	0.646	0.684	0.788	0.887	0.956	0.633	0.826	0.866	0.825	0.782	0.937	0.895
西南区 3	0.749	0.874	0.756	0.868	0.869	0.775	0.793	0.869	0.786	0.821	0.714	0.725	0.791	0.646	0.92	0.763	0.858	0.838	0.823	0.88	0.773	0.805	0.909	0.79
青藏区 1	0.79	0.776	0.819	0.882	0.895	0.86	0.756	0.906	0.832	0.841	0.814	0.843	0.923	0.732	0.819	0.748	0.745	0.92	0.882	0.884	0.827	0.826	0.837	0.727
青藏区 2	0.895	0.788	0.634	0.802	0.89	0.928	0.758	0.793	0.675	0.816	0.597	0.843	0.841	0.851	0.859	0.864	0.896	0.81	0.874	0.849	0.747	0.671	0.835	0.759
主成分统计	10	11	5	11	10	8	8	8	4	5	4	3	4	5	6	7	9	2	8	9	3	5	7	5

（3）确定全国性关键性气候因子。根据 24 个气候因子在 19 个农业亚区中作为地区性关键气候因子出现的频度，选出频度较高的 7 个温度指标和 5 个降水指标，同时依据有关农业气象学和农业气候学有关不同地区影响粮食作物产量形成的关键气候因子研究成果，重点考虑东北、华北和长江中下游以南地区等粮食主产区三大粮食作物生长季、主要农业灾害（低温冷害、旱涝）[15]等因素，最后将初选出的 12 个逐月气候指标合并为以下 6 个季节性关键气候因子，即 1—2 月平均温度距平值（T1-2）、4—5 月平均温度距平值（T4-5）、6 月、7 月、8 月平均温度距平值（T6-8）、4—5 月降水量距平百分率（P4-5）、7—8 月降水量距平百分率（P7-8）、上一年 11 月降水量距平百分率（P11）。

考虑到目前东北区的余粮生产量在全国占绝对优势，本研究还选择了 4—10 月和 5—9 月的平均温度距平值（T4-10，T5-9）和降水总量距平百分率（P4-10，P5-9）作为关键生长期气候指标。

4.1.2 两个时间序列变量的互动关系分析方法探讨

如 3.1.2 节的综述，目前有许多定量方法用于识别影响粮食产量变化主要因素。一些研究者也对常用定量方法的利弊进行过一定的评述，本节将结合具体研究对象，重点探讨适合分析两个时间序列变量的互动关系的方法。

4.1.2.1 相关系数法

最常用的相关系数操作简便、意义明确，但也存在以下主要缺点：

（1）相关系数未通过显著性检验的两对变量，可能具有某种非线性关系，不能简单说明两个变量关系不密切。

（2）受多种因素干扰，线性相关系数可能较大，但不一定是稳定的线性关系。图 4-1 给出的几种常见线性相关系数不稳定的情况，在本研究中也可以遇到。以东北地区单产波动对 1—2 月、4—5 月季节性气候因子波动变化的敏感区识别为例，受野值、异质样本等因素影响，有些地区单产周期波动项和气候周期波动项之间的相关系数虽然通过了显著性检验，但观察它们的联合时序图，发现它们彼此之间的互动关系并不明显，如图 4-2 中的松原市（2207）以及表 4-2 中所列的与 T1-2 季节性气候因子相关的代表地区。有些地区总体相关系数虽然不显著，但联合时序图显示了彼此之间存在明显的互动关系，如沈阳市（2101）和大兴安岭地区（2327）。张宇和赵四强（1992）用蒙特卡洛法，也讨论过根据单相关系数选择气象预报因子时，产生取伪和弃真两类错误的类似问题。

（3）相关系数刻画的是两对变量之间线性变化方向的一致程度，如果两个时间序列变量前后线性关系变化方向发生了变化，就有可能对总体线性关系产生较大的影响。这类相关系数不稳定情况在本研究中比前一种情况更为普遍，见表 4-3。根据第 3 章对全国各地区单产时间变化过程的分析结论，分别计算了单产变化转折年

---

15 根据以下文献整理：张养才，何维勋，李世奎.中国农业气象灾害概论[M]. 北京：气象出版社，1991.

1994 年前后两个时段单产周期波动项和关键气候因子周期波动项的相关系数，结果发现，全国超过 1/3 到一半的地区，1994 年前后两个时段内，单产波动和某一个关键气候因子变化之间的线性变化方向会出现反向变化，其中大部分地区至少有一个分段相关系数通过 0.1 的显著性检验，但是总体相关系数不显著，也就是说相关系数符号前后变化是导致总体不相关的主要原因（表 4-3）。但是如果观察这些地区的时序图（图 4-3），不难发现单产和季节性气候因子之间存在着某种互动关系（协整关系）。本研究所选气候波动指标中，有 7.4%～12.9%的地区与单产波动变化的关系属于这类情况（表 4-4）。

表 4-2 相关系数显著水平不稳定的代表地区

地区代码	地区名称	相关系数符号变化	相关显著水平	散点图类型
T1-2（以 1994 年为分界点讨论相关系数符号变化）				
2201	长春市	正相关无变化	0.1	野值影响
2203	四平市	负相关变为正相关	0.01	野值影响
2207	松原市	正相关无变化	0.05	野值影响
2208	白城市	正相关无变化	0.1	野值影响
T4-5（以 1994 年为分界点讨论相关系数符号变化）				
2101	沈阳市	负相关变为正相关	不显著	野值影响
2327	大兴安岭地区	负相关变为正相关	不显著	野值影响

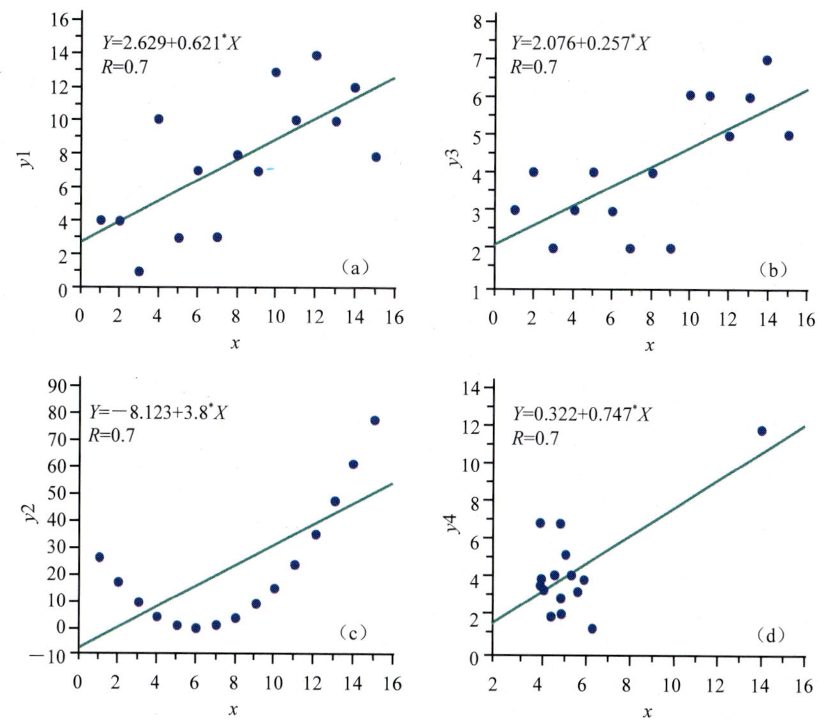

截然不同意义的数据，得到同样的相关系数（D L Hartmann，2002）。(a)随机分布样本；(b)样本数据包含不同性质的两组数据；(c)非线性关系；(d)数据包含野值。

图 4-1 相关系数不稳定的常见原因

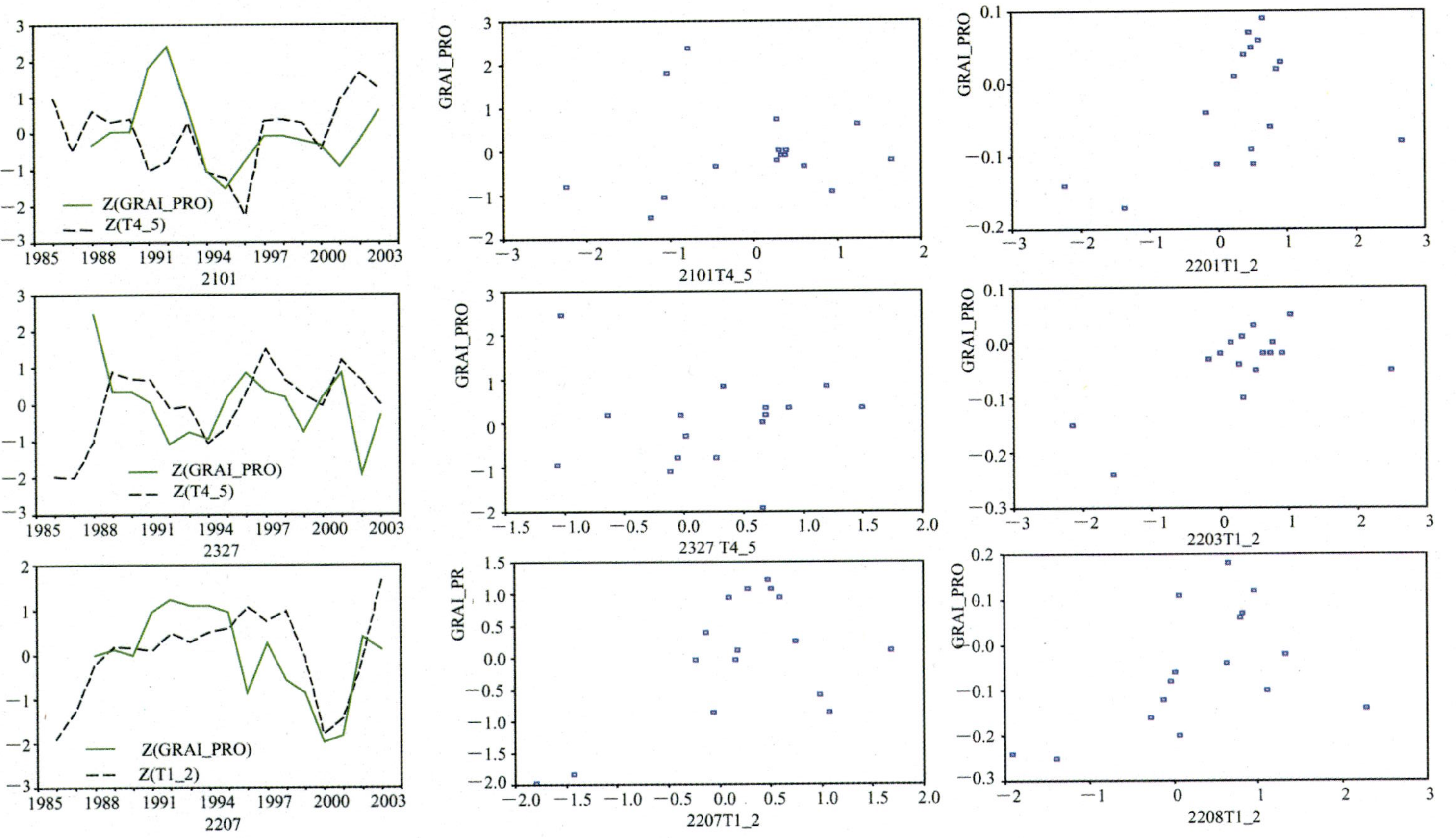

图 4-2　单产与季节性气候因子周期波动的相关系数不稳定的代表地区联合时序图和散点图

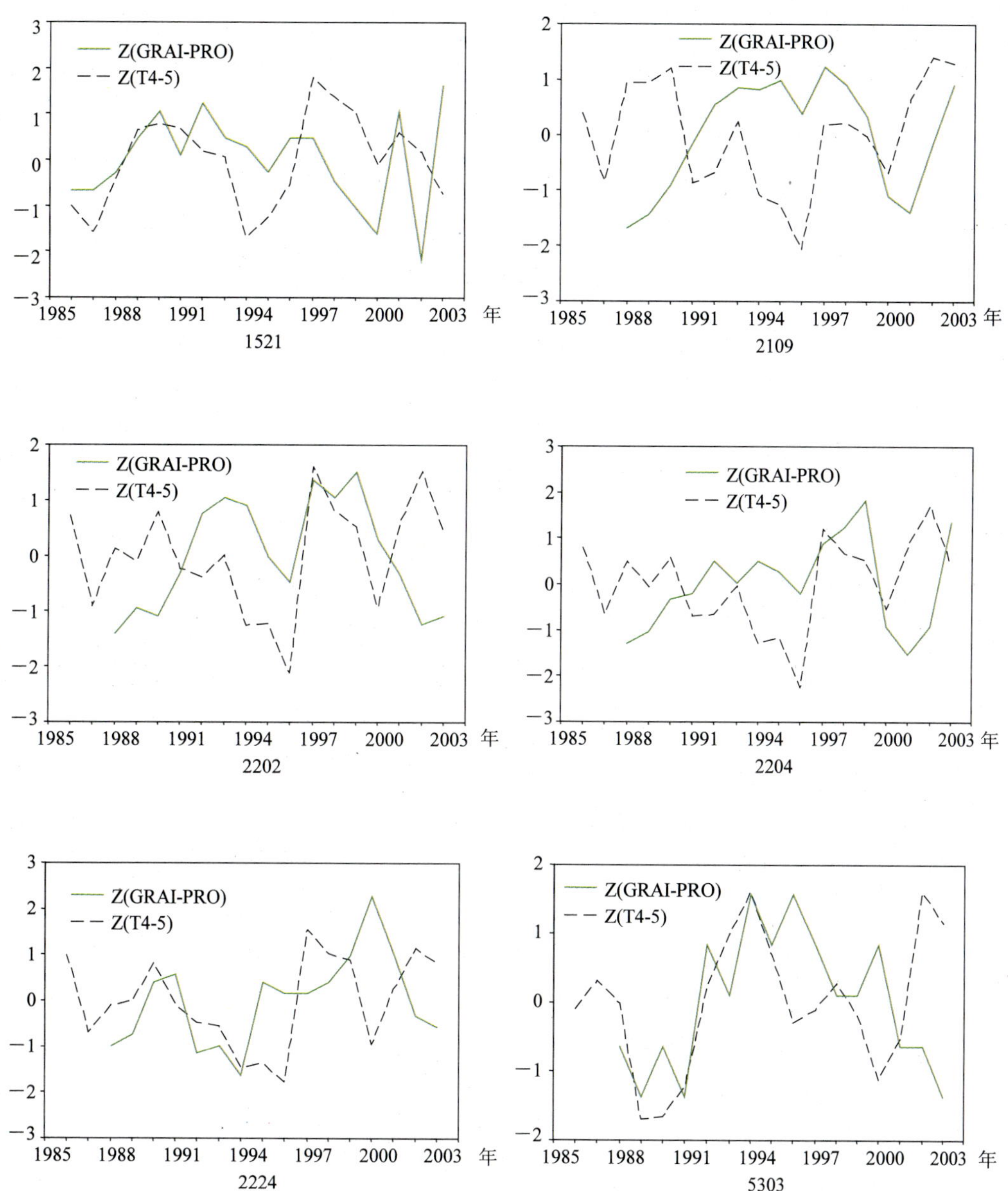

图 4-3 具有协整关系的相关系数不显著代表地区联合时序图

相关系数符号的非平稳性可以是多种原因造成的，例如当作物种类或者品种、农业技术条件等因素发生改变时，或者在气候存在趋势性变化的地区，都有可能导致关键气候因子和单产的相关性发生变化。这些情景对于本研究而言，是不能忽略的重要内容。因此，需要寻求更好的方法识别粮食单产对气候变化的敏感区。

表 4-3 相关系数符号不稳定的影响（1985—2004 年）

气候指标	相关符号有变化地区所占总地区数的比例/%	相关符号变化地区中总体不相关地区所占比例/%
T1-2	45.7	87.9
T4-5	50.0	86.5
T6-8	44.2	83.3
T4-10	46.6	77.6
T5-9	42.6	79.1
P4-5	46.9	79.1
P7-8	39.3	68.8
P11	43.6	90.1
P4-10	38.7	71.4
P5-9	38.0	69.4

表 4-4 代表地区相关系数法与协整检验结果差异对比

气候指标	相关符号显著变化的总体不相关地区中具有协整关系地区占总地区数的比例/%	相关符号显著变化中总体不相关地区所占比例/%	相关符号显著变化的总体不相关地区中具有协整关系地区所占比例/%
T1-2	12.3	78.5	78.4
T4-5	12.9	79.5	72.4
T6-8	9.2	67.2	76.9
T4-10	9.5	61.2	75.6
T5-9	11.0	67.2	87.8
P4-5	8.6	75.5	70.0
P7-8	8.0	62.5	74.3
P11	12.6	85.3	70.7
P4-10	11.0	70.6	100
P5-9	7.4	62.5	68.6

4.1.2.2 协整检验

协整关系和协整检验是多元时间序列回归分析方法中最重要的概念和核心理论之一。这种方法出现虽然较晚，但是被广泛应用于经济领域中。1987 年 Granger 提出了协整（cointergration）理论，使多变量时间序列建模不再受“变量是平稳的”这一必需条件所限制，多元时间序列回归分析因此获得了极大的发展，显著提高了预测精度，扩展了应用领域（王燕，2005）。为此，Granger 和另外一位美国统计学家、计量经济学家一起获得了 2003 年诺贝尔经济学奖。

两个时间序列尽管自身的变化并不平稳，但由于存在一种内在的平衡机制，使它们之间具有一定的同变关系，协整关系就是描述两个时间序列之间这种长期均衡的互动关系的概念。协整检验的过程如下。

首先，利用自变量序列为$\{x_1\}$，…，$\{x_k\}$，响应变量序列$\{y_t\}$构造回归模型：

$$y_t = \beta_0 + \sum_{i=1}^{k} \beta_i x_{it} + \varepsilon_t$$

其中，β_0，…，β_i为回归系数，ε_t是回归模型的残差。

然后，利用单位根检验对回归模型残差序列平稳性进行检验，如果回归残差序列$\{\varepsilon_t\}$平稳，则响应变量序列$\{y_t\}$与自变量序列为$\{x_1\}$，…，$\{x_k\}$之间存在协整关系。通过了协整检验的两对时间序列变量就可以建立动态回归方程。

由于农田水利、地膜技术、作物抗逆性等多种因素都可能改变一个地区粮食生产对气候变化的敏感性，未通过协整检验的地区，属于相关气候波动指标对粮食单产波动的影响未达到显著性水平的地区，单产对气候变化不敏感，但并不一定代表气候变化对这些地区没有影响，至少说明这些地区粮食生产适应气候变化的能力强。

由于单产和气候因子都存在异方差情况，本研究采用极大似然法进行回归方程参数估计，选择允许异方差存在的 PP 单位根检验法，利用 SAS 软件 ARIMA 模块进行残差序列 1 阶自相关平稳性检验，以残差序列符合 0.1 显著水平的严平稳条件作为两个时间序列变量具有协整关系的标准，并根据单位根检验显著水平确定两对变量间的协整关系类型（无均值无趋势模型、有均值无趋势模型和有趋势模型）。有趋势模型能够拟合出两个时间变量波动上升或下降过程中的互动关系，而两种无趋势模型则仅能拟合无趋势的波动变化。

对于图 4-3 中所示的互动变化方向有变化、野值干扰互动关系等复杂情景，协整检验可以很好地鉴别出来。也正因为如此，协整检验本身并不能给出两个时间变量之间的共变方向，因此，在讨论气候变化对单产影响的关系时，本研究将相关系数和协整关系结合起来分析，重点分析近 20 年单产和气候变化的整体互动关系，转折年前后两个时段单产和气候变化相关关系的变化情况，以及增产年和减产年与气候变化的相关程度。同时运用协整检验判断单产和气候因子之间是否能够建立趋势模型来说明气候趋势变化对单产趋势变化的可能影响。

4.1.3 粮食单产变化主导因素的识别

4.1.3.1 单产变化区域差异的主导气候因素识别

典型相关分析（Canonical Correlation Analysis，CCA），主要用于研究两组变量之间的相关关系，它由 Hotelling 于 1935 年提出，并且广泛应用于社会科学中。大气科学中，主要用于分析两个气象要素场之间的关系。本研究的分析思路就是基于大气科学的应用方法。

该分析方法首先采用因子分析法提取两组变量各自的公共因子，线性组合得到两个新的综合变量，即典型变量（或典则变量），并使第一对典型变量间的相关系数达到极大，然后继续提取第二对典型变量，其相关系数为第二大，且与第一对典型变量不相关，依次类推，直到找到的典型变量数为原始变量中变量数较小的那一组的变量数为止。选择最大典型相关系数作为两组变量之间相互关系的度量指标。典型相关系数能够简单、完整地描述两组变量间的关系。当两个变量组均只有一个变量时，典型相关系数就是简单相关系数；当其中的一组变量只有一个变量时，典型相关系数即为复相关系数（薛富波等，2004）。由此可见，典型相关分析还是属于线性关系分析的范畴。但典型相关系数可在一定程度上减少简单相关系数不稳定的影响。

4.1.3.2 气候趋势变化对区域单产趋势变化的影响分析方法

参考已有研究成果，考虑资料的可获得性，选取 1988—2004 年有效灌溉面积、化肥施用量作为技术投入指标，同时选取相关系数比较稳定，气候趋势变化显著或方差变化显著（α=0.05 显著水平）出现地区最多的 4—10 月温度距平值作为主要的气候指标。具体筛选步骤是：首先，选出单产趋势变化显著（α=0.05 显著水平）的 240 个地区，利用单产和 4—10 月主要生长期的均温距平值的原始序列进行协整检验（α=0.1 显著水平），筛选出存在趋势互动变化关系的 137 个地区；然后，根据单产和关键气候因子趋势项典型相关分析结果，补充主要气候趋势影响因子，利用 SAS 软件典型相关分析模块分析单产与关键气候因子时间序列的空间相关性，利用相关判定系数说明每个气候变量对单产变化影响大小，识别粮食单产变化的主导气候因子。受技术投入数据质量影响，实际参与技术和气候综合影响分析的有效地区为 88 个。

4.2 近 20 年中国气候变化的区域差异

4.2.1 基本背景

近 20 年来气温显著上升已成为全国范围普遍的事实。20 世纪 80 年代中后期和 30—40 年代是中国近百年两段温度明显偏高的时期（中国国家气候变化评估报告Ⅰ，2006），其中 90 年代和 40 年代分别比多年平均值偏高 0.37℃和 0.36℃（任国玉等，2004）。以 1951—2005 年全国 160 个气象站点年均温和四季均温做步长 10 年的滑动 t 检验，全国年均温升温突变点出现在 1986 年，1994 年最明显。四季明显增温出现时间不同步，冬季出现时间最早从 1986 年开始，春季于 1992 年，夏、秋两季于 1994 年以后开始明显增温（戴玉娟，2006）。

近 50 年全国各地区的降水变化没有像气温那样表现出明显的一致性。较为公认的结论是，中国近百年来，中国年降水量变化趋势不明显，但年际波动较大。近 20 年降水呈增加趋势（中国国家气候变化评估报告Ⅰ，2006）。

趋势变化和方差变化都是气候变化的重要表现形式。本研究根据 659 个有效的国家基础气象站点的 1985—2004 年逐月温度、降水数据，通过算术平均计算全国 328 个地区的 6 个关键气候指标和 4 个主要生长期气候指标，分别进行趋势变化显著性检验和方差齐性检验，划分气候变化类型，分类统计结果（表 4-5a、表 4-5b）。

表 4-5a 关键气候因子气候变化类型交叉分组统计

气候指标			季节性气候因子						主要生长期气候指标			
			T1-2	T4-5	T6-8	P4-5	P7-8	P11	T4-10	T5-9	P4-10	P5-9
趋势显著	增加	齐性方差	10	63	70	9	3	2	141	130	4	
		异方差		14	6				29	15	1	2
	减小			1			3	1	2	1		1
		齐性方差	1	1	4	3	6		2	4	7	12
趋势不显著			6	23	28	164	160	103	9	23	144	147
		异方差	4	2	4	8	8	16	9	8	8	10
	增加		75	14	18	16	11	28	26	13	14	15
		齐性方差	232	210	198	128	137	178	110	134	150	140

表 4-5b 关键气候因子气候变化类型分类汇总统计

气候指标	季节性气候因子						主要生长期气候指标			
	T1-2	T4-5	T6-8	P4-5	P7-8	P11	T4-10	T5-9	P4-10	P5-9
趋势变化显著	11	79	80	12	12	3	174	150	12	15
异方差显著	79	31	28	24	22	45	66	37	23	28
气候变化显著*	90	95	102	36	31	47	209	171	34	40
总地区中趋势增大比例/%	97	92	89	47	46	63	93	89	52	48
总地区中方差增大比例/%	23	5	8	4	5	5	16	9	5	5
异方差中方差增大比例/%	96	52	89	54	68	33	82	81	78	61

注：*气候变化显著地区数=趋势显著（齐性方差+异方差）+趋势不显著的异方差类型。

表 4-6 全国 328 个地区关键气候因子异方差变化类型（α=0.05）分类统计

方差变化类型	季节性气候因子						主要生长期气候指标			
	T1-2	T4-5	T6-8	P4-5	P7-8	P11	T4-10	T5-9	P4-10	P5-9
方差逐渐增大	2	1	3	6	9	2	4	7	8	7
方差增大中期最小	74	0	0	1	1	1	0	0	8	6
方差增大中期最大	0	15	22	6	5	12	50	23	2	4
方差逐渐减小	0	2	0	3	1	4	0	0	1	2
方差减小中期最小	3	0	0	3	0	10	0	0	1	4
方差减小中期最大	0	13	3	5	6	16	12	7	3	5
总　计	79	31	28	24	22	45	66	37	23	28
异方差中方差增大比例/%	96	52	89	54	68	33	82	81	78	61
存在中期转折点的比例/%	97	90	89	63	55	87	94	81	61	68

从表 4-5b 和表 4-6 可以看出，除了 1—2 月温度指标以外，近 20 年中国各主要温度指标的气候变化类型以趋势变化为主，趋势变化显著地区比例高于异方差类型的比例，方差变化以 1992—1997 年为最大，除了 4—5 月温度方差增大地区略高于方差减小地区之外，其他温度指标均以方差增大类型占绝对优势。主要生长期温度指标呈上升趋势的地区明显多于同期降水指标的趋势变化，4—10 月有 52%的地区、5—9 月有 44%的地区升温趋势显著（α=0.05 显著水平），分别仅有 4 个和 5 个地区降温趋势显著。

近 20 年中国降水变化以齐性方差变化形式为主，降水指标的趋势变化增、减地区约各占一半，但很少达到趋势变化显著水平，达到趋势减少显著水平最多的 5—9 月降水指标也仅有 13 个地区。

从不同季节的气候变化情况看，绝大多数地区 4—5 月温度和夏季温度上升，升温趋势显著的地区也最多，约占全国地区总数的 1/4 左右；1—2 月冬季温度和 11 月降水以方差变化显著为主要气候变化表现形式，分别占全国地区总数的 24%和 14%，1—2 月冬季温度升温地区最多，但达到显著水平的却很少；4—5 月和 7—8 月降水减少地区在 6 个关键气候指标中占绝对优势，占全国总地区数的一半左右，但仅有极个别地区这种变化达到 0.05 显著水平。有 63.4%的地区 11 月降水增加，但仅有两个地区达到 0.05 显著水平。

从方差变化类型分析，近 20 年中国主要生长期温度的方差变化以方差增大中期（1992—1997 年）最大类型为主。此外，还有夏季温度（T6-8）和 4—5 月春季温度（T4-5），这 3 个指标无论方差增大还是减小均表现出中期（1992—1997 年）最大的共同特征。1—2 月冬季温度（T1-2）方差变化显著地区数最多，绝大多数地区表现为方差增大中期最小的变化特点。总体上除了 4—5 月春季外，各温度指标的方差变化增大趋势明显，至少占该指标方差增大地区总数的 80%以上，明显高于降水指标。11 月降水方差减小的变化类型比例最高，占 2/3，其他主要降水气候因子的异方差类型分布较分散，方差增大的类型地区数超过半数以上。

以上结果表明，1992—1997 年是中国大部分地区气候变化的转折期，多数地区增温趋势性变化明显与稳定性下降特征并存，降水变化虽然趋势不明显，但稳定性下降。气候稳定性下降增加了农业适应气候变化的难度。

根据以上分析，综合考虑到单产和气候因子相关关系的稳定性、气候变化显著地区出现较多，以及影响因子的相对独立性等多种因素，以下重点选取的 4—10 月温度、5—9 月降水主要生长期气候指标和与夏粮作物关系密切的 1—2 月冬季温度和 11 月降水两个季节性气候因子分析气候变化的区域差异。

4.2.2 关键气候因子气候变化的区域差异

4.2.2.1 4—10 月温度变化的区域差异

1985—2004 年，全国 93%的地区 4—10 月气温普遍上升，有 52%的地区增温趋势达到 0.05 的显著水平。在东北地区中部及西南部、内蒙古西部及黄土高原中部、新疆北部及西南部有三个线性趋势增长中心（图 4-4），大部分地区增温趋势达到 0.01 的显著水平。增温显著地区明显集中在三条自然地理分界线上（图 4-5）：①长江下游沿岸地区及东南部沿海狭长地区，增温趋势显著水平达到 0.001 的极显著水平；②青藏高原东北部边缘；③黑河—腾冲一线。增温趋势很不显著（α大于 0.1 显著水平）的地区绝大多数分布在黑河—腾冲一线以东、黄河以南地区。

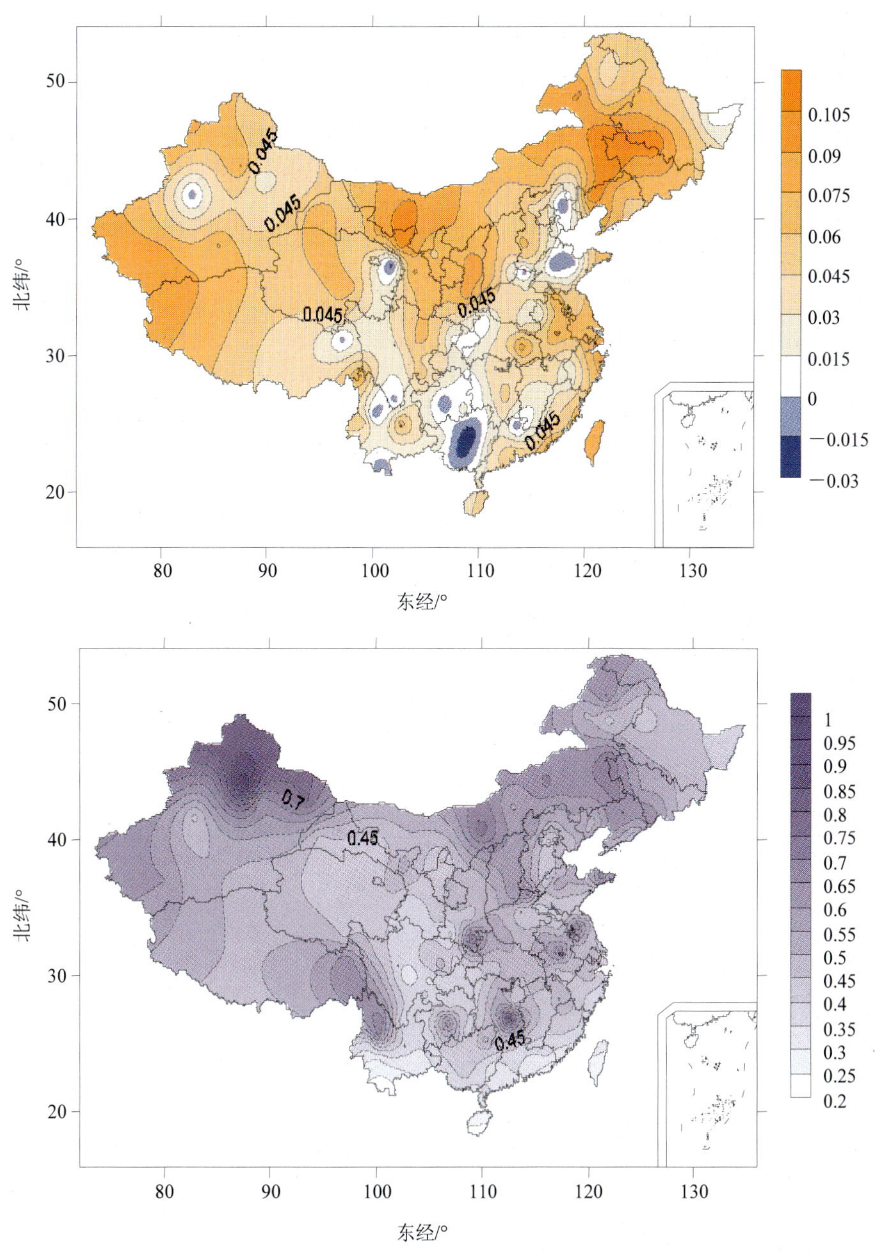

图 4-4　1985—2004 年 4—10 月月均温线性趋势（上）和趋势标准差（下）分布

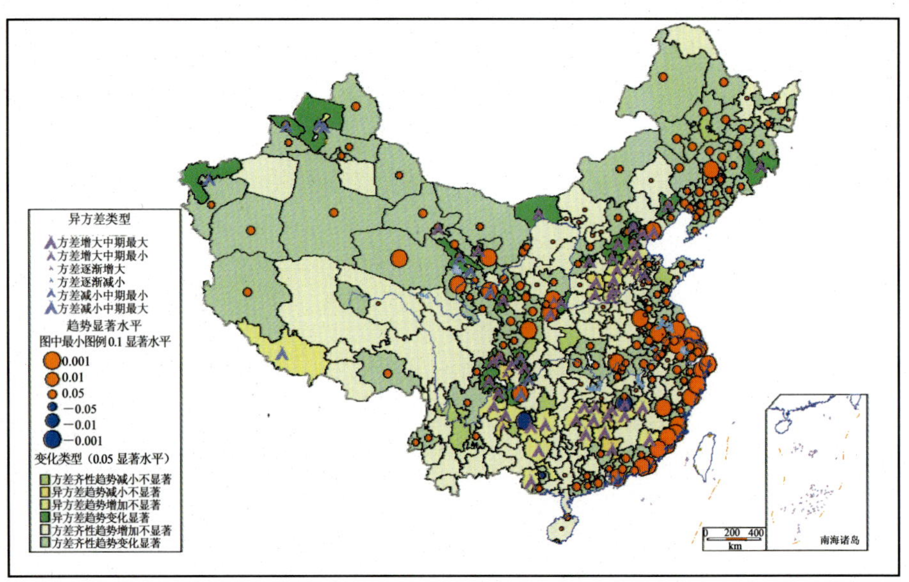

图 4-5　1985—2004 年 4—10 月气候变化类型分布图（月均温距平值）

利用全国 160 个国家基础气象站点 1985—2004 年 4—10 月均温标准化数据，以每一年为聚类变量进行分层聚类分析，将全国的主要生长期温度的时间变化过程分成了 7 类（图 4-6、图 4-7）。

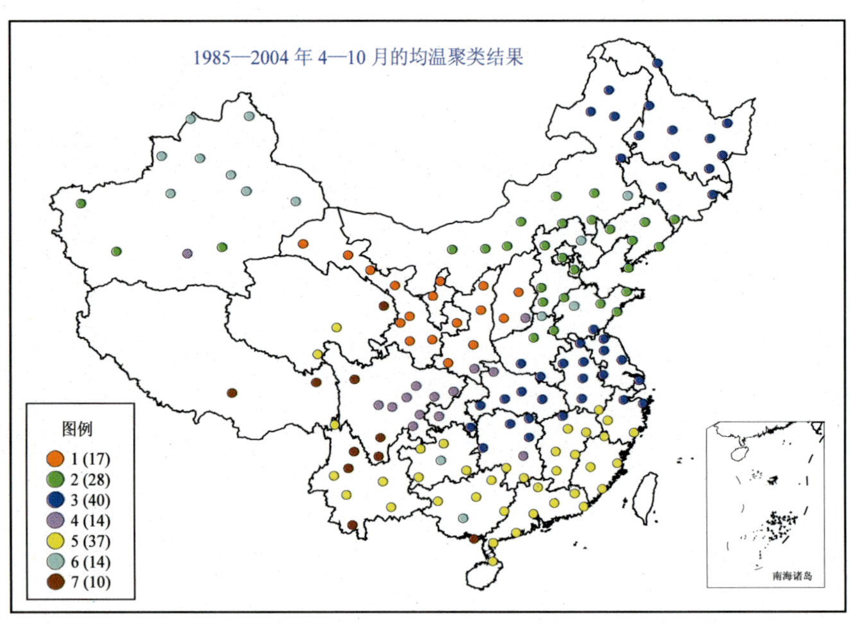

（a）

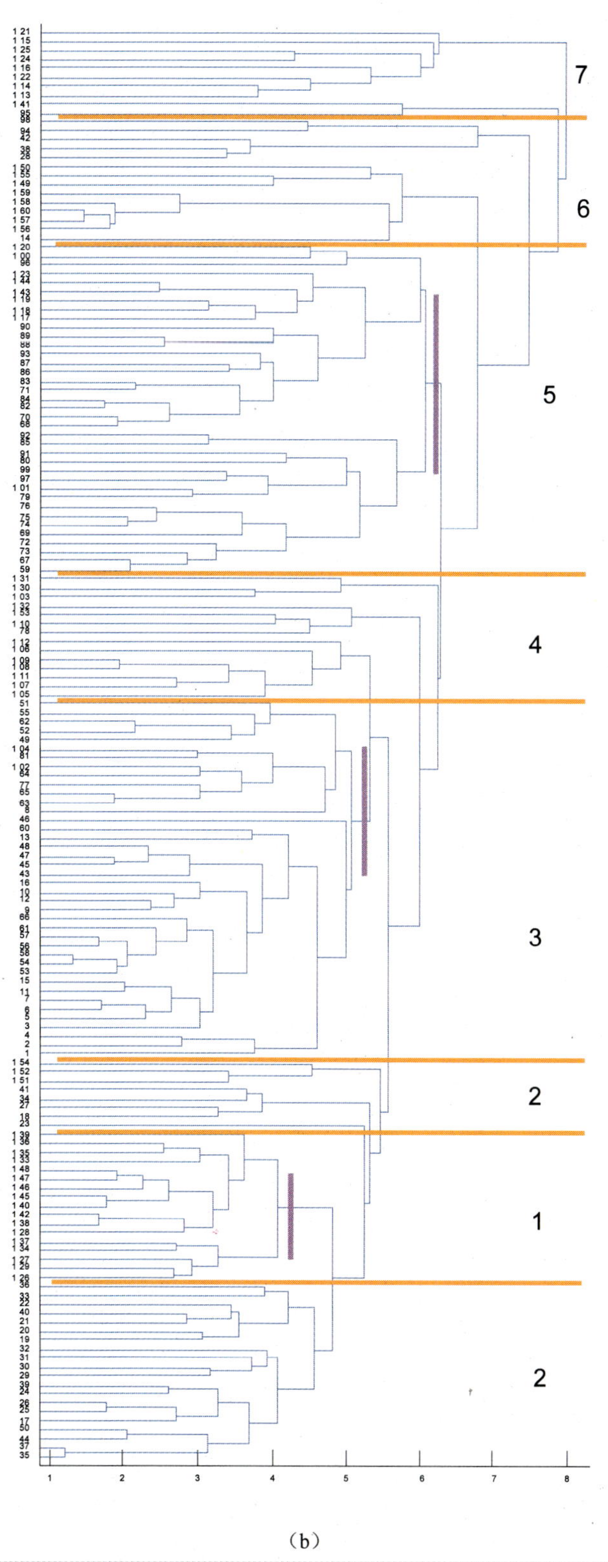

（b）

图 4-6 1985—2004 年 4—10 月均温距平值年际变化聚类分区（a）和聚类树（b）

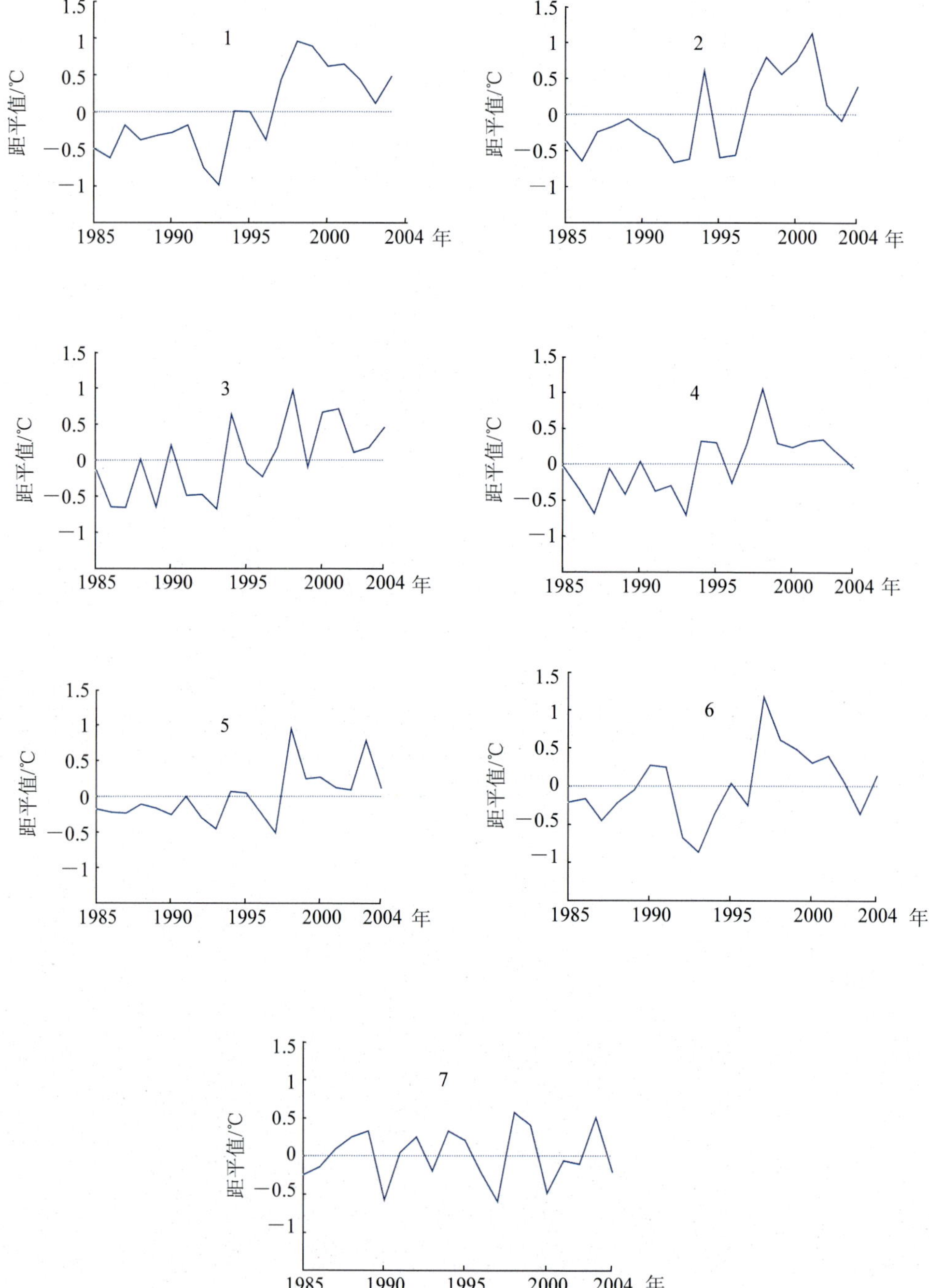

图 4-7 1985—2004 年各聚类分区 4—10 月均温距平值年际变化曲线图

从 4—10 月气温的时间变化过程看，温度变化的纬向差异比较明显。图中 1 类地区（黄土高原—河西走廊）、2 类地区（辽宁—内蒙古中部—华北北部）和 6 类地区（主要分布在北疆）温度变化上升趋势明显，在 1993—1998 年之间温度发生了跳跃性的升高，此后升温开始有所回落。东北北部的黑龙江、吉林等地和华北南部及长江中游地区的温度一直处于波动上升过程，趋势增加明显，1998 年以来增幅略有减小，温度变化过程同属于 3 类地区。4 类地区（四川盆地—陕南—鄂西）和 5 类地区（长江以南地区）温度变化过程与 1、2、6 类地区相似，但是增温幅度较小。位于青藏高原东南边缘的 7 类地区，近 20 年气温仅有波动变化，没有趋势变化。总之，除了 7 类地区外，上述地区在 1993—1998 年均能够看出不同特征的温度转折性变化。

4—10 月气温的波动变化全国区域差异不很明显，去趋势标准差普遍较大，北方连片分布，新疆北部波动最大，内蒙古东中部、东北北部、辽宁等地其次。黄河以南地区存在几个孤立的高值中心，主要分布在陕南、青藏高原东南部、贵州、湖南等地。

方差增大地区绝大多数温度趋势变化不显著，集中分布在冀中南、豫北和山东北部地区以及长江以南地区贵州—湖南—江西—广西一带；方差减小地区不多，主要分布在青藏高原东北部边缘以及新疆西部，且多数还同时表现出增温趋势明显的特征。对比图 4-4 和图 4-6，不难发现，方差增大地区主要位于 2 类和 3 类地区以及 3 类和 5 类地区的过渡地区。方差变化以方差增大中期（1993—1998 年）最大类型为主，约占本指标中异方差类型的 83%。

4.2.2.2 其他关键气候因子的气候变化区域差异

（1）5—9 月降水变化的区域差异

1985—2004 年，全国 52%的地区 5—9 月降水有减小趋势，仅有 13 个地区减小幅度达到 0.05 的显著水平，这些地区分布较分散，相对集中在内蒙古东三盟、吉林中西部、辽宁北部、华北北部山区，长江下游沿岸、重庆、三江平原等地，有零星地区减小趋势达到 0.1 的显著水平（图 4-8）。异方差类型的气候变化地区虽然不多，总共 28 个，但分布很分散，其中方差增大的地区占到该类地区的 61%，青海省此类地区最多，有 6 个地区主要为方差增大中期最小类型；方差减小地区相对集中分布在浙江、福建沿海地区以及广西东部地区；长白山地区为方差增大中期最大类型。

西部非季风区 5—9 月降水趋势增加的地区比例很高，而全国绝大多数 5—9 月降水趋势减少的地区分布在东部季风区。东部降水趋势变化差异较大，降水减小的地区与降水增加地区呈纬向交错分布：降水趋势减少不显著、方差齐性的两大连续分布地区为：①东北地区、锡林郭勒高原、华北北部、黄土高原东北部；②长江沿岸地区、甘南和陕南；降水趋势增加不显著，方差齐性的两大连续分布地区为：①河南—山东；②贵州东部—湖南—江西中南部。

（2）1—2 月温度变化的区域差异

1985—2004 年，全国有 97%的地区 1—2 月温度上升，普遍升温比较明显，但仅有 10 个地区升温达到 0.05 显著水平。升温显著水平达到 0.1 的地区（图 4-9）集中分布在浙江及福建沿海、陕西中南部、云南等地。1—2 月温度变化最突出的特点是方差变化显著，在各关键气候因子中居首位，且高度集中在大兴安岭南部—华北平原—湖北—湖南—江西西北部等地区，除了湖南部分地区方差显著减小外，79 个异方差地区中有 76 个地区表现为方差增大，其中 74 个地区为方差增大中期最小类型。

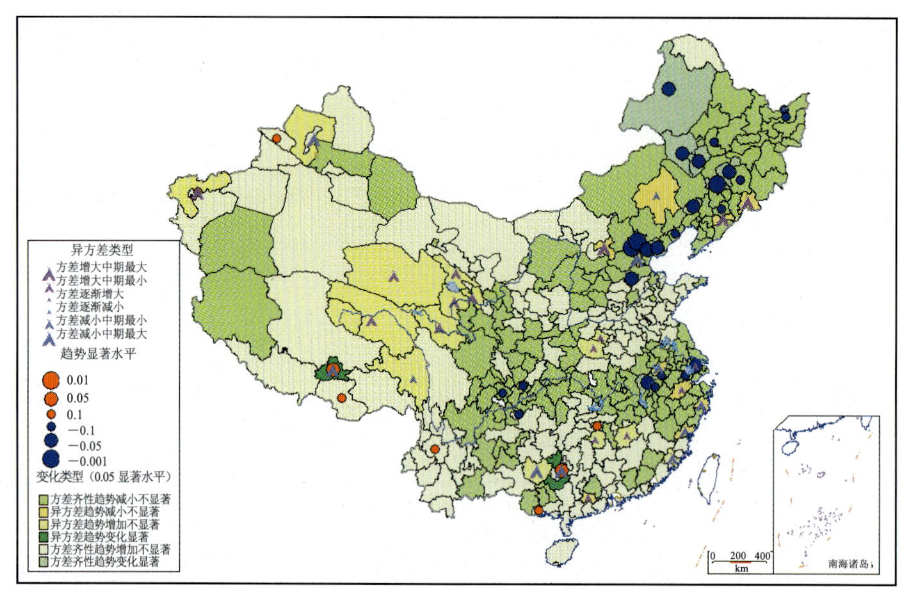

图 4-8 1985—2004 年 5—9 月气候变化类型分布图（降水距平百分率）

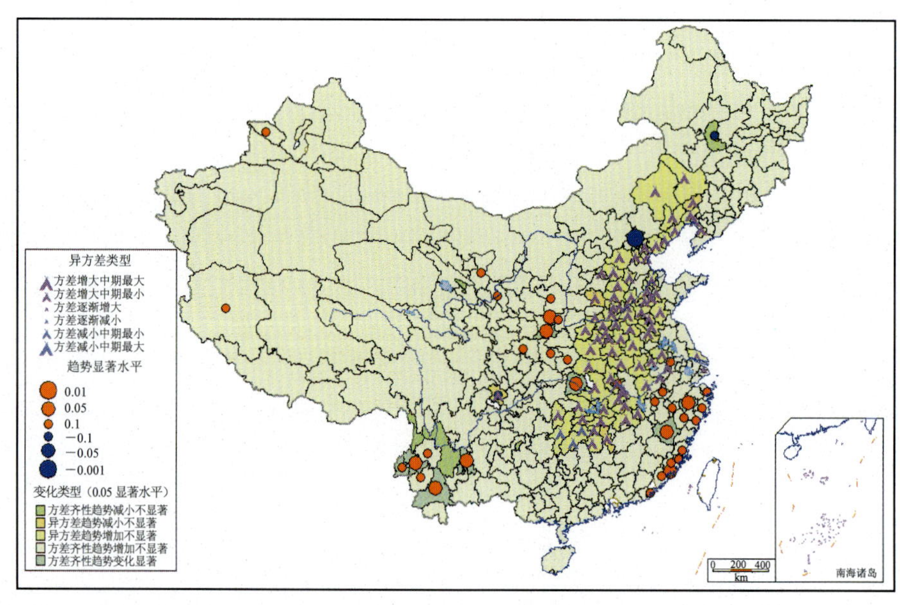

图 4-9 1985—2004 年 1—2 月气候变化类型分布图（温度距平值）

（3）11 月降水变化的区域差异

1985—2004 年，全国有 63%的地区 11 月降水有上升趋势，但仅有 2 个地区达到 0.05 显著水平。西北和北方地区，除了黑龙江、锡林郭勒高原、内蒙古西部、甘肃东部等地外，多数地区降水略有增加；长江及其以南的广大南方地区，除了长江三角洲、浙江、湖南和江西两省北部以及广东等地区外，大部分地区降水略有减小。异方差类型的气候变化地区在 10 个关键气候因子中列第三位，方差减小的变化类型比例最高，占 2/3，这些地区相对集中分布在广西、广东、山东；方差增加类型主要分布在山东（图 4-10）。

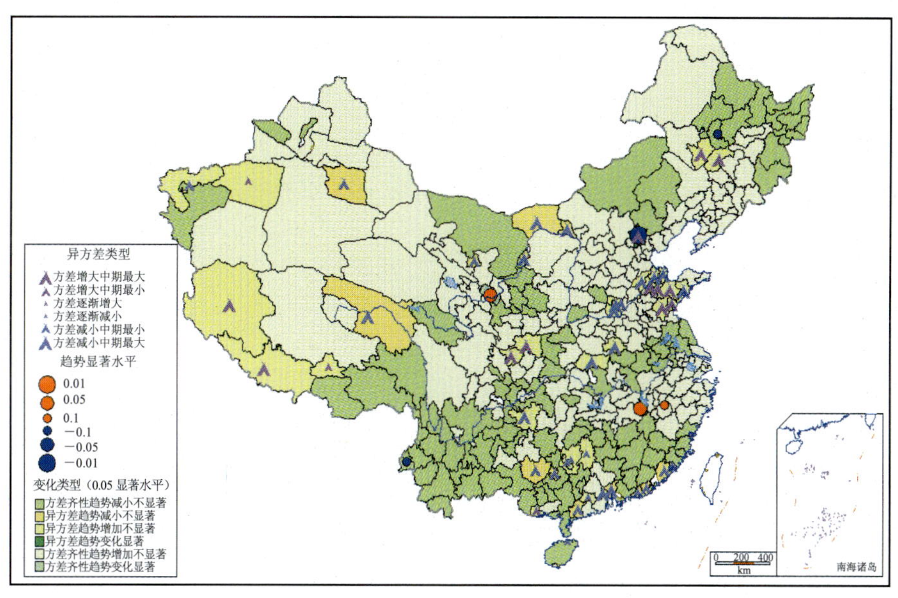

图 4-10　1985—2004 年 11 月气候变化类型分布图（降水距平百分率）

综合以上关键气候因子气候变化的空间格局，可以初步判断，有利于我国大部分夏粮生产区粮食增产；在灌溉条件不断改善情况下，生长期气候变暖有利于我国最大的余粮区东北地区粮食增产；广大地区秋粮生产的气候稳定性下降，气候变化总体影响存在不确定性。

4.3 气候变化对中国粮食单产变化的主要影响

4.3.1 气候变化对单产变化空间分异的影响

4.3.1.1 气候变化对单产总体变化空间分异的影响

利用 328 个空间点、18 年（1987—2004 年）时间变量的单产和 10 个关键气候因子原始数据集，进行典型相关分析的结果表明（表 4-7），中国单产总体时间变化与各个关键气候因子都具有比较密切的相关性，差异很小。相对而言，我国粮食单产时间变化的空间分异特征主要受温度因素影响，各个温度指标最大典型相关系数均高于降水指标。主要生长期指标中，5—9 月的平均温度距平值和单产总体变化相关性最高，最大典型相关系数为 0.745，同期降水指标的最大典型相关系数为 0.704；6 个季节性气候因子中，6—8 月夏季温度指标相关系数最大，为 0.771，其次为 4—5 月春季温度指标和 1—2 月冬季温度指标，分别为 0.74 和 0.728，7—8 月降水指标列第四，最大典型相关系数为 0.705，4—5 月春季降水指标的最大典型相关系数最小，为 0.682。

表 4-7　气候因素与单产空间变化的典型相关分析结果

	季节性气候因子						主要生长期气候指标			
	T1-2	T4-5	T6-8	P4-5	P7-8	P11	T4-10	T5-9	P4-10	P5-9
单产与气候因子原序列										
最大典型相关系数	0.728	0.740	0.771	0.682	0.705	0.692	0.715	0.745	0.692	0.704
方差贡献率/%	0.298	0.269	0.280	0.221	0.285	0.215	0.247	0.274	0.261	0.282
单产与气候因子线性趋势序列										
最大典型相关系数	0.338	0.431	0.508	0.395	0.254	0.471	0.522	0.491	0.384	0.375
方差贡献率/%	0.937	0.915	0.938	0.961	0.995	0.900	0.945	0.949	0.995	0.995
单产与气候因子周期波动项序列										
最大典型相关系数	0.770	0.759	0.764	0.629	0.666	0.682	0.728	0.742	0.685	0.681
方差贡献率/%	0.429	0.345	0.360	0.274	0.321	0.276	0.329	0.334	0.338	0.325

4.3.1.2 气候波动变化对单产波动变化空间分异的影响

从表 4-7 可以看出，“中国单产波动程度南北差异显著，北方普遍单产波动明显”的空间分布特征与关键气候因子有比较密切的相关性，其中各个温度指标对波动变化空间分异影响更为密切，最大典型相关系数均大于 0.7，而各个降水指标最大典型相关系数不到 0.7。主要生长期指标中，5—9 月的平均温度距平值和单产周期波动项相关性最高，最大典型相关系数为 0.742，5—9 月的降水距平百分率和单产周期波动项的最大典型相关系数最小，为 0.681；6 个季节性气候因子中，1—2 月温度波动指标相关系数最大，为 0.77，其次为夏季温度和 4—5 月春季温度，4—5 月春季降水波动指标的最大典型相关系数最小，为 0.629；上年 11 月份降水波动指标对单产波动空间分异影响的作用与 7—8 月降水波动指标接近。

4.3.1.3 气候趋势变化对单产趋势增长显著地区的影响

从表 4-7 可以看出，中国单产线性趋势项与关键气候因子线性趋势项的最大典型相关系数都不是很大，但都通过了 α=0.01 的显著性检验。单产线性趋势变化的空间分异特征与 4—10 月主要生长期的均温距平值趋势项的最大典型相关系数为 0.522；6 个季节性气候因子中，夏季温度指标（T6-8）线性趋势对单产线性趋势变化的空间分异特征影响最大，最大典型相关系数为 0.508，其次是上年 11 月份降水和 4—5 月春季温度线性趋势指标，分别为 0.471 和 0.431，其余气候指标最大典型相关系数均未超过 0.4。

进一步对单产趋势增加变化显著（α=0.05 显著水平）的 240 个地区，利用单产和 4—10 月主要生长期温度指标的原始序列进行协整检验（极大似然估计、PP 检验法，残差序列严平稳α=0.1 显著水平），可以识别出两个时间变化序列存在趋势增长互动变化关系的 137 个地区（图 4-11 中品红色圆点标示的地区）。这些地区除了分布在吉林辽宁东部和新疆西部以外，大部分位于三大地理过渡带上：①地势第一、二阶梯过渡带的东半部，主要包括河西走廊、黄土高原、四川东部、贵州西部和云南等地区；②从太行山东麓—河南黄河沿岸到湖北—湖南—广西中部的地势第二、三阶梯过渡带；③长江沿岸地带及浙江北部地区。其他 103 个未通过协整检验，但单产趋势增加变化显著的地区，技术投入对贡献最大的因素。

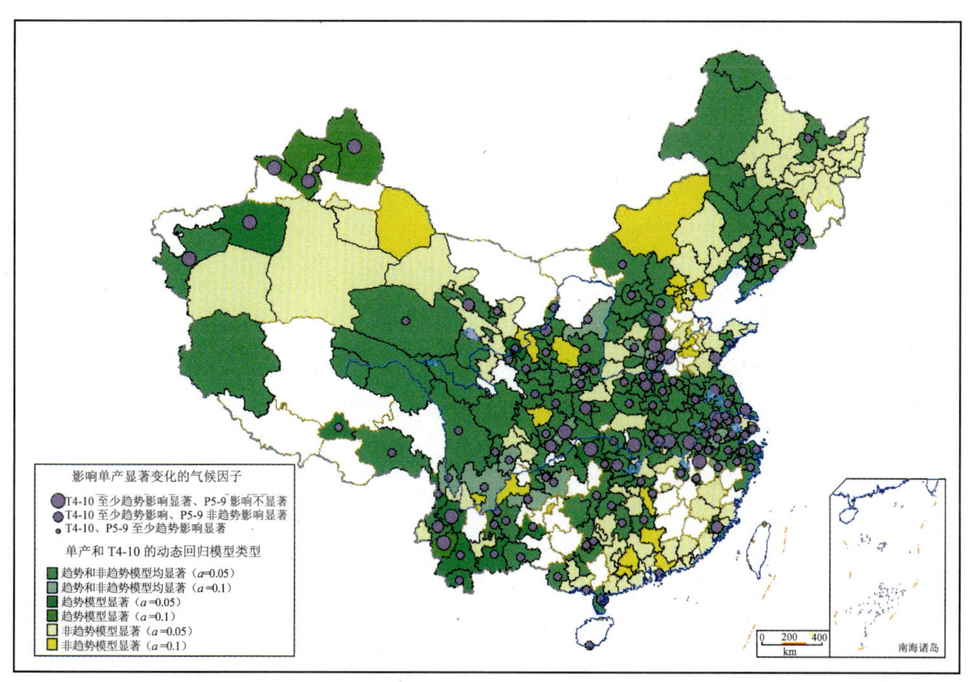

图 4-11 1985—2004 年 T4-10 和 P5-9 气候因子与单产总体变化的关系

再从上述 137 个地区中选出技术投入数据齐全而有效的 88 个地区，利用单产和有效灌溉面积、化肥施用量等两项技术投入指标、主要生长期 4—10 月温度、5—9 月降水等两个主要生长期气候指标，以及与单产线性趋势最大典型相关系数较高且具有一定独立性的上年 11 月降水（该指标也是各降水指标中趋势增加地区数最多的，表 4-5b）等共 6 个指标的原始数据序列，进行一个变量（单产）与一组变量（技术投入和气候指标）典型变量的相关分析，以各指标的决定系数高出 10%为标准，确定影响作用最大的影响因素，结果表明（见本章附表 1），技术投入指标影响最大的 55 个地区中，有效灌溉面积和化肥施用量两个指标作用最大的地区数各占一半，其中 39 个地区化肥施用量决定系数最大；有 33 个地区的气候指标影响超过或等同于技术投入指标，其中 19 个地区 4—10 月温度指标的决定系数在 3 个气候指标中最大，12 个地区 5—9 月降水的决定系数在 3 个气候指标中最大。

统计上述，依据协整检验模型类型，上述 88 个地区可分为：只有两个主要生长期气候指标趋势模型显著、只有 4—10 月生长期均温趋势模型显著，以及气候和技术投入指标趋势模型都显著三类地区，每类地区包括的地区总数分别为 28、9 和 51 个。51 个能够同时建立单产与气候和技术投入两类因素的趋势协整检验模型的地区中（表 4-8），4—10 月主要生长期均温是能够与单产建立趋势模型数量最多的指标，其次是 5—9 月的降水距平百分率和有效灌溉面积，而且这 3 个指标能与单产建立趋势模型的地区远大于能够建立无趋势模型的地区数；仅能建立无趋势模型的地区数量最多的是化肥施用量指标，但建立两类模型的地区数相当。由此可见化肥施用量对单产波动变化影响也是比较大的；在对单产趋势增加影响方面，近 20 年来总体上化肥施用量的影响地区范围不如有效灌溉面积，这一结论与用相关系数分析结果正相反。观察图 4-12 中长治市的联合时序图以及相关系数不稳定性的原因，本研究倾向协整检验分析的结果。

表 4-8　51 个地区气候和技术投入因素对单产趋势增长影响分析

变量	有效灌溉面积	化肥施用量	4—10 月温度	5—9 月降水	上年 11 月降水
趋势模型	36	23	51	37	40
无趋势模型	10	21	0	7	6

上述几种分析的结果在一定程度上共同表明，近 20 年来单产趋势增加的地区中多数属于技术投入贡献大的地区，气候因素的趋势变化对单产增加也是有一定影响的，这样的地区主要分布在中国的一些重要的气候过渡带上。在气候对单产趋势增加作用为主导的地区中，4—10 月主要生长期温度指标影响最大，其次是 5—9 月降水指标。此外，以上分析也在一定程度上证明，不能简单认为单产时间序列分解出的单产趋势项属于技术影响部分，单产周期波动项是气候产量，技术投入的波动也可以影响单产的波动，如果这种波动方向与气候因子波动方向一致，就很有可能放大气候波动的影响作用，如图 4-12 中所示的几个地区都或多或少存在着这种情况。

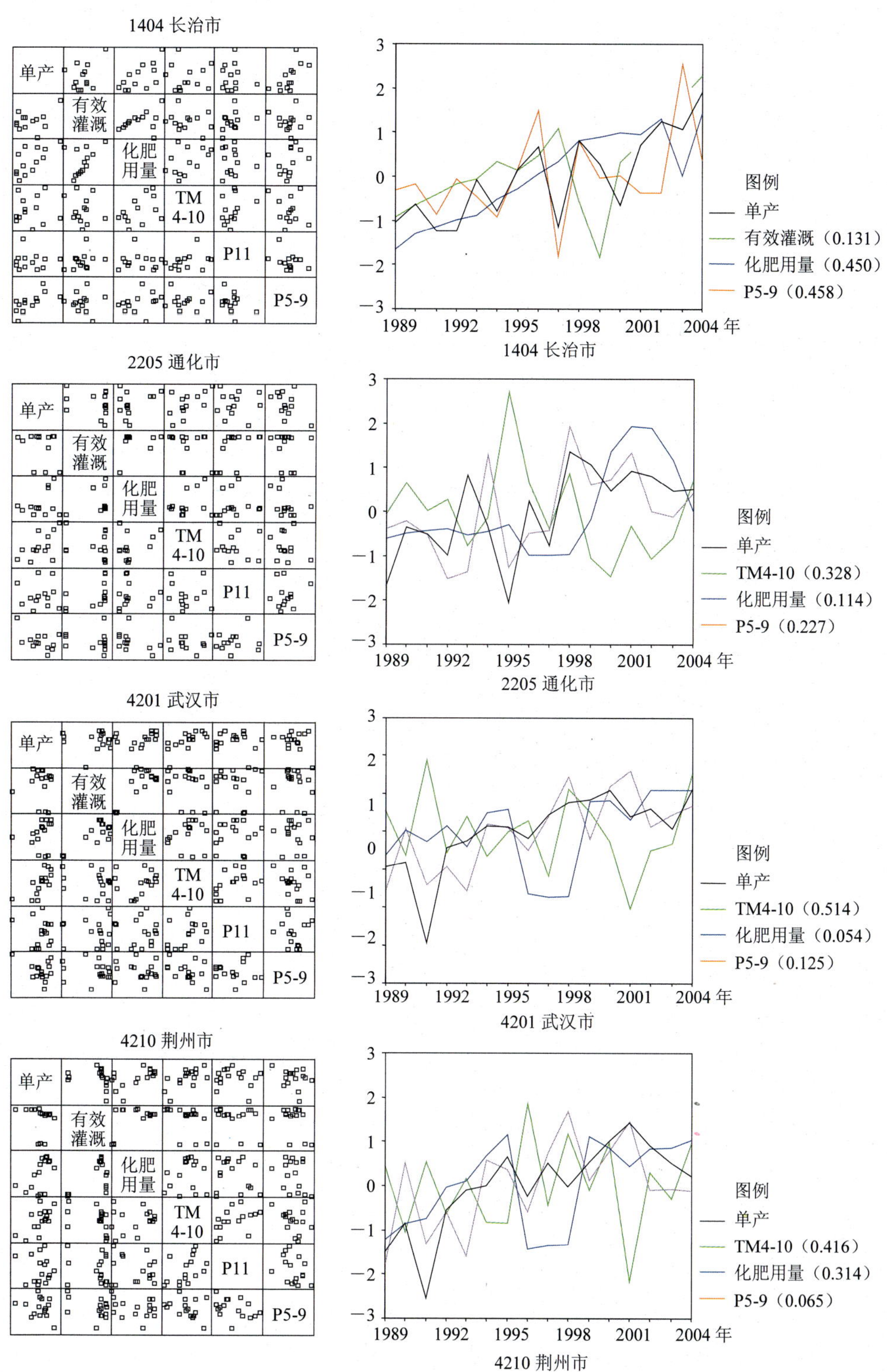

图 4-12 代表地区气候与技术投入因素与单产散点图（左）和联合时序图（右）

注：图例括号中为复相关判决系数。

4.3.2 粮食单产增产年和减产年气候因素的影响差异

分别用单产波动序列中距平值大于 0 和小于 0 的年份构成增产年和减产年序列，并与对应年份的气候因子数据组成变量对，计算 Pearson 相关系数，统计单产与各关键气候因子相关系数达到显著水平（α=0.1）的地区，结果见表 4-9。总体上看，由于增产年和减产年的出现受多种因素影响，特别是人们的减灾、抗灾能力影响，相关系数很不稳定，因此，各气候指标通过显著检验的地区都不多，但还是能够从局部、在一定程度上解释具有稳定相关关系的地区中气候与单产波动关系的统计规律，其空间分布特征应该与完整序列单产与气候波动关系的分布规律相似，故本文不再单独描述其地区分布。

表 4-9 近 20 年增产年和减产年单产与关键气候因子相关系数显著地区（α=0.1）统计表

气候指标		季节性气候因子						主要生长期气候指标			
		T1-2	T4-5	T6-8	P4-5	P7-8	P11	T4-10	T5-9	P4-10	P5-9
增产年	正相关	26	19	15	19	26	29	26	15	20	27
	负相关	22	14	32	28	12	22	24	25	27	27
	总计	48	33	47	47	38	51	50	40	47	54
减产年	正相关	16	15	19	29	19	10	15	16	37	39
	负相关	27	22	23	21	28	19	23	33	22	28
	总计	43	37	42	50	47	29	38	49	59	67

总体上看（表 4-9），近 20 年减产年受降水因素影响较明显，增产年受温度、降水因素的影响基本相当。气候波动变化对增产年单产影响方面，各温度和降水指标波动变化显著影响的地区数基本接近，主要生长期 5—9 月降水和 4—10 月温度指标影响范围较大，且正、负相关地区约各占一半；6 个季节性气候因子中，上一年 11 月降水对单产增产年有显著影响的地区最多，4—5 月温度对单产增产年有显著影响的地区最少，两者相差 35%，且正相关地区略多于负相关地区，其他气候因子居中，差距不大，其中 1—2 月冬季温度和 4—5 月春季温度升高，7—8 月夏季降水和上一年 11 月降水增加有利于增产的地区较多，而 6—8 月夏季温度、4—5 月春季降水指标与增产负相关地区明显高于正相关的地区，不太高的温度和不过多的降水有利于这些地区增产。

气候波动变化对减产年单产的影响比较复杂，总体上降水波动指标影响范围比温度指标明显偏大，4—10 月降水指标比同期温度指标影响地区数多 36%，5—9 月降水指标比同期温度指标影响地区数多 26%。6 个季节性气候因子中，4—5 月春季降水和 7—8 月夏季降水指标的波动变化影响范围最大，上一年 11 月降水因素影响最小，最大相差 42%。各温度指标影响范围居中，相差不多。温度过高造成减产的地区比低温减产的地区多；因 7—8 月夏季降水或上一年 11 月降水过多而减产的地区比同期降水偏少而减产的地区多；因 4—5 月春季降水或主要生长期降水过少而减产的地区较多，即近 20 年，春旱夏涝、夏季温度过高导致减产的地区比例最多。

4.4 粮食单产对气候变化的敏感性评价

通过对单产和关键气候指标的周期波动项进行的分段相关系数显著水平、符号变化情况，以及协整检验等方法的分析（表 4-10、表 4-11 和图 4-13、图 4-14），不难发现粮食单产对气候波动变化区域响应情况比较复杂。近 20 年来，全国有 38%～45%的地区在 1994 年前后两个时间段内，单产和主要气候指标的周期波动项相关系数显著水平发生了明显变化，除了 5—9 月降水指标外，单产与各温度指标存在这种变化的地区比各降水指标略高；显著相关没有变化的地区很少，1—2 月温度指标为 17.1%，其他气候指标这类地区占全国地区总数的比例为 8.2%～12.8%。4—5 月温度、4—10 月主要生长期温度这两个指标中相关显著变为不显著的地区多于相关不显著变为显著的地区，与其他温度指标及全部降水指标相关系数显著水平变化的情况正好相反，且数值差距较大。

表 4-10 单产和主要气候指标周期波动项相关系数显著水平变化统计表（1994 年为分段点 α=0.1）

占地区总数的百分率	T1-2	T4-5	T6-8	T4-10	T5-9	P4-5	P7-8	P11	P4-10	P5-9
显著相关无变化	17.1	8.2	11.96	12.0	12.6	11.9	12.2	12.80	12.8	11.3
相关显著变为不显著	19.5	24.7	17.79	24.5	15.6	14.0	16.8	18.60	18.6	19.9
相关不显著变为显著	22.0	20.1	25.77	18.1	26.1	23.5	22.9	22.26	22.3	22.7
相关不显著无变化	40.9	46.3	44.48	45.4	45.7	50.0	47.6	45.73	45.7	46.0
显著水平有变化（2+3）	41.5	44.8	43.6	42.6	41.7	37.5	39.7	40.9	40.9	42.6

表 4-11 单产对气候波动变化的敏感区分类统计

占地区总数的百分率	相关系数显著水平							协整关系显著（极大似然估计，PP 检验，残差 0 或 1 阶自相关 α=0.1）地区相关符号变化				
	不显著	−0.1	−0.05	−0.01	0.01	0.05	0.1	不显著	正相关无变化	负相关无变化	负相关变为正相关	正相关变为负相关
T1-2	62.8	7.0	8.8	7.6	3.7	6.1	4.0	21.4	13.7	30.4	18.5	16.0
T4-5	69.5	5.2	4.0	1.8	4.6	6.1	8.8	27.8	22.0	17.6	16.0	16.6
T6-8	62.2	6.1	8.5	9.5	3.4	4.9	5.5	23.3	16.9	27.8	20.1	11.8
T4-10	59.5	6.7	5.2	8.8	5.8	7.0	7.0	20.8	19.2	25.6	23.6	10.9
T5-9	57.6	4.9	7.6	12.5	4.9	5.2	7.3	20.8	18.8	26.8	19.5	14.1
P4-5	68.3	5.5	5.8	4.6	7.6	4.6	3.7	27.8	20.4	20.1	22.4	9.3
P7-8	59.1	3.0	4.3	5.5	7.9	11.3	8.8	25.6	31.0	15.0	17.3	11.2
P11	68.6	2.1	8.5	0.0	0.0	16.8	4.0	18.8	29.7	18.5	16.0	16.9
P4-10	63.4	3.7	3.4	6.4	6.1	8.2	8.8	28.4	28.1	18.8	12.1	12.5
P5-9	60.7	2.4	2.7	7.9	6.7	9.1	10.4	29.7	27.2	19.2	12.1	11.8

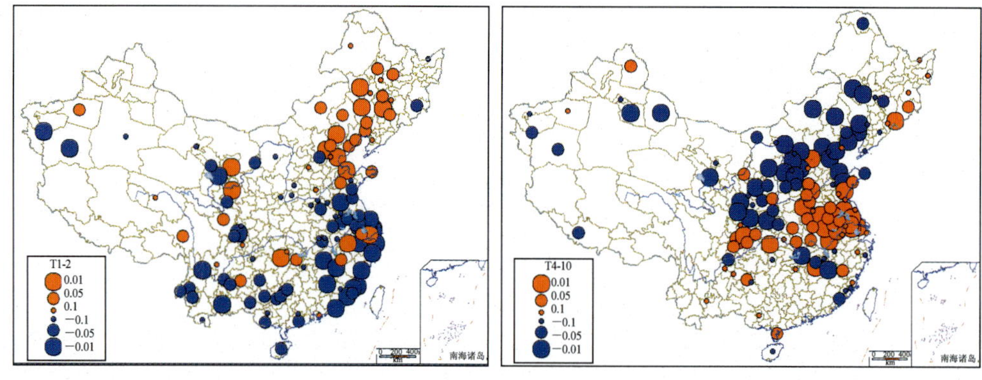

A：相关系数

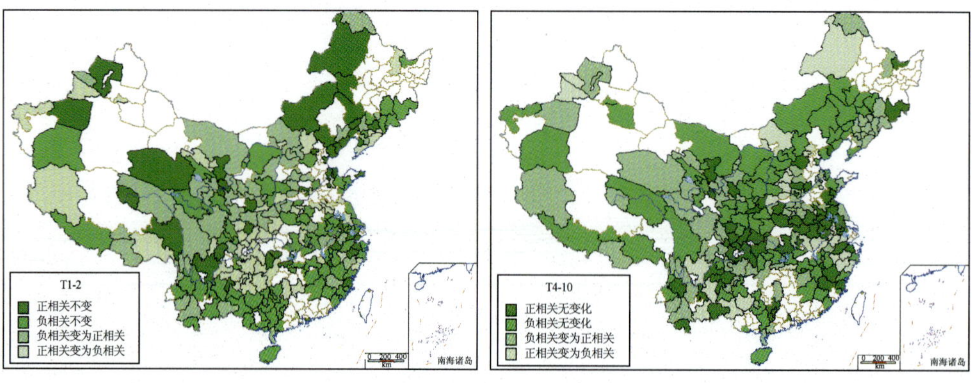

B：协整关系显著地区及相关符号变化

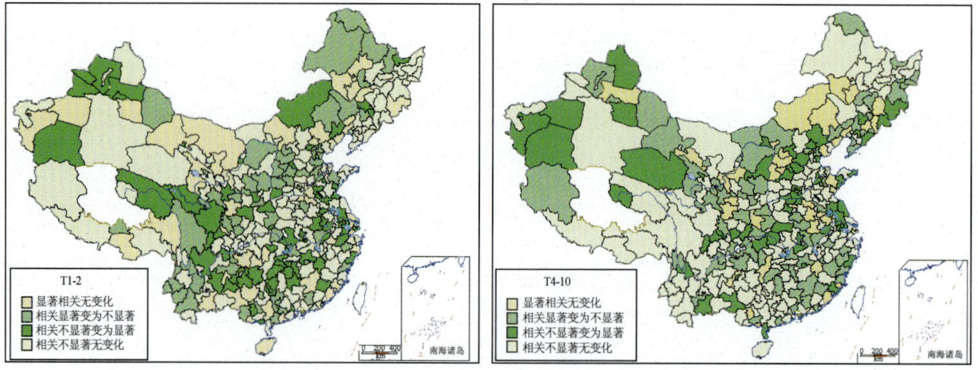

C：相关系数显著水平变化（α=0.1）

图 4-13　单产对主要温度指标气候周期波动变化的敏感区分布图

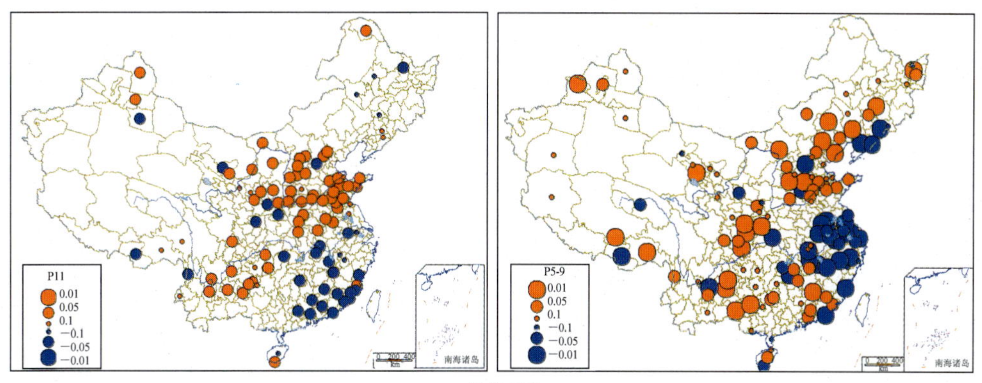

A：相关系数

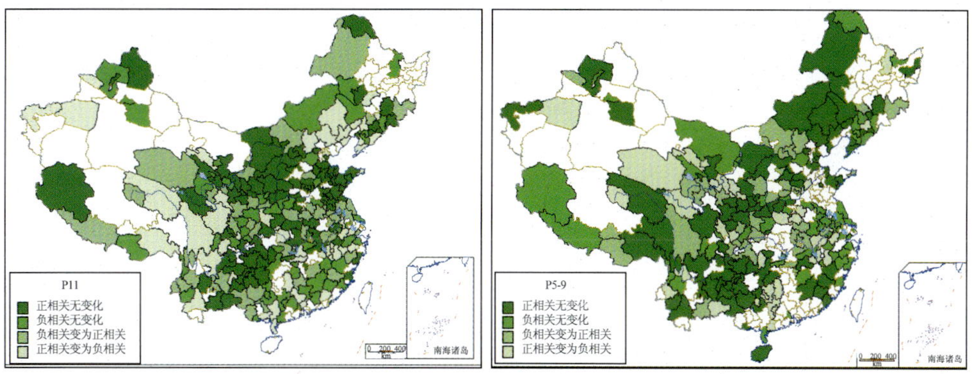

B：协整关系显著地区及相关符号变化

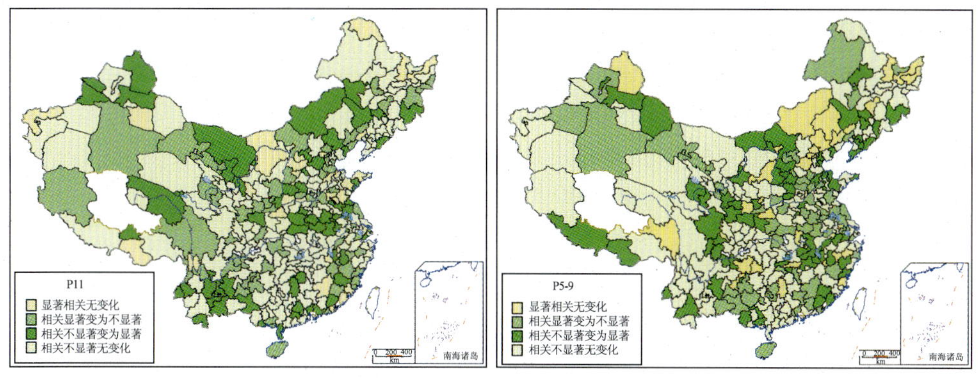

C：相关系数显著水平变化（α=0.1）

图 4-14　单产对主要降水指标气候周期波动变化的敏感区分布图

这在一定程度上说明，近 20 年来降水对单产波动变化明显影响的范围增大，而 4—5 月温度、4—10 月主要生长期温度对单产波动影响明显的地区范围略有减小。此外，单产和气候指标波动变化方向关系不稳定的地区也较多，在具有协整关系的地区中，相关系数符号有变化的地区比例为 24%～35%，1—2 月温度、4—10

月主要生长期温度指标比例最高，5—9 月主要生长期降水指标比例最低。

4.4.1 对温度周期波动变化区域响应的复杂性

近 20 年，1—2 月均温略有增加，虽然大部分地区增温趋势未达到显著水平（图 4-9），但已经对单产的稳定性产生了一定影响，但是增温对单产的正、负影响情况见图 4-13B 区域差异是非常显著的。从空间分布上看，相关系数显著水平稳定的地区分布很分散，而相关显著水平有明显变化的地区，空间分布具有一定规律性，特别是 1—2 月温度指标。单产与 1—2 月温度指标周期波动项相关显著变为不显著的地区相对集中分布在黑河—腾冲一线两侧狭窄的地区内，其次分布在河北和山东西北部地区，这些地区除了东北地区外，正是中国冬季 1 月温度－4℃（1951—1980 年）穿过的地区[16]。在山西、陕西、云南地区等负相关显著变为负相关不显著的地区，增温显著地区较多且表现为正贡献；而在负相关显著变为正相关不显著的地区，很有可能是由于改换为喜温的作物品种导致的。如果从总体的相关系数符号看（图 4-13A），晋、陕、滇部分地区表现为以增温的负影响为主，但受相关系数不稳定性的影响，还很难得出整个地区增温负影响最大的结论。

对于东北区及锡林郭勒高原正相关无变化、相关显著变为不显著的地区，1—2 月温度对单产增加的限制作用已经减弱；吉林东部大多数地区属于负相关不显著无变化类型，增温带来的负影响不具有统计学意义。黑龙江和吉林西部单产与 1—2 月温度关系很不确定，相关系数和协整检验均不显著的地区较多。

对于 1—2 月均温略有增加、方差增大非常显著的华北地区，不具备协整关系的地区和相关显著水平有明显变化的地区比例都很高，说明本地区单产与气候的关系存在很大不确定性。华北北部地区 1994 年以来，以正相关变为不显著的地区为主，在一定程度上反映了 1—2 月温度对单产增加的限制作用已经有所减弱；华北南部负相关不显著变为显著的地区略多，冬季增温开始产生负影响。冬季温度过高，不利于冬小麦的稳产和增产，这主要是因为小麦春化需要一定的低温条件才能进行生长锥分化和抽穗成熟，北方冬麦区多以冬性或强冬性品种为主，冬性品种一般需要 30～50 天 0～7℃的温度条件，强冬性品种一般需要 50～60 天 0～3℃的温度条件。进入拔节期的小麦抗寒力减弱，最低气温达到－3～－5℃就容易形成晚霜冻（中国农业科学院，1999）。如果冬季温度过高，不仅会因小麦春化受影响而减产，而且还会使冬小麦返青、拔节期提前，从而增大受灾减产的机会。

1—2 月温度指标相关不显著变为显著的地区，除了新疆北部外，相对集中分布在一条狭窄地区内，该类地区从三江源开始沿着青藏高原东缘向南，从云南北部折向东沿着两广与贵州、湖南交界地区分布，最后穿过江西北部至长江下游沿岸截止。该地区东西延伸部分的位置与中国冬季温度 8℃等温线（1951—1980 年）穿过的地区分布位置十分吻合。此地区的东西延伸部分主要为负相关无变化地区，一部分地区负相关影响由不显著转变为显著，说明温度对单产增加的限制作用增强（图

16 中国自然地图集[M]. 2 版. 北京：中国地图出版社，2000.

4-13A），这样的地区在本类地区内分布很分散。青藏高原东缘地区属于冬春麦区，种植强冬性小麦（中国农业科学院，1999），负相关不显著变为正相关显著，很有可能与该地区更换为喜温的作物品种有关（图 4-13B）。在贵州正相关不显著变为负相关显著地区，增温表现为负影响。这里一般使用春性和弱冬性小麦品种进行秋、冬播种，冬玉米种植的很少。春性小麦品种一般需要 5～15 天 0～12℃的温度条件，弱冬性品种一般需要 15～30 天 0～7℃的温度条件完成小麦春化过程，过高的冬季温度不利于这类冬小麦高产、稳产（中国农业科学院，1999）。

近 20 年，4—10 月月均温增温显著地区比较普遍，与单产相关显著水平有明显变化的地区分布非常吻合（图 4-4 和图 4-13C），相关系数符号无变化的地区高于有变化地区 10 个百分点（表 4-11）。相关显著变为不显著的地区比例和 4—5 月春季指标一样为 25%，在所有气候指标中列第一位，高于相关不显著变为显著的地区比例 6 个百分点以上（表 4-10），这两种相关系数显著水平有变化的地区空间分布都比较分散。

在 4—10 月温度指标与单产周期波动成正相关的地区中，吉林、辽宁东部、华北地区小部分地区（主要在华北西部）由于 4—10 月温度的增加，负相关变为正相关的地区很有可能与该地区更换为喜温的作物品种有关（图 4-13B）；华北平原南部、长江沿岸地带正相关无变化的地区比例最高，增温显著地区较多且表现为正贡献，但是在相关显著变为不显著的地区，正贡献作用减弱。负相关的地区相对集中分布在吉林、辽宁西部、内蒙古及长城沿线、陕西南部等降水限制明显、增温显著的地区，单产与 4—10 月温度主要是负相关无变化关系，因此增温主要表现为负影响，但是在相关显著变为不显著的地区，负影响作用在减弱。吉林、辽宁东部负相关变为正相关，显著水平增强或无变化地区，很有可能是种植结构有所变化。在东北地区已经观测到的事实是：气候变暖导致冬小麦种植界限明显北移西延，玉米晚熟品种的种植面积不断扩大，产量增加（中国国家气候变化报告Ⅱ，2006）。

相关不显著变为显著的地区相对集中在燕山—太行山—伏牛山—巫山，折向西沿长江北部止于四川西南部一线，该地区内 4—10 月月均温增温显著地区和 5—9 月降水趋势略有减少比例较高，而且还与中国 7 月均温 24℃等温线（1951—1980 年）[17]穿过地区分布位置十分吻合。此类地区黄河以北，4—10 月升温对单产增加的限制作用有所增强，黄淮海地区是中国主要的干热风危害地区，主要发生在 5 月中、下旬至 6 月中、上旬的春夏交替季节，升温易增加干热风的受害程度。黄河以北地区，4—10 月升温对单产增加的正贡献增加。

4.4.2 对降水周期波动变化区域响应的复杂性

在主要气候指标中，上一年 11 月的降水指标与单产周期波动项协整关系显著的地区比例最高为 81.2%；5—9 月降水与单产周期波动项协整关系显著地区比例最低为 70.3%。在各降水指标相关系数符号有变化的地区比例最高的是上一年 11 月

17 中国自然地图集[M]. 2 版. 北京：中国地图出版社，2000.

的降水指标为 32.9%，最低的是 5—9 月降水指标为 24%（表 4-11）；相关系数显著水平有明显变化的地区比例最高的是 5—9 月降水指标为 42.6%，另外是上一年 11 月的降水指标为 40.9%（表 4-10）。

近 20 年降水变化的空间差异很大，单产对降水变化的区域响应要比温度变化复杂得多。从空间分布上看（图 4-14），上一年 11 月的降水指标与单产周期波动项相关系数正相关无变化的地区比例较高（为 29.7%，列各气候指标第二位）（表 4-11），分布最为集中，主要分布在地势第二级阶梯中部地区以及山东、河北、河南北部等广大地区内，其他类型分布较为分散。相关系数符号变化各类型分布更为分散。华北平原大部分地区、黄土高原北部以及鄂尔多斯、乌兰察布等地区近 20 年降水有增加趋势（图 4-10），但不显著，上一年 11 月的降水指标对单产增加表现为稳定的正贡献；黄土高原西部、河西走廊、贵州以及湘西地区，上一年 11 月的降水减小，但趋势变化不显著，该指标值对单产增加表现为稳定的负影响。值得注意的是相关不显著变为相关显著的地区中，在淮河流域南北两侧狭长地区内相关符号变化差异十分显著，以负相关变为正相关地区居多，此地区以南的西半部为正相关无变化地区，这里也是 11 月降水变化情况最复杂的地区，降水趋势增加和减小地区南北分列，同时也是方差减小显著相对集中分布的地区。上一年 11 月的降水和单产的关系在这一地理过渡带上表现得非常复杂。类似的复杂关系还表现在东南部几省，这些地区总体上相关系数为负，除了江西东北部、浙江降水略有增加外，其他地区降水略有减小，但是相关系数不稳定类型交错分布，组合更为繁杂，因此单产与降水的关系也存在很大不确定性。

5—9 月主要生长期降水与单产周期波动项相关系数显著水平变化类型分布十分分散，正相关无变化的地区分布较为集中，主要位于我国中部，从大兴安岭到滇藏地区断续分布，其间穿插分布的地区多为负相关变为正相关地区，总体上该地区与 5—9 月主要生长期降水呈正相关，但是大部分地区近 20 年降水略有减少（图 4-8），因此，该地区基本属于降水变化对单产增加稳定负影响的地区。5—9 月降水波动与单产波动呈稳定负相关地区数量少、分布分散。例如，长江中下游地区，单产波动与 5—9 月主要生长期降水呈负相关，负相关无变化的地区比例较大，但影响的显著水平变化比较复杂，这一地区近 20 年降水略有减少，个别地区减少显著，因此，总体上本地区属于降水变化对单产增加有较为稳定的正影响地区。辽宁、吉林东部单产波动与 5—9 月主要生长期降水相关符号稳定地区占优势，负相关不变地区略占优势，相关不显著变为显著地区比相关不显著无变化地区略多，在该地区降水总体减少，相当一部分地区趋势显著的背景下，5—9 月降水波动对单产变化的影响存在很大的不确定性。

黑龙江和吉林西部单产与 11 月和 5—9 月主要生长期降水关系都很不确定，相关系数和协整检验均不显著的地区较多。少数相关关系稳定的地区，11 月降水减少对单产表现为正贡献，5—9 月主要生长期降水减少表现为负影响。

4.4.3 对气候周期波动变化的敏感区

4.4.3.1 单产对主要生长期气候周期波动变化的敏感区

利用单产、4—10 月温度指标和 5—9 月降水指标的周期波动项进行协整检验，无趋势模型显著水平超过 0.05 的地区为单产波动对该气候因子周期波动变化的敏感区，共 136 个地区，占有效统计区总数的 41.6%（图 4-15）。单产波动对 4—10 月温度和 5—9 月降水两个气候指标周期波动变化都敏感的地区主要集中分布在 4 个地区，这些地区本研究中称为“主要生长期的气候敏感区”：①夏季风区与非季风区分界线和胡焕庸人口地理线之间的地区（以下简称“第一气候敏感区”，对两个气候因子都敏感的简称“公共敏感区”），该地区内中国常年缺粮区占优势；本地区秦岭以北单产波动系数很高，单产减产 10%的概率超过 30%（中等水平算法，图 3-3、图 3-8），气候波动变化是这一地区单产不稳定的重要原因；而此地区秦岭南部单产波动系数、单产减产 10%的概率都很低；②江西、浙江、福建，是中国余粮区和常年缺粮区并存、单产波动变化很小的地区；③吉林、辽宁东部（长白山地区）；④河南、安徽一带。最后两个地区粮食播种总面积的波动系数很低（图 3-4），但单产波动系数、单产减产 10%的概率为全国最高，属于受气候波动变化影响而产量不稳定的主要余粮区。

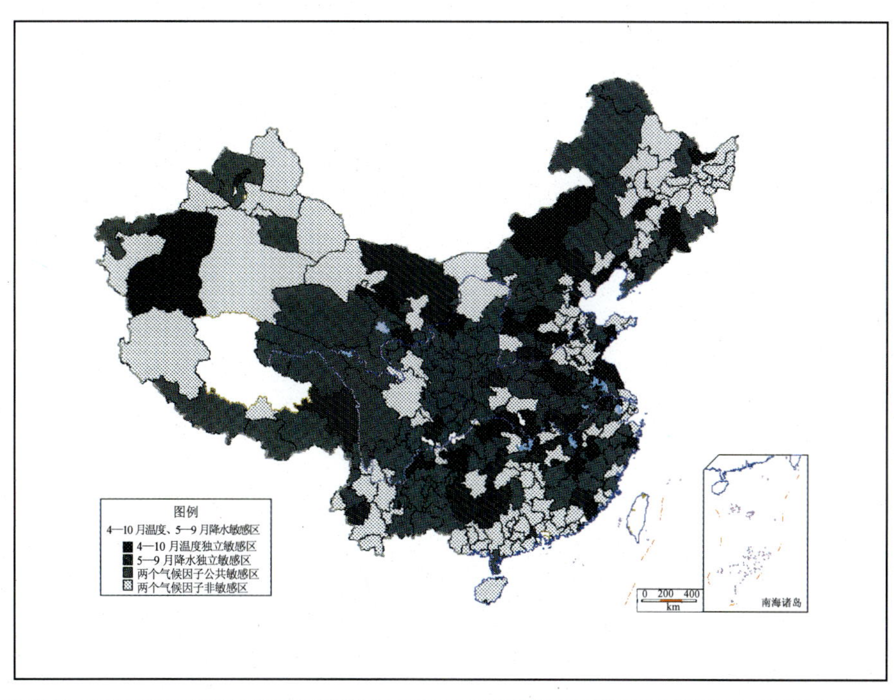

图 4-15 单产对主要生长期气候指标周期波动变化的敏感区

总体上看，中国两大主要余粮区中的黑龙江、吉林和辽宁中西部、河北中南部、山东西部、河南东北部以及潜在缺粮区分布相对集中的广东、广西、云南西部等地区对气候周期波动不敏感。

从相关系数的稳定性看，单产与 4—10 月温度和 5—9 月降水周期波动的相关系数不稳定的地区比例较大。在主要生长期气候敏感区内，单产与 4—10 月温度相关符号无变化的地区比例高于相关符号有变化地区，分别为 57%和 43%，单产与 5—9 月降水指标相关符号无变化的地区比例明显高于相关符号有变化地区，分别为 65%和 35%。相关系数显著水平稳定情况与相关符号变化情况基本相似，只是差距略小（表 4-12）。单产与 4—10 月温度后十年正相关地区数量增加 19%，相关系数显著地区减少 17%，单产与 5—9 月降水后十年正相关地区数量没有变化，但相关系数显著地区明显增加幅度高达 20%，这说明在主要生长期气候敏感区内，升温整体上对单产提高有利，4—10 月温度对单产的限制作用减弱，而 5—9 月降水普遍减少，降水对单产的限制作用增加。由于相关系数不稳定现象的存在以及单产对气候变化响应的区域差异，整体评价主要生长期气候因子的气候变化对单产的综合影响还存在技术上的难度。

表 4-12　单产对 4—10 月温度和 5—9 月降水周期波动的公共敏感区相关系数稳定性统计

相关显著水平 0.1	T4-10	P5-9	相关系数符号	T4-10	P5-9	相关显著水平变化	T4-10	P5-9
地区总数	60	60	地区总数	136	136	地区总数	136	136
其中：负相关比例/%	55	48	其中：有变化比例/%	43	35	其中：有变化比例/%	46	45
正相关比例/%	45	52	无变化比例/%	57	65	无变化比例/%	54	55
			前 10 年正相关地区数	59	74	前 10 年显著地区数	54	44
			后 10 年正相关地区数	73	74	后 10 年显著地区数	45	55

从单产对主要生长期气候变化响应的区域差异看，在主要生长期气候敏感区集中分布的 103 个地区内，单产与 4—10 月温度周期波动变化负相关地区明显高出正相关地区 10 个百分点（表 4-12），主要位于第一气候敏感区内的北半部，其中 15 个相关系数显著水平超过 0.1 的地区中有 14 个为负相关，负相关关系也比较稳定，25 个地区中 12 个地区前后十年相关符号或显著水平无变化（表 4-13a，图 4-13B），本地区主要属于升温负影响区；在第一气候敏感区内的南部 25 个地区中，单产对温度变化的响应比较复杂，正负相关无变化的地区各占 32%，还有相同比例的地区粮食作物结构或品种很有可能发生了明显变化（负相关变为正相关）。因此，从总体上看，本地区升温对单产增加影响好坏参半，可能正贡献略大。

青藏高原东部的主要生长期气候敏感区，稳定负相关地区占 60%，其他负相关变为正相关地区也有更换喜温粮食作物品种的可能，升温对单产负影响可能略大。单产与 4—10 月温度正相关符号稳定的 31 个地区中，安徽、河南两省所占比例最高，而在豫皖两省的 21 个公共敏感区中有 12 个地区单产与温度呈稳定的正相关，4 个地区正相关变为负相关，5 个地区粮食作物结构或品种很有可能也发生了明显变化（负相关变为正相关）。因此，从总体上看，本地区主要属于升温正贡献区。

表 4-13a 单产与 4—10 月温度周期波动项相关系数符号变化分区统计

	单产与 4—10 月温度波动项的相关系数符号变化				
	正相关无变化	负相关无变化	负相关变为正相关	正相关变为负相关	小计
浙、闽、赣	5	2	1	5	13
辽吉两省东部	1	2	6		9
豫皖两省	12		5	4	21
第一敏感区北部	5	12	6	2	25
第一敏感区南部	8	7	7	3	25
青藏高原东、南部		6	4		10
总计	31	29	29	14	103

辽宁、吉林东部的 9 个公共敏感区中有 6 个地区负相关变为正相关，说明在主要生长期温度显著增加的过程中，这些地区前后 10 年粮食种植结构或主栽作物品种发生了变化，可能与选择了喜温的作物品种有关。本地区也主要属于升温正贡献区。

总体上看，单产和 5—9 月降水周期波动呈正相关稳定的地区比例略多于负相关稳定地区，正相关稳定区主要分布在第一公共敏感区内，此地区内的南部比例最高为 60%，其次是北部地区，其中有 48%的地区相关系数稳定，近 20 年 5—9 月降水普遍减少，对该类地区的单产带来不利影响。负相关稳定区最多的地区分布在浙江、福建、江西一带，其中浙江占了 6 个，近 20 年 5—9 月降水普遍减少对该类地区的单产增加是有利的。安徽、河南一带负相关稳定区比例约为 50%，列第二位，其中 8 个分布在安徽，近 20 年本地区 5—9 月降水略有增加（图 4-8），对本地区增产有不利的影响。辽宁和吉林东部以及青藏高原东部等其他公共敏感区单产对主要生长期气候低频变化的响应比较复杂（表 4-13b）。

表 4-13b 单产与 5—9 月降水周期波动项相关系数符号变化分区统计

	单产与 5—9 月降水波动项的相关系数符号变化				
	正相关无变化	负相关无变化	负相关变为正相关	正相关变为负相关	小计
浙、闽、赣	3	9		1	13
辽吉两省东部	4	3	1	1	9
豫皖两省	1	10	5	5	21
第一敏感区北部	12	2	6	5	25
第一敏感区南部	15	4	3	3	25
青藏高原东、南部	2	2	4	2	10
总计	37	30	19	17	103

4.4.3.2 单产对六个季节性气候因子的气候周期波动变化的敏感区

图 4-16 表示的是用前一节同样方法得到的单产对 6 个季节性气候因子（1—2 月平均温度距平值，4—5 月平均温度距平值，6、7、8 月平均温度距平值，4—5 月降水量距平百分率，7—8 月降水量距平百分率，上一年 11 月降水量距平百分率）周期波动变化都敏感的地区，共 88 个地区，占有效统计区总数的 26.9%。这类地区相对集中分布区与单产对主要生长期气候周期波动变化的敏感区非常相似，只是范围更加收缩，分布较分散。相对集中分布区主要为大兴安岭北部、阴山东部、河南黄河以南地区、黄土高原、云贵高原东部、雅鲁藏布江谷地、青海、川西地区、新疆西部和浙江等地区。这些地区的 6 个季节性气候因子中任何一个因子的周期波动变化都会对单产波动产生一定的影响，是各种气候灾害出现机会较高的区域。在上述每一个相对集中的小区域内单产对气候变化的响应情况差异很大，很难找出一致性规律。

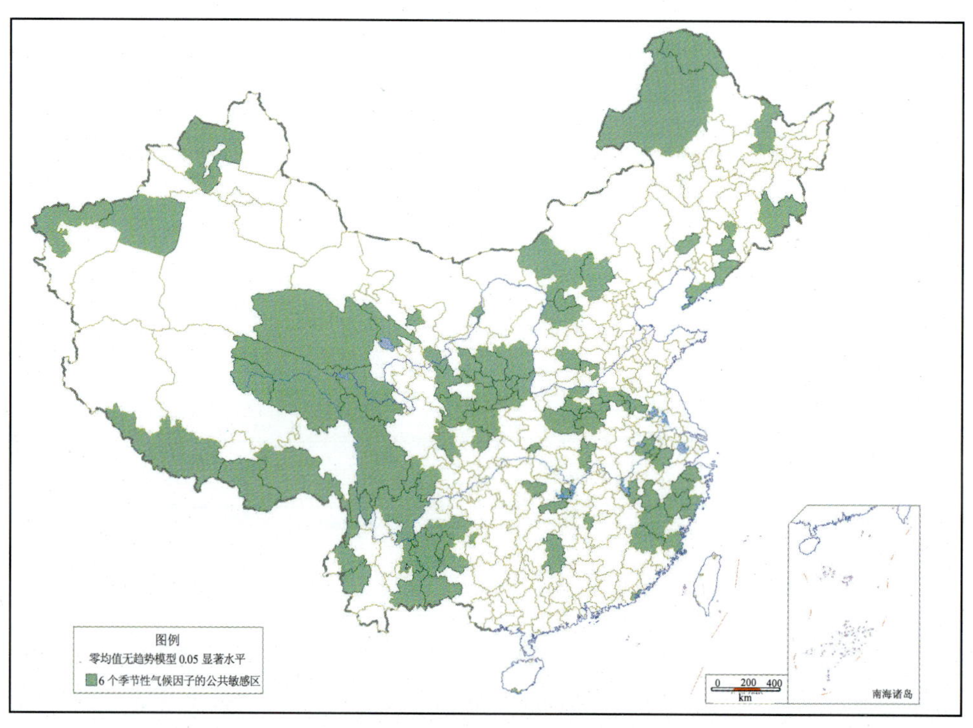

图 4-16　单产对 6 个季节性气候因子周期波动变化的敏感区

总体上看（表 4-14），在 6 个季节性气候因子的公共敏感区中，单产对 7—8 月降水变化的响应关系最稳定，相关系数符号及其显著水平无变化的地区比例最高分别为 65%和 68%，其次为上一年 11 月降水。4—5 月降水和 6—8 月温度两个指标近 10 年来正相关地区明显增多，周期波动对单产变化影响显著的地区也明显增加。结合气候变化背景，6 个季节性气候因子公共敏感区内 4—5 月降水对单产主要为负影响，6—8 月温度对单产主要为正影响。

表 4-14 单产对 6 个季节性气候因子周期波动的公共敏感区相关系数稳定性统计

相关系数符号	T1-2	T4-5	T6-8	P4-5	P7-8	P11	相关显著水平变化	T1-2	T4-5	T6-8	P4-5	P7-8	P11
正相关无变化	18	22	18	30	39	27	相关显著无变化	10	10	9	13	11	8
负相关无变化	23	17	30	20	18	17	相关显著变为不显著	19	34	16	12	14	18
负相关变为正相关	27	26	28	25	14	24	相关不显著变为显著	17	12	26	26	14	18
正相关变为负相关	20	23	12	13	17	20	相关不显著无变化	42	32	37	37	49	44
总计地区数	88	88	88	88	88	88	总计地区数	88	88	88	88	88	88
其中：有变化比例/%	53	56	46	43	32	50	其中：有变化比例/%	41	52	48	43	32	41
无变化比例/%	47	44	55	57	65	50	无变化比例/%	59	48	52	57	68	59
前 10 年正相关地区数	38	45	30	43	56	47	前 10 年显著地区数	29	44	25	25	25	26
后 10 年正相关地区数	45	48	46	55	53	51	后 10 年显著地区数	27	22	35	39	25	26

单产对 4—5 月温度变化的响应关系最不稳定，相关系数符号及其显著水平有变化的地区比例最高分别为 56%和 52%，影响显著地区近十年减少一半，而正相关地区基本没有变化，在全国绝大多数地区明显增温的背景下（表 4-5b），4—5 月温度变化对单产的限制作用明显减弱。

单产与 1—2 月温度变化的相关符号有变化地区比例虽然略高于无变化地区，但是相关显著水平稳定的地区明显多于相关显著水平不稳定地区。正相关地区略有增加，在一定程度上反映了在 6 个季节性气候因子公共敏感区内冬季增温对单产是正贡献的地区略多，但前后十年达到相关显著水平的地区数量差异不大。

附表 1 气候和技术投入因素对单产趋势增长影响分析

地区代码	各原始变量与单产的（复）相关决定系数					技术因素最大 1	技术中有效灌溉最大 1	气候指标中 TM4-10 最大 1
	有效灌溉面积	化肥施用量	T4-10	P11	P5-9			
1301	0	0.761	0.147	0.116	0.012	1	0	1
1304	0.791	0.865	0.065	0.025	0.003	1	0	1
1305	0.813	0.762	0.106	0.006	0.022	1	1	1
1306	0.159	0.582	0.062	0.114	0.296	1	0	0
1404	0.131	0.450	0.000	0.002	0.458	0	0	0
1406	0.253	0.014	0.130	0.254	0.042	0	1	0

地区代码	各原始变量与单产的（复）相关决定系数					技术因素最大 1	技术中有效灌溉最大 1	气候指标中 TM4-10 最大 1
	有效灌溉面积	化肥施用量	T4-10	P11	P5-9			
1526	0.577	0.560	0.031	0.002	0.237	1	1	0
2103	0.251	0.033	0.003	0.054	0.147	1	1	0
2106	0.036	0.343	0.044	0.076	0.104	1	0	0
2110	0.088	0.073	0.017	0.013	0.222	0	1	0
2202	0.036	0.348	0.175	0.038	0.011	1	0	1
2205	0.067	0.114	0.328	0.000	0.227	0	0	1
2206	0.128	0.127	0.359	0.049	0.269	0	1	1
2304	0.005	0.001	0.032	0.014	0.046	0	1	0
2307	0.116	0.107	0.009	0.085	0.155	0	1	0
3201	0.124	0.659	0.383	0.006	0.079	1	0	1
3202	0.126	0.102	0.282	0.004	0.231	0	1	1
3204	0.052	0.036	0.233	0.023	0.211	0	1	1
3206	0.012	0.361	0.110	0.030	0.000	1	0	1
3208	0.171	0.184	0.228	0.008	0.204	0	0	1
3209	0.236	0.569	0.176	0.052	0.342	1	0	0
3210	0.002	0.029	0.249	0.054	0.417	0	0	0
3211	0.004	0.256	0.170	0.001	0.186	1	0	0
3402	0.006	0.059	0.323	0.000	0.181	0	0	1
3405	0.185	0.101	0.129	0.109	0.053	1	1	1
3407	0.124	0.152	0.297	0.008	0.185	0	0	1
3410	0.017	0.026	0.092	0.008	0.065	0	0	1
3425	0.218	0.272	0.241	0.000	0.061	1	0	1
3426	0.003	0.066	0.282	0.034	0.420	0	0	0
3601	0.058	0.149	0.013	0.141	0.225	0	0	0
3602	0.080	0.004	0.144	0.015	0.221	0	1	0
3603	0.050	0.131	0.165	0.028	0.012	0	0	1
3606	0.005	0.008	0.167	0.033	0.153	0	0	1
3607	0.168	0.660	0.002	0.054	0.025	1	0	0
3623	0.024	0.147	0.109	0.011	0.336	0	0	0
3624	0.037	0.242	0.007	0.000	0.079	1	0	0
4101	0.029	0.318	0.277	0.000	0.055	1	0	1
4102	0.099	0.629	0.373	0.023	0.128	1	0	1
4103	0.315	0.384	0.001	0.065	0.378	0	0	0
4105	0.012	0.381	0.001	0.035	0.001	1	0	0
4107	0.009	0.115	0.358	0.021	0.000	0	0	1
4109	0.183	0.160	0.040	0.002	0.045	1	1	0
4110	0.021	0.384	0.236	0.040	0.064	1	0	1
4113	0.640	0.421	0.148	0.007	0.037	1	1	1
4114	0.492	0.643	0.076	0.003	0.001	1	0	1
4127	0.226	0.155	0.057	0.026	0.000	1	1	1
4128	0.060	0.092	0.193	0.013	0.021	0	0	1
4201	0.002	0.054	0.514	0.000	0.125	0	0	1

地区代码	各原始变量与单产的（复）相关决定系数					技术因素最大 1	技术中有效灌溉最大 1	气候指标中 TM4-10 最大 1
	有效灌溉面积	化肥施用量	T4-10	P11	P5-9			
4205	0.000	0.125	0.495	0.005	0.059	0	0	1
4209	0.012	0.050	0.169	0.056	0.045	0	0	1
4210	0.041	0.314	0.406	0.008	0.065	0	0	1
4211	0.222	0.140	0.251	0.003	0.029	0	1	1
4305	0.030	0.411	0.023	0.040	0.027	1	0	0
4307	0.151	0.212	0.119	0.016	0.001	1	0	1
4310	0.245	0.565	0.073	0.031	0.041	1	0	1
4311	0.541	0.676	0.007	0.054	0.076	1	0	0
4312	0.464	0.000	0.001	0.130	0.051	1	1	0
4330	0.232	0.764	0.060	0.004	0.014	1	0	1
4502	0.308	0.012	0.001	0.052	0.047	1	1	0
4521	0.283	0.373	0.034	0.002	0.024	1	0	1
4522	0.372	0.185	0.000	0.087	0.010	1	1	0
4527	0.002	0.223	0.000	0.050	0.100	1	0	0
5301	0.327	0.703	0.316	0.000	0.121	1	0	1
5325	0.636	0.780	0.052	0.041	0.004	1	0	1
5326	0.356	0.416	0.097	0.006	0.065	1	0	1
5327	0.879	0.024	0.068	0.000	0.023	1	1	1
5328	0.521	0.012	0.002	0.016	0.019	1	1	0
5330	0.016	0.669	0.034	0.002	0.175	1	0	0
5333	0.611	0.191	0.119	0.168	0.018	1	1	0
5334	0.704	0.765	0.177	0.012	0.102	1	0	1
6104	0.094	0.379	0.001	0.004	0.183	1	0	0
6105	0.078	0.237	0.049	0.013	0.000	1	0	1
6201	0.115	0.000	0.031	0.146	0.010	0	1	0
6203	0.034	0.070	0.010	0.076	0.333	0	0	0
6222	0.203	0.448	0.135	0.008	0.100	1	0	1
6224	0.181	0.049	0.001	0.001	0.174	0	1	0
6226	0.100	0.155	0.000	0.001	0.084	1	0	0
6229	0.543	0.354	0.190	0.029	0.000	1	1	1
6402	0.613	0.182	0.226	0.117	0.043	1	1	1
6403	0.544	0.291	0.377	0.000	0.047	1	1	1
6422	0.180	0.207	0.245	0.000	0.033	0	0	1
6527	0.318	0.828	0.115	0.013	0.249	1	0	0
6529	0.201	0.810	0.135	0.109	0.084	1	0	1
6530	0.053	0.421	0.049	0.175	0.154	1	0	0
6531	0.057	0.542	0.375	0.082	0.032	1	0	1
6540	0.000	0.939	0.053	0.054	0.332	1	0	0
6542	0.161	0.894	0.035	0.003	0.024	1	0	1
6543	0.178	0.732	0.836	0.036	0.023	0	0	1
总计	88	88	88	88	88	55	27	50

5 极端气候事件对中国粮食供需平衡的影响

5.1 研究方法

数值模拟和统计分析模拟是评估气候变化对粮食产量影响的两种常用研究模式。数值模拟方法，主要是在田间试验基础上，利用作物生长模拟模型或者是各种气候生产潜力模型，与各种大气环流模式耦合，评估不同气候变化情境对具体某种作物模拟产量的影响。该方法在预测具体某种作物产量变化方面具有较高的精度，但不便于全国粮食供需平衡的宏观评价。因此，本研究仍然采用传统的统计分析模拟方法评价气候变化对现实粮食总产量的影响。

5.1.1 极端气候事件对单产影响评价的特殊性

极端气候是指在某一特定地区某种气候事件在统计学分布上极少发生。极端气候的确定具有区域特异性，是在特定时段内某种气象事件的表现异常于平均状态的状况，如季节降水（IPCC，2001b）。在发生概率上，一般认为发生概率低于或等于 10%的气候事件为极端气候事件（陈宜瑜等，2005）。这种随机性决定了极端气候事件对产量影响评估的特殊性。

利用统计分析方法定量评估气候变化对单产变化的影响，关键是建立精度较高的、以气候变化为输入变量，单产变化为输出变量的变化响应方程。赵四强和张宇（1990）结合国家级农业气象产量预报科研业务的实际工作，分析了统计模式在产量预测中存在的一些问题，并根据作物产量变化的具体情况，提出了作物产量预报准确性和有效性的评估方法（张宇和赵四强，1993）。此外，还有很多学者从回归因子选择方法、回归模型种类选择等多种途径，不断探讨提高气候—产量统计模型拟合精度的各种改进方法。这些研究方法的核心思想是采用一定合理手段删除极端情况或异常状况影响，如在时间序列处理上采用最常用的滑动平均法以及其他更复杂的滤波方法来平滑气候—单产之间的互动关系，或者采用稳健回归技术剔除离群点（野值）的影响（顾节经，1995）。韩永翔和尹东（2002）则以最高与最低产量两个序列分别作为实际产量波动区间的上限和下限，运用一定方法预报产量波动区间内的作物产量，从而提高预测模型的精度；或者采用相关系数稳定性检验方法，计算一定步长的滑动相关系数，筛选气候—单产线性关系稳定的变量对（朱盛明，1982），进而提高预测模型的稳定性和精度。显然这些农业产量预报方法建立起的气候—单产变化响应方程中是不包括或者损失了大量极端气候事件对单产影响的信息。为此一些研究也对这一问题进行了有益的尝试。

王建林和赵四强（1990）认为气象因子是引起产量年际波动的主要因素，对于相邻两年来说用生产技术和社会因素等的影响变化不大，因而用相邻两年产量之差（一阶差分法）就基本可以消除生产技术和社会因素的影响，而突出气象因子的作用。这种方法省去了对原始序列的分离，与气象因子的差分序列建立预报回归方程（本研究简称差分回归法），利用相似年型分析，对于异常条件下的产量预测是比较有效的（张宇等，1995）。

宫德吉和陈素华（1999）从旱灾发生的时间特点出发，提出传统的趋势产量模拟方法只是滤掉高频气象年变化对产量影响的部分，对于低频的气象变化仍然保留下来，而这类气象变化在持续性发生的气象灾害中很常见，如旱灾。因此提出用期望单产定义气象灾害的损失量。期望单产是指在作物生长的各阶段均无主要气象灾害发生，特别是作物关键生育期气象条件在适宜范围内的作物产量。以基本无灾年份的粮食产量为期望产量的基准点，运用拉格朗日插值法得到其他年份的期望产量。显然对于宏观尺度的气象灾害损失评估，寻找这样的期望单产还存在不小的难度。

以协整检验为基础的多元时间序列回归分析技术，虽然在拟合逼近随机波动和鉴别气候—单产之间的互动变化关系方面具有很大优势，尽量保留了随机信息，短期产量预测精度较好，但这类模型是时间变量和气候因子共同构成的单产变化响应动态方程，给出的结果是连续变化的各个外延时间点的预测值，因此也不能得出一般情景下某个强度的气候变化与单产响应的对应关系。

如前所述，由于受人类粮食种植行为对气候变化的适应调整能力以及简单相关系数本身问题等多方面因素影响，主要气候因子和单产之间的相关性稳定性较差，而为了度量不同地区单产对气候变化区域响应程度，也不能过多地舍弃这类地区。与此同时还需要在单产序列中尽可能地保留重大灾年信息，为此本研究选用差分回归方法利用单产随机波动序列分析极端气候事件对单产的影响。

5.1.2 极端气候事件对粮食供需平衡影响评价的基本方法

5.1.2.1 地域相似原理和基本评价单元的确定

作物产量对气候反应的“地域相似性”原理是程延年先生（1987）利用中国1949—1982 年的水稻、玉米、小麦等主要粮食作物产量资料，研究了中国主要粮食作物产量的波动项与农业气象条件的关系时提出的。他认为大范围的天气气候影响往往引起大范围的产量波动。属于相同或相邻气候区的省、市、自治区产量波动往往是一致的。这一规律对于作物产量的天气气候分析和预报具有十分重要的意义。例如，可以选择代表点或代表站点，或者用单站的气象资料对大范围作物产量进行分析。对于省以上大范围产量气候分析也是一个可以利用的规律（王世耆和程延年，1991）。

利用这一原理，本研究在基本评价单元的划分上充分考虑农业气候资源、耕作制度、主栽粮食作物结构以及单产变化过程的一致性，并认为地域相似性原理更适合分析强度较大的极端气候事件，即使粮食种植结构不同，在相似的单产—气候变化响应区域，罕见的异常气候条件下粮食总产量也会表现出共同的波动趋势。因此，差分回归法的一级评价单元为九大农业资源综合分区（以下简称“九大农业区”）。

差分回归法的基本计算单元为 328 个数据有效的地区，分别建立每个地区的气候—单产一阶差分序列变化响应方程，选择每个一级评价单元内具有预报分析价值的代表地区变化响应方程的预测结果，以这些地区的预测平均值作为整个一级评价单元的产量变化值。

5.1.2.2 最低量定律、区域限制因子及回归模型的确定

任何地区的作物生长发育均依赖于一定的气象因子以及这些因子的合理匹配。超出作物最适宜的生长发育的生态条件，可以使作物生长发育速率明显减慢，当超过其所能忍受的最低或最高的临界值，作物就会停止生长和发育，甚至出现伤害或死亡。可见，作物与生态因子之间关系不是简单的线性关系。德国李比西（Liebig，1843）在研究不同生态因子对植物生长的作用中发现，植物生长依赖那些表现为最低量的因素。布莱克曼（Blackman，1905）进一步提出限制因子的概念，认为能够控制光合作用的几个生态因子中，任何一个若处于最低量时就将控制整个光合作用过程的速率，甚至在其他因子都很丰富的情况下也会使光合作用过程停滞，这样的因子称为限制因子（武吉华和张坤，1987）。

基于以上生态、生理学原理，作为极端气候事件—单产的变化响应方程最高选用二次方程。限制因子筛选时也不适用逐步回归的多元线性回归分析方法，需要分别建立单产与各气候因子的一元线性或二次多项式回归方程。能够建立这样方程的地区，说明该气候因子是该地区粮食作物单产变化的共同限制因子，不能建立方程的地区说明该地区的粮食种植结构可能具有互补性，总体粮食的单产变化对该气候因子变化不敏感，但不能说该气候因子对这一地区的某一作物品种没有显著影响。利用这一方法，本研究对单产与 5—9 月温度和 6—8 月降水的差分序列建立回归方程（α=0.05），分析区域限制因子的分布，结果见表 5-1、图 5-1。

表 5-1　气候—单产差分序列变化响应方程

方程显著水平 0.05	降水方程	温度方程
线性 Rsq≥0.5	13	5
线性 Rsq0.5～0.3	38	25
线性 Rsq<0.3	7	10
二项式 Rsq≥0.5	5	11
二项式 Rsq0.5～0.3	13	27
二项式 Rsq<0.3	4	6
总　计	80	84

从图 5-1 可以看出，本研究识别出的农业气候限制因子分布规律与一般文献研究的结论具有很大的一致性。单产年际波动对 5—9 月温度和指标敏感的地区集中在辽宁、黄土高原、内蒙古长城沿线，区域特质性很强。6—8 月降水距平百分率指标对单产年际波动有明显限制作用的地区相对分散，但也主要集中在除了东北以外的长江以北的广大北方地区，特别是华北北部山区、黄淮地区以及长江中下游沿岸地区。

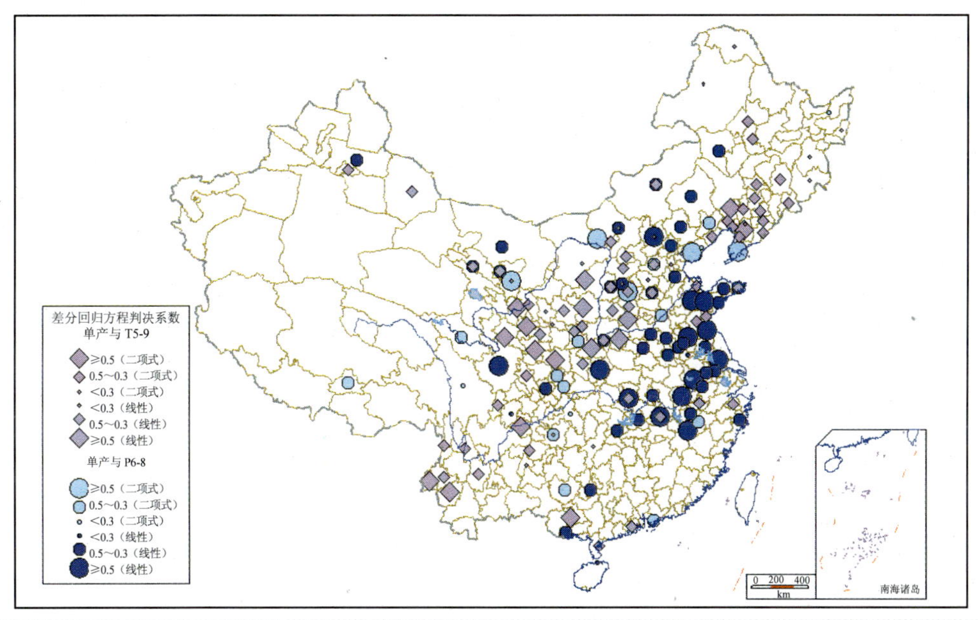

图 5-1　单产年际变化的区域气候限制因子空间分布图

5.1.2.3 相似灾年情景分析法和极端气候事件的选取

（1）极端气候事件的标准及典型灾年选取

极端气候事件是造成中国农业大幅度减产和粮食波动的重要原因，其中影响最大的是旱灾，其次是洪涝和风暴灾害（刘明亮和陈百明，2000）。根据本研究识别出的农业气候限制因子分布规律，并考虑到东北、华北在中国粮食供需总平衡中所占的突出地位，相似年景极端气候事件影响分析重点选取北方旱灾和东北低温冷害两类灾害。

典型灾年的选取主要依据历史气候灾害的统计资料[18,19,20]，重点选取北方旱灾和东北低温冷害强度高、影响范围大的极端气候事件年。极端气候事件的气候指标采用《中国气候灾害分布图集》中的标准。中国有句农谚说“春旱不算旱，夏旱丢

18 中科院大气物理所，地理所，国家气象中心[M]. 中国气候灾害分布图集. 北京：海洋出版社，1997.

19 国家统计局，民政部. 中国灾情报告[M]. 北京：中国统计出版社，1995.

20 孟昭华. 中国灾荒史记[M]. 北京：中国社会出版社，1999.

一半”（张养才等，1991），因此主要选择 6—8 月降水距平百分率（ΔP6-8，%）指标。典型灾年气象指标中的均值为 1955—1985 年 30 年平均值。差分回归方程中，5—9 月温度和 6—8 月降水因子采用该指标原始值与前一年气象数据相对应的差值。

（2）全国减产总量的估算

第一步利用重要受灾地区（一级评价单元）典型灾年的气候数据指标，分别代入差分回归的气候—单产变化响应方程中，计算该地区的粮食单产减产幅度。差分回归法中一级评价单元的地区粮食单产减产幅度，为相邻两年单产差，然后利用近十年单产平均值换算为减产率，每个基本评价单元的单产减产率为评价单元内代表地区减产幅度的算术平均值。

第二步估算其他地区的减产幅度。主要依据单产变化的空间异同性特征，利用第 3 章得到的单产空间变化型（EOF 分解）的各地区特征向量值作为比例系数估算减产幅度，可以得到不同地区气候异常—单产变化的组合情景。以东北低温冷害为例说明单产减产率的比例系数。当东北地区北部出现低温冷害时，计算这个范围内，各个地区特征向量值的算术平均值，并以此数值为基数，求其他地区的特征向量值与该基数的比值，从而得到各地区单产减产率的比例系数，此时东北北部灾区的单产减产率的比例系数取 1，其他地区的减产幅度为比例系数与东北北部灾区平均减产率的乘积。

第三步评估极端气候变化对中国粮食供需平衡状况的可能影响。减产总产量的估算中，粮食播种面积以 2004 年为基数，与各地区单产减产幅度相乘得到粮食总产量的减产幅度。2004 年全年气候非常适宜，全国所遭受的自然灾害也是 1997 年以来最低的，气候对于农业生产，特别是粮食生产，产生了积极作用（中国农业统计年鉴，2005）。因此，可将 2004 年作为理想气候年的粮食总产量，以 2004 年的人口数据估极端气候变化对中国小康水平粮食供需平衡状况的可能影响。计算中用到的 2004 年全国人口总数、粮食总产量均为参与减产率计算的 328 个数据有效地区之和，因此比正式公布的统计数据略微偏小。

5.1.2.4 气候—单产的变化响应方程的建立

运用 SAS 软件 regression 回归模块，选择最小二乘法进行参数估计，分别建立 328 个地区单产原始序列与温度、降水指标的差分序列方程，最后能够对 84 个地区的温度指标、80 个地区的降水指标建立一元回归方程（方程显著水平 0.05），这些地区的空间分布见图 5-1。温度的差分方程建立二项式方程类型的地区比一次方程地区略多，单产与 5—9 月问题的年际变化呈线性关系的地区主要分布在黄河中游地区，二次曲线关系的地区主要分布在线性集中区两侧，如辽宁、吉林地区，以及甘肃南部到云南一带。降水方程以一次方程为主，主要分布在东部地区，相对集中在黄淮地区和长江下游等地区；单产与 6—8 月降水年际变化呈二次曲线关系的地区分布较分散，我国中部和华北北部数量略多。这些模型具有一定的预测能力，方差解释量在 30%以上，用于东北冷害和华北旱灾评估的方程参数（表 5-2 和表 5-3）。

表 5-2 东北低温冷害影响分析所用的单产与 5—9 月温度和的差分回归方程主要参数

地区代码	判决系数	Sig.f	截 距	T5-9	T5-9sq
2101	0.389	0.031 6	833.29	−135.775	−40.017
2102	0.289	0.025 9	200.727	−200.33	
2103	0.502	0.007 6	625.734	−266.936	−31.002
2104	0.44	0.017 2	873.735	40.544	−39.595
2105	0.357	0.045 5	571.576	−53.042 6	−28.664
2107	0.385	0.008	289.223	−254.42	
2108	0.365	0.041 7	485.295	−186.663	−29.703
2109	0.516	0.006 3	1 045.174	−234.129	−50.473
2111	0.349	0.049 5	441.338	−21.931	−28.411
2112	0.388	0.032 3	965.693	−265.69	−39.077
2114	0.458	0.013 8	616.917	−321.875	−26.696
2203	0.495	0.008 4	803.336	−320.58	−29.593
2206	0.345	0.051 8	302.055	88.909	−14.315
2224	0.234	0.049	−23.494 4	149.383 6	
2302	0.358	0.036	514.491	101.197	−27.14
2303	0.242	0.038	71.307	96.368 1	
2310	0.268	0.028	67.539 3	101.938	

5.2 东北低温冷害对中国粮食供需平衡的影响

5.2.1 1951 年以来东北低温冷害的基本概况

东北低温冷害或夏季低温冷害的出现与长期气候波动有关，是全球气候异常的局地表现。当全球气温变冷时期，也是东北地区低温冷害群出现的时期。1909—1918 年、1953—1974 年两个冷期中有 8 个严重低温冷害年和 6 个低温冷年。1969 年、1972 年因低温冷害分别损失粮食 63×10^8kg 和 47.5×10^8kg，1976 年的损失也在 50×10^8kg 左右（张养才等，1991）。从气象数据统计分析，1951—1990 年，东北低温冷害最严重的前三位的年份分别为：1957 年、1969 年和 1976 年（中科院大气物理所等，1997），东北三省的平均 5—9 月温度和距平值分别为：−4.68℃，−4.51℃，−3.74℃，1972 年为−4℃（利用 730 个基础站点数据的计算结果）。如果从年际温度变化强度看，1976 年比前一年 5—9 月温度和减少 7.3℃，超过 1957 年的降温幅度，1957 年比 1956 年 5—9 月温度和减少 4.1℃。1980—1999 年来东北地区一直处于明显增温的暖期，极端低温年出现的概率减小，东北北部极端低

表 5-3　北方旱灾所用的单产与 6—8 月降水量的差分回归方程主要参数

农业分区	地区代码	判决系数	Sig.f	截 距	P6-8	P6-8sq
黄淮海区	3203	0.465	0.002 6	106.290 1	−1.852 7	
	3207	0.49	0.001 8	49.330 6	−1.277 7	
	3208	0.352	0.012 1	40.487	−1.215	
	3406	0.269	0.032 8	65.358 81	−1.317 47	
	3412	0.338	0.014 4	92.067 44	−1.770 98	
	3413	0.321	0.017 6	112.290 5	−2.049 3	
	3702	0.28	0.028 8	84.069 05	1.723 896	
	3703	0.539	0.000 8	111.863	1.794	
	3706	0.399	0.006 5	67.500 3	2.648 8	
	3707	0.618	0.000 2	62.849	2.504	
	3710	0.262	0.035 6	108.695 1	1.703 659	
	4102	0.361	0.010 7	124.942 3	−1.079 9	
	4109	0.497	0.008 1	389.412	−1.043 88	−0.006 53
	4111	0.377	0.008 7	98.957 1	−1.853 6	
	4114	0.395	0.006 9	198.654 7	−2.077 8	
内蒙古及长城沿线	1307	0.749	0.000 1	42.740 8	9.335	
	1308	0.469	0.001 2	96.457 5	7.264	
	1423	0.345	0.013 1	53.429 3	2.567 8	
	1502	0.573	0.001 1	328.815 9	2.588 79	−0.010 96
	1504	0.42 4	0.002 5	129.734 9	4.481 8	
	1525	0.318 6	0.011 8	98.965 6	4.847	
	1526	0.303	0.014 6	106.747	4.469 72	
	2113	0.356	0.012	158.138	7.272	
黄土高原区	1401	0.353 5	0.011 8	68.204 7	2.424 8	
	1403	0.251	0.040 3	102.334	3.528 08	
	1405	0.425 6	0.004 5	82.558 8	2.753 4	
	1424	0.619	0.001 2	327.152 2	3.199 6	−0.013 2
	4112	0.3	0.022 8	49.642	3.317 448	
	6101	0.316	0.047 9	−1.340 9	−1.295 4	0.006
	6106	0.228	0.038 9	91.892 98	2.360 34	

温年概率减小的幅度大于南部地区（王媛，2005）。从区域内部的差异看，1951—1990 年，低温冷害在东北及内蒙古东部的山区频率较高，达到 30%以上，东北平原频率较低，为 20%～25%。东北北部发生严重低温冷害，而南半部基本无灾的典型年份为：1964 年，1981 年，1983 年；南半部发生严重低温冷害的年份是 1986 年；东半部发生严重至一般强度低温冷害的年份是 1986 年；东北平原中部局部低温年只在 1987 年出现过一次（中科院大气物理所等，1997）。1983 年主要发生在黑龙江省的夏季低温冷害，年际温度波动超过 1957 年和 1976 年，这三年的 5—9 月温度和分别为－7.5℃，－3.5℃，－5.8℃。吉林和辽宁这三年的年际温度变化强度与整个东北区的一般规律一致，只是在 1976 年，东北三省 5—9 月年际温度和减少幅度，辽宁最大为－8.5℃，依次超过吉林和黑龙江。

5.2.2 东北普遍严重低温冷害的影响

1957 年和 1976 年的低温程度相差 0.94℃，选取这两年的温度数据分析产量变化还可以近似估计温度温和距平变化 1℃，在气候暖期、现有技术和种植结构条件下生长期温度变化（5—9 月温度和）对中国粮食供需平衡的影响。

根据图 3-5 包含单产年际变化的第三个空间型（EOF3），当东北区普遍因灾减产时，长江沿岸地区、广东、云贵高原等主要粮食消费区普遍增产，北方除了河北中南部、河南北部、关中盆地等粮食主产区增产外，绝大部地区与东北同时减产。在此单产波动格局下，差分回归法计算结果，以 1957 年的低温幅度计算，可能造成东北区平均单产减产 17.3%，粮食总产量减少 105×10^8kg，为 2004 年粮食总产量的 2.2%，占 2004 年中国粮食进口总量的 35.1%，占 2004 年小康水平粮食需求总量的 2.1%。全国粮食减产量约为 121×10^8kg，占 2004 年粮食总产量的 2.5%，2004 年中国粮食进口总量的 40%，2004 年小康水平粮食需求总量的 2.5%。

在同样单产波动格局下，以 1976 年的低温幅度计算，可能造成东北区平均单产减产 13.9%，粮食总产量减少 85×10^8kg，为 2004 年粮食总产量的 1.8%，占 2004 年中国粮食进口总量的 28.2%，占 2004 年小康水平粮食需求总量的 1.7%。全国粮食减产量约为 97×10^8kg，占 2004 年粮食总产量的 2.1%，2004 年中国粮食进口总量的 32%，2004 年小康水平粮食需求总量的 2%。

5.2.3 东北北半部严重低温冷害的影响

1983 年是新中国成立以来发生在东北北部较严重低温冷害年，而且没有伴随其他旱涝灾害，南部发生低温冷害较重的 1986 年夏季还同时伴有涝灾，为了保证分析结果的相对准确性，重点选取 1983 年的气象数据分析东北北部低温减产对中国粮食供需平衡的影响。

根据图 3-5 中的第二个单产空间型（EOF2），当东北区北半部普遍因灾减产时，南半部略有增产，华北和长江以南大部分地区与东北同时减产，西部半干旱、干旱区普遍增产时，以 1983 年的低温幅度计算，黑龙江 5—9 月温度和比 1982 年减少 7.5℃，可能造成东北区北部平均单产减产 25.1%，吉林 5—9 月温度和比 1982 年略有减少 1.3℃，辽宁增加 2.5℃，辽宁、吉林两省普遍增产，平均单产增产 15.5%，最后整个东北区粮食总产量略有增加 13×10^8kg，为 2004 年粮食总产量的 0.3%，占 2004 年中国粮食进口总量的 4.2%，2004 年小康水平粮食需求总量的 0.3%。全国粮食减产量约为 73×10^8kg，占 2004 年粮食总产量的 1.5%，占 2004 年中国粮食进口总量的 24.2%，2004 年小康水平粮食需求总量的 1.5%。

5.3 典型旱灾年景下的中国粮食供需平衡

5.3.1 1951 年以来中国旱灾基本概况

从古至今，旱灾都是中国发生频率最高的气候灾害。根据历史记载，从公元前 206 年到 1949 年的 2 155 年中，发生旱灾达 1 056 次之多，平均每两年发生一次。中国北方的旱灾更为频繁，自 16 世纪以来的 400 年中，每 100 年发生旱灾少的 31 次，多的 91 次。1949 年以来，旱灾影响面积大、灾情严重的有 1960，1965，1972 和 1982 年（张养才等，1991）。利用 1951—1990 年的气象数据计算的干旱影响范围居前三位的年份为：1972，1988，1989 年。1972 年全国有 19 个省的玉米产量和 15 个省的水稻出现产量负波动（王世耆和程延年，1991）。尤其是 1972 年北方的大旱，为新中国成立以来最严重的大面积干旱，1972 年全国受旱面积 3 067 万 hm^2，成灾面积 1 400 万 hm^2，全国共减产粮食 96.5×10^8kg。北方绝大部分省份降水量比常年偏少 2～4 成（国家统计局和民政部，1995）。

根据王绍武，赵宗慈划分的 500 年旱涝型，1972 年降水空间分布格局属于东部普遍以旱为主，沿海涝 5 型，为该类旱涝型的典型年份。当大气环流出现副高偏弱、偏东的特征时就很容易出现这类降水旱涝空间分布特征。近千年来平均每五十年发生的频率为 5.2 次，属于典型的极端干旱事件。20 世纪该旱涝型出现概率明显高于历时平均值，前后 50 年分别为 11 次和 8 次（王绍武，2001）。1985—2004 年全国有 54%的地区，出现夏季降水减少趋势（表 4-5b），旱灾发生几率有增大的可能。

5.3.2 华北地区旱灾的影响

根据图 3-5 中的第二个单产空间型（EOF2），当华北地区普遍因旱灾减产时，东北和长江以南大部分地区与华北同时减产，西部半干旱、干旱区普遍增产时，如果未来再次出现 1972 年这样旱灾，华北地区比上一年降水平均减少 189mm，约减少了 31%，最多降水减少的地区高达 77%，约 523mm 的干旱强度和分布范围计算，可能会造成华北区平均单产减产 2.8%，粮食总产量减少 35×10^8kg，为 2004 年粮食总产量的 0.7%，占 2004 年中国粮食进口总量的 11.5%，占 2004 年小康水平粮食需求总量的 0.7%。全国粮食减产量约为 27×10^8kg，占 2004 年粮食总产量的 0.6%，占 2004 年中国粮食进口总量的 8.9%，占 2004 年小康水平粮食需求总量的 0.5%。

根据图 3-5 中的第三个单产空间型（EOF3），当华北地区部分地区，如山东、河南部分地区、安徽和江苏北部因旱灾减产时，东北和长江以南部分地区、北方农牧交错带、河西走廊等地区与华北同时减产，长江沿岸地带以及西南大部分地区普遍增产时，如果未来华北地区再次出现 1972 年这样旱灾，可能会造成华北区局部平均单产减产 4.8%，粮食总产量减少 21×10^8kg，为 2004 年粮食总产量的 0.5%，占 2004 年中国粮食进口总量的 7.1%，2004 年小康水平粮食需求总量的 0.4%；全国粮食减产量约为 46×10^8kg，占 2004 年粮食总产量的 1.0%，2004 年中国粮食进口总量的 15.3%，2004 年小康水平粮食需求总量的 0.9%。

5.3.3 北方农牧交错带旱灾的影响

根据图 3-5 中的第二个单产空间型（EOF2），地势二级阶梯以西广大地区以长江沿岸地区及辽宁、吉林普遍减产，并且以北方农牧交错带地区（内蒙古及长城沿线与黄土高原）为旱灾减产高值中心，东北北部和地势二级阶梯以东广大地区同时增产时，以 1972 年北方农牧交错带比上一年降水平均减少 68mm，约减少了 15%，最多降水减少的地区高达 63%，约 315mm 的干旱强度和分布范围计算，可能会造成北方农牧交错带平均单产减产 15.6%，粮食总产量减少 59×10^8kg，为 2004 年粮食总产量的 1.2%，占 2004 年中国粮食进口总量的 19.5%，2004 年小康水平粮食需求总量的 1.2%；全国粮食减产量约为 28×10^8kg，占 2004 年粮食总产量的 0.6%，2004 年中国粮食进口总量的 9.4%，2004 年小康水平粮食需求总量的 0.6%。

根据图 3-5 中的第三个单产空间型（EOF3），当北方农牧交错带与东北、山东、河南部分地区、安徽和江苏北部、长江以南部分地区、河西走廊等地区与华北同时减产，长江沿岸地区以及西南大部分地区普遍增产时，以 EOF3 型的灾年同样的地区减产情景，北方农牧交错带平均单产减产 15.6%，全国粮食减产量约为 131×10^8kg，占 2004 年粮食总产量的 2.8%，2004 年中国粮食进口总量的 43.6%，2004 年小康水平粮食需求总量的 2.7%。

5.4 减产风险分析

如果遇到其他极端气候事件，或者多种灾害并发，年际单产波动幅度达到本研究中设计情景的减产程度，利用第 3 章单产减产风险分析的方法，相对应情景的减产风险如下：东北区平均单产年际波动减产 17.3%和 13.9%的概率分别不超过 11.2%和 19.5%。整个东北地区出现类似黑龙江 1983 年的单产年际波动减产 25.1%的概率约为 6.6%；华北地区出现年际波动减产 4.8%和 2.8%的概率出现频率很高，但不超过 71.1%；内蒙古及长城沿线和黄土高原区出现年际波动减产 15.6%的概率分别约为 21.2%和 15.9%（表 5-4）。

表 5-4 单产年际波动减产概率分区统计

农区类型	减产 30%	减产 25%	减产 20%	减产 15%	减产 10%	减产 5%
东北区	0.039	0.066	0.112	0.195	0.361	0.715
内蒙古及长城沿线	0.054	0.084	0.131	0.212	0.375	0.711
黄淮海区	0.005	0.013	0.033	0.087	0.238	0.711
黄土高原区	0.017	0.034	0.071	0.159	0.366	0.834
长江中下游区	0.002	0.006	0.017	0.048	0.152	0.675
西南区（不含四川盆地）	0.002	0.008	0.030	0.096	0.295	0.980
四川盆地	0.006	0.017	0.045	0.113	0.275	0.885
华南区	0.003	0.009	0.027	0.079	0.236	0.807
甘新区	0.011	0.016	0.026	0.051	0.115	0.425
青藏区	0.020	0.041	0.081	0.162	0.356	0.866
全　国	0.012	0.024	0.048	0.105	0.253	0.743

6 粮食安全脆弱区的识别

6.1 研究方法

6.1.1 粮食安全脆性评价的指标

粮食安全脆弱区是指粮食供需平衡未达到温饱或小康水平，同时又没有能力通过经济手段来保障粮食安全的地区。保证地区居民最基本的粮食消费需求、稳定粮食市场供应是地方政府的重要职能。为此，地方政府需要动用一部分地方财政收入以多种直接或间接形式用于从事购买、运输、储备短缺粮食的经济活动。特别是遇到灾害年份，地方政府还应有能力赈济饥荒，救济贫困户，保证社会秩序的稳定。因此，粮食安全脆弱性评价应当综合考虑地区经济实力、粮食供需状况以及粮食短缺的应急保障能力等多方面内容。

6.1.1.1 基本评价指标

（1）粮食供需平衡

粮食供需平衡状况是粮食安全问题的核心。不同粮食供需平衡类型区所面临的粮食安全问题是不同的。对于粮食生产量大于需求的地区，粮食安全问题更多的是考虑如何稳定粮食供应以及粮食安全的应急保障能力等问题。对于粮食生产量小于需求的地区，粮食安全保障主要表现为如何通过包括经济手段在内的各种方法、途径提高粮食供应能力。一个地区粮食供需缺口越大，粮食安全保障对市场的依赖性越强，粮食安全的稳定性越低，同时还会增大粮食安全保障所需的社会经济成本。本章采用粮食供需差值和人均粮食占有量两个指标描述粮食供需平衡状况。人均粮食占有量主要用于区域对比，说明不同地区粮食供需平衡的基本状态；粮食供需差值主要用于识别粮食安全脆弱区，进行粮食安全等级的定量分级计算。

（2）粮食安全储备费用

保障粮食安全除了保持适当的粮食生产能力外，还需要考虑两部分费用：一部分是保障粮食安全的最基本费用支出，即达到国际公认的粮食安全储备标准所需费用；另一部分是由粮食短缺而需要从区外购买粮食的费用，即运用经济手段解决粮食短缺的财政能力，定义为地区粮食购买力（affordability），也可以称为解决粮食短缺的“经济补偿能力”。

联合国粮农组织用当年的粮食储备量占下一年度粮食消费量的比值的百分率来

表示粮食安全的水平。考察历年的数据，用数理统计的方法研究全球粮食储备这一课题，认为粮食周转储备或运营储备（working stock）应达到消费量的 12%，缓冲储备或称风险储备（reserve）应达到消费量的 5%～6%。如果两项之和的粮食总储备达到消费量的 17%～18%，可以使全世界一年的粮食消费量得以维持的概率是 95%，特大歉收年严重短缺概率为 5%。尽管上述结论的得出具有一定的前提条件，但是 20 多年来已经成为世界公认的粮食安全的重要标志（刘晓梅，2004）。

周转储备主要是为了克服粮食的季节性和地区性的供应均衡与粮食消费的连续性之间的矛盾，保证从产地或进口地平稳顺利、连续不断地得到供应并周转到加工厂，最后到达消费者手中。后备储备则是一个国家除了周转储备和完全为了战略目的而进行的储备以外的全部粮食储备，通常被用来平抑年际间因气候等因素造成的粮食产量波动，以及应付其他紧急情况（刘晓梅，2004）。因此，这两部分构成的粮食储备量是一个地区或国家化解粮食风险、保障粮食稳定供给的重要条件。

中国的粮食储备制度采取的是中央和地方两级管理体制，粮食储备的责任由中央和地方两级分担（邓大才，2004）。但是在实际运行时，该制度还很不完善（肖国安，2005），中央和地方之间如何划分储备的比例关系还没有统一成熟的结论。因此，本研究假设中央和地方各承担一半的分配比例，地方政府需要动用年度地方财政收入用于储备 3%的风险储备粮和 6%的运营储备粮，以此计算地区粮食安全基本储备费用。

（3）经济补偿能力

地方政府解决粮食短缺问题的“经济补偿能力”与一个地区的经济发展水平和粮食短缺状况密切相关。假设短缺的粮食全部需要通过财政支付方式用于从外地购买、运输和仓储等活动，微利或让利经营投放市场，这些费用通过将短缺粮食折算为购粮款的方式进行估算，本研究称“购买短缺粮食的费用”。由于很难得到粮食成本价格的数据，粮价选择中国谷物网上公布的 2003 年前三个季度全国大米、面粉平均的粮食市场价格 2 040 元/t。选择此价位的主要原因是：1998 年以来，我国粮食价格低迷，至 2003 年入秋以来才有所回升（回良玉，2005）。该价位应该是近些年来粮食最低价位，最接近成本价格。粮食供需缺口主要以人均粮食占有量 400kg 的小康水平为标准计算，对于未达到小康水平的地区，再进一步计算人均粮食占有量 300kg 的温饱水平缺粮总量。经济补偿能力的大小用购买短缺粮食的费用与地方财政收入的比值来描述。

（4）地方经济实力

地方经济实力是保证粮食安全的重要指标。地方经济实力强不仅表现在用于保障粮食安全的经济支付能力强，而且还可以间接地表示地方农业技术投入水平。地方财政收入是地方各种税收的总额，不仅可以代表一个地区经济实力（利用 2002 年 2 075 个分县数据计算地方财政收入与国民生产总值的相关系数为 0.85，显著水平 0.01）而且还能直接反映一个地区独立的支付能力。国内生产总值则不能直接反映地区支付能力。因此，本研究用人均地方财政收入表示地区保证粮食安全的经济实力评价指标。

6.1.1.2 综合评价指标

粮食安全保障的财政压力是识别粮食安全脆弱区的综合指标，主要是指用于粮食安全保障的费用与地方财政收入的比例，以下简称“财政压力”（F_{press}），以此判断其解决粮食短缺的经济补偿能力。该数值越大，表明一个地区依靠自身的经济实力保障粮食安全的能力越小，即财政压力大；反之则说明地区依靠自身的经济实力保障粮食安全的能力越大，即财政压力小。其计算方法可用分段函数来表示：

$$F_{press}=\begin{cases}\dfrac{R\times P_g}{F} & G_{sd}\geqslant 0\\[2ex] \dfrac{P_g\times(R+|G_{sd}|)}{F} & G_{sd}<0\end{cases}\qquad \text{公式 6.1}$$

$$R=0.09\times Pop\times l_{fs}\qquad \text{公式 6.2}$$

$$G_{sd}=Y-Pop\times l_{fs}\qquad \text{公式 6.3}$$

式中：R——粮食安全储备费用；

Pop——统计时段末人口总数；

l_{fs}——粮食供需平衡标准；

G_{sd}——消除产量波动时的供需缺口；

P_g——粮食成本价格；

F——地方预算内财政收入；

Y——粮食总产量。

以上公式中所用数据要尽量能够代表中国正常年份的平均状况。中国的粮食产量年际波动比较大，为了消除年际波动影响采用多年平均粮食产量进行计算。近五年中国粮食丰歉情况比较复杂。2004 年全年气候非常适宜，全国所遭受的自然灾害也是 1997 年以来最低的，气候对于农业生产，特别是粮食生产产生了积极作用（国家统计局，2005）。2003 年为自然灾害的偏重发生年，农作物的成灾、绝收面积高于 2002 年、20 世纪 90 年代以及 80 年代[21]。2002 年属于 1985 年以来农作物成灾、绝收面积中等水平，2000 年和 2001 年属于新中国成立以来的重灾年（国家统计局，2004）。因此，本章所用粮食产量数据为 2002—2004 年 3 年平均值。同时为了尽量消除区域自然灾害对各地区经济条件差异的影响，便于经济条件的区域对比，所用经济数据选用全国普遍灾害较轻的 2004 年数据。人口数据为 2004 年年末总人口数。

6.1.1.3 粮食安全脆弱性原因评价指标

粮食安全脆弱性原因分析主要选用 5 组评价指标：①反映地区经济水平的人均

21 民政部救灾救济司，国家减灾中心. 2003.中国自然灾害年度公报（内部资料）:5-6.

财政收入指标；②反映农业在地区经济中的地位的指标，主要有农业专门化指数 *AI*，借用区位商的概念，利用公式 6.4 计算，农业是对气候变化的敏感部门，农业比例高低可以间接反映经济收入和粮食安全保障能力的稳定性；③反映影响单产提高的主要技术条件指标，有效灌溉面积与耕地面积的比例、单位耕地面积的化肥施用量；④反映粮食生产状况和能力的指标，主要有粮食播种比例、粮食播种面积单产；⑤反映气候变化对粮食生产影响的指标，以是否是单产对气候变化的敏感区来判断。

$$AI=\frac{VPI_R/F_R}{VPI_T/F_T} \qquad \text{公式 6.4}$$

式中：VPI_R，VPI_T——地区和全国第一产业增加值；

F_R，F_T——地区和全国的国民生产总值。

6.1.2 评价粮食安全脆弱性的阈值

6.1.2.1 财政压力的可接受水平

粮食安全脆弱性的阈值实质上就是一个地区所能够承受的粮食短缺程度。从人的基本生存角度考虑，温饱水平是粮食安全保障的底线。但是对于那些已经达到或接近小康水平的地区，如果粮食保障水平低于现有水平，也许对人本身的生存并不构成多大威胁，但是对于整个社会经济的可持续、稳定发展可能会产生不利影响。为此，一个地区总是要在经济条件允许的情况下努力保证现有社会总的粮食需求水平。因此，粮食安全脆弱性的阈值就是地区可接受的保障粮食安全的财政压力水平。

在不考虑粮食安全储备费用的情况，利用全国 2 075 个县市（不含市辖区）中常年缺粮区的相关数据计算经济补偿能力，初步测算结果见表 6-1。全国约有 1/4 左右的常年缺粮区，县（市）温饱水平的财政压力小于 25%。因此，可将一个地区财政压力的可接受水平定为，解决粮食供应问题的两类费用（粮食基本储备费用和区外购买缺粮费用）所占地方财政收入的比例不超过 25%。低于此标准以下的地区具有经济补偿能力，即使供需不能达到平衡，该地区也属于粮食安全区。

表 6-1　2000—2002 年中国常年缺粮区*的财政压力水平

等级	＜10%	10%～25%	25%～50%	50%～75%	75%～100%	100%～150%	＞150%	总计
小计	64	76	111	52	64	60	149	576
比例	11.1%	13.2%	19.3%	9.0%	11.1%	10.4%	25.9%	100%

* 不含全国的市辖区数据，以及无地方财政收入数据的 7 个常年缺粮区。

6.1.2.2 可接受的产量波动水平

正常年份具有粮食安全保障能力的地区，如果遇到一定程度的产量波动，导致粮食供需缺口增大，一些地区也有可能成为粮食不安全地区。对于这类地区需要进一步讨论可接受的产量波动值。假设保持现有粮食播种面积稳定不变时，一个地区所能够承受的产量波动值也就是单产波动值。根据粮食供需平衡情况，分两种方法计算。第一种情况，对于正常年份粮食供需差值大于或等于 0 的地区，假设产量减少后，粮食供需差值小于 0，可接受的财政压力水平为不超过地方财政收入的 1/4，其数学表达为：

当 $G_{sd} = Y - Popl_{fs} \geqslant 0$ 时：

$$P_g \times (R + G'_{sd}) \leqslant 0.25F \qquad \text{公式 6.5}$$

$$G'_{sd} = Popl_{fs} - Y(1 - X\%) \qquad \text{公式 6.6}$$

式中：G'_{sd}——假设减产时粮食短缺量；

X——粮食播种面积稳定时，可接受的产量波动值；

R ——粮食安全储备费用；

Pop——统计时段末人口总数；

l_{fs}——粮食供需平衡标准；

G_{sd}——产量波动时的供需缺口；

P_g——粮食成本价格；

F——地方预算内财政收入；

Y——粮食总产量。

第二种情况，对于正常年份粮食供需差值小于 0 的地区，分别计算假设减产 10%、20%和 30%时，利用公式 6.1 计算地区的财政压力水平，如果减产 10%时财政压力水平超过 0.25 倍的地方财政收入，则说明这个地区可接受的产量波动水平低于 10%；如果减产 30%时的财政压力水平低于 0.25 倍的地方财政收入，则说明这个地区可接受的产量波动水平至少为 30%。

6.1.3 粮食安全等级的区域划分

用于制图的粮食安全等级评价的区域划分以县（市）为基本地域单元，以达到较高的空间分辨率。同时为了与前面地区为基本评价单元的气候变化敏感区域以及减产风险分析进行空间叠加，又采用同样的算法和等级划分方法得到以地区为基本评价单元的粮食安全等级的区域划分方案，主要用于统计分析不同粮食安全等级区域内所包括的气候变化敏感区和计算地区平均减产风险。地区数据根据分县（市）统计数据汇总得到。粮食安全等级的划分见表 6-2。

表 6-2　粮食安全等级的区域划分标准

安全等级	粮食安全的含义	粮食供需状况	财政压力水平
1	粮食保障安全区	小康水平供需差值≥0	<25%
2	粮食保障次安全区	小康水平供需差值≥0	>25%
3	具有小康水平经济补偿能力的粮食安全区	小康水平供需差值<0	<25%
4	小康水平粮食安全脆弱区 温饱水平粮食安全区	小康水平供需差值<0， 且温饱水平供需差值≥0	>25%
5	小康水平粮食安全脆弱区 具有温饱水平经济补偿能力的粮食安全区	温饱水平供需差值<0	<25%
6	温饱水平粮食安全脆弱区	温饱水平供需差值<0	>25%

为了进一步分析粮食安全脆弱原因，本研究又对 2、4、5、6 四个不同类型的粮食安全脆弱区进行地方经济实力分组，2 级粮食次安全区全部低于人均地方财政收入 300 元的标准，4 级和 6 级区可分别划分为大于和低于此标准的两个亚类。5 类粮食安全脆弱区数量很少，仅有 3 个县（市）人均地方财政收入低于 300 元，16 个县（市）人均地方财政收入超过 2 000 元，其余 81 个县（市）人均地方财政收入在 400 元以上，主要为市辖区，地域分布较为分散，所以在最后的粮食安全等级分布图中不再进一步分类。

表 6-3　粮食安全等级的区域差异统计表

安全等级		1	2	3	4	5	6	全国
粮食安全保障的地方财政压力	小康标准	<0.25	>0.25	<0.25	>0.25	>0.25	>0.25	
	温饱标准	供>需，未对财政压力分组				<0.25	>0.25	
县（市）数量		259	677	75	493	100	696	2 300
小康水平供需差值/10^8kg		232.16	740.58	−114.84	−137.62	−173.59	−868.12	−321.42
小康水平粮食安全储备/10^8kg		41.37	132.91	21.76	90.27	29.81	136.21	452.32
2002—2004 年年均粮食总产量/10^8kg		691.82	2 217.31	126.92	865.28	157.68	645.37	4 704.38
人均粮食占有量/kg		602	601	210	345	190	171	374
粮食播种面积比例/%		0.655	0.709	0.568	0.656	0.584	0.626	0.657
粮食播种面积单产/（kg/hm^2）		5 887	5 166	5 610	4 436	5 003	4 075	4 768
人均地方财政收入/元		590	156	3 232	206	1 396	513	543
农业专门化指数		1.1	2.0	0.2	1.6	0.4	0.9	1.0
单位耕地化肥用量/（kg/hm^2）		508	455	685	514	604	461	489
有效灌溉面积比例/%		0.644	0.549	0.653	0.506	0.593	0.440	0.523
T4-10 或 P5-9 气候变化敏感地区数		37	35	14	53	11	61	211
6 个季节性气候因子的公共敏感地区数		13	11	1	30	4	29	88

表 6-4 粮食安全脆弱区的区域差异统计表

	2	4a	4b	5	6a	6b	全国
县（市）数量	677	400	93	100	413	283	2 300
小康水平供需差值/10^8kg	740.58	−112.95	−24.67	−173.59	−342.81	−525.30	−321.42
小康水平粮食安全储备/10^8kg	132.91	75.34	14.92	29.81	68.75	67.46	452.32
2002—2004年年均粮食总产量/10^8kg	2 217.31	724.17	141.10	157.68	421.12	224.25	4 704.38
人均粮食占有量/kg	601	346	340	190	221	120	374
粮食播种面积比例/%	0.709	0.663	0.623	0.584	0.662	0.573	0.657
粮食播种面积单产/（kg/hm^2）	5 166	4 335	4 869	5 003	3 780	4 515	4 768
人均地方财政收入/元	156	157	456	1396	155	877	543
农业专门化指数	2.0	1.9	1.2	0.4	1.7	0.6	1.0
单位耕地化肥用量/（kg/hm^2）	455	509	534	604	396	559	489
有效灌溉面积比例/%	0.549	0.495	0.556	0.593	0.397	0.509	0.523

根据上述方法，最后将全国 2 300 个数据有效县（市）的粮食安全状况划分为 6 个粮食安全等级，共 8 种粮食安全区域（图 6-1）。如果仅考虑粮食供需平衡，小康水平的粮食安全区为 1 级和 2 级区，占全国县（市）总数的 41%，温饱水平的粮食安全脆弱区 5 级和 6 级，占全国县（市）总数的 35%。如果同时考虑粮食安全储备因素和经济补偿能力，小康水平的粮食安全区为 1 级和 3 级，占全国县（市）总数的 14.5%，温饱水平的粮食安全脆弱区 6 级占全国县（市）总数的 30%。

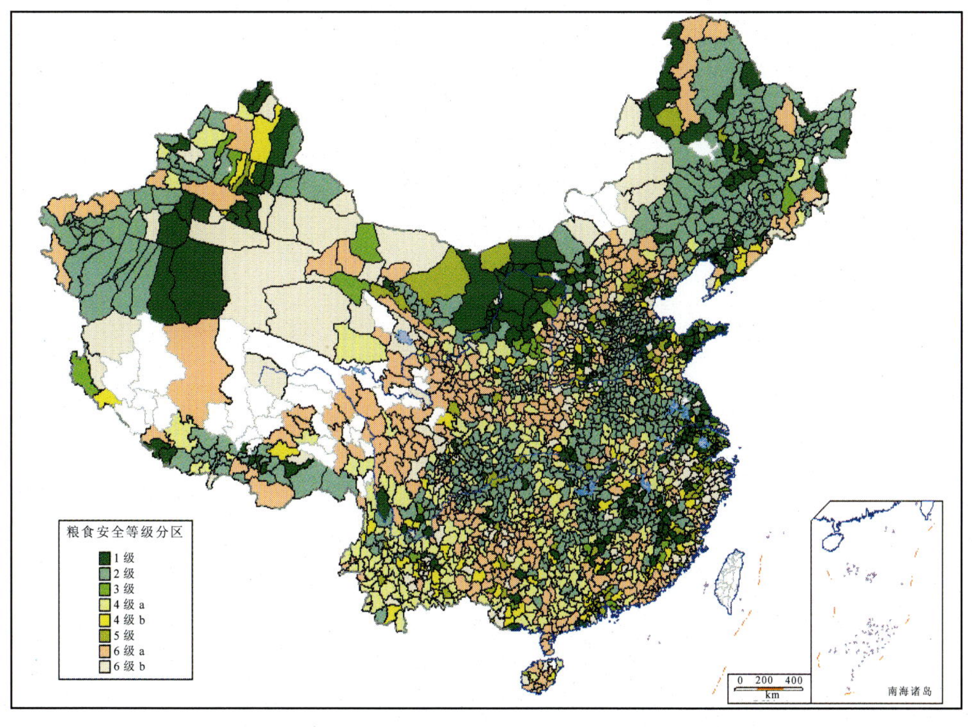

图 6-1 粮食安全等级的区域分布

6.2 粮食安全脆弱性的区域差异及政策含义

6.2.1 不同粮食安全等级地区的区域特征

6.2.1.1 粮食保障安全区

粮食安全等级 1 级区为粮食保障安全区，小康水平供需差值大于或等于 0，财政压力水平低于 0.25。这些地区人均地方财政收入一般不低于 300 元，绝大多数地区超过 500 元（图 6-2），属于经济富裕的余粮生产区，占全国县（市）总数的 11.7%。本类地区粮食生产条件较好，粮食生产能力较高，人均粮食占有量和粮食单产水平在八类地区中最高，有效灌溉面积比例列第二位，农业生产技术条件较好。单产稳定程度受气候变化影响的地区较多，是非气候变化敏感区比例最低的地区之一，约占 1/3，总体上对主要生长期的温度和降水的气候变化都敏感的地区比例列第三位，属于中等敏感程度地区（表 6-5），其中乌兰察布盟和呼伦贝尔盟地区对 6 个季节性气候因子都很敏感。

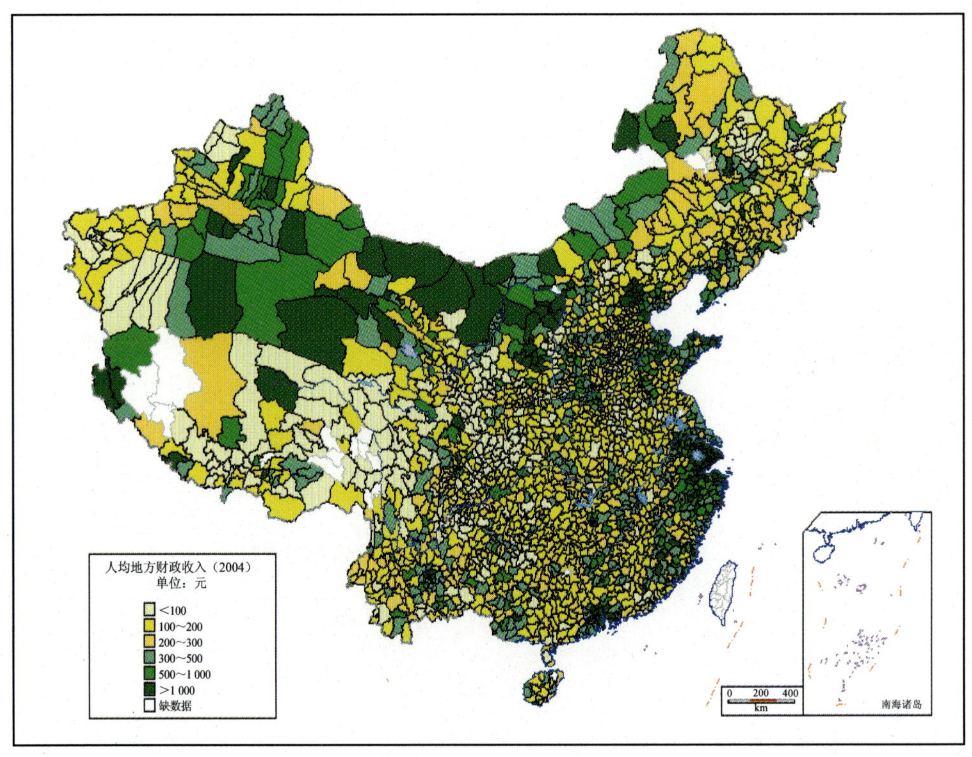

图 6-2　2004 年人均地方财政收入地区分布图

表 6-5 不同粮食安全区对气候变化敏感程度统计表

安全区	仅对 T4-10 气候变化敏感地区比例/%	仅对 P5-9 气候变化敏感地区比例/%	T4-10、P5-9 气候变化敏感地区比例/%	非气候变化敏感区/%	地区总数
1	20.0	5.5	41.8	32.7	55
2	22.4	5.2	32.8	39.7	58
3	12.5	20.8	25.0	41.7	24
4	11.5	6.4	50.0	32.1	78
5	9.5	9.5	33.3	47.6	21
6	11.1	10.0	46.7	32.2	90
总 计	14.7	8.3	41.7	35.3	326

本类地区成为粮食安全区的原因存在明显的区域差异。西部牧区，粮食安全 1 级区主要集中分布在鄂尔多斯、巴彦淖尔、乌兰察布、阿拉善盟东部以及宁夏灌区等地，此外分散分布在大兴安岭西部、新疆和田河流域、准噶尔盆地东部（吐鲁番—乌鲁木齐—昌吉—富蕴）等地，这些地区人口少，粮食安全储备费用很低（图 6-3）。东部地区，粮食安全 1 级区主要分布在东北平原中部（绥化—哈尔滨—松原）、山东半岛东部、山东境内的黄河沿岸、长江三角洲的外缘地区、赣江中下游地区和闽江流域。这些地区人口稠密，粮食安全储备量大，居全国前列，而发达的经济，很高的地方财政收入水平还能够承受巨大的粮食安全保障费用。

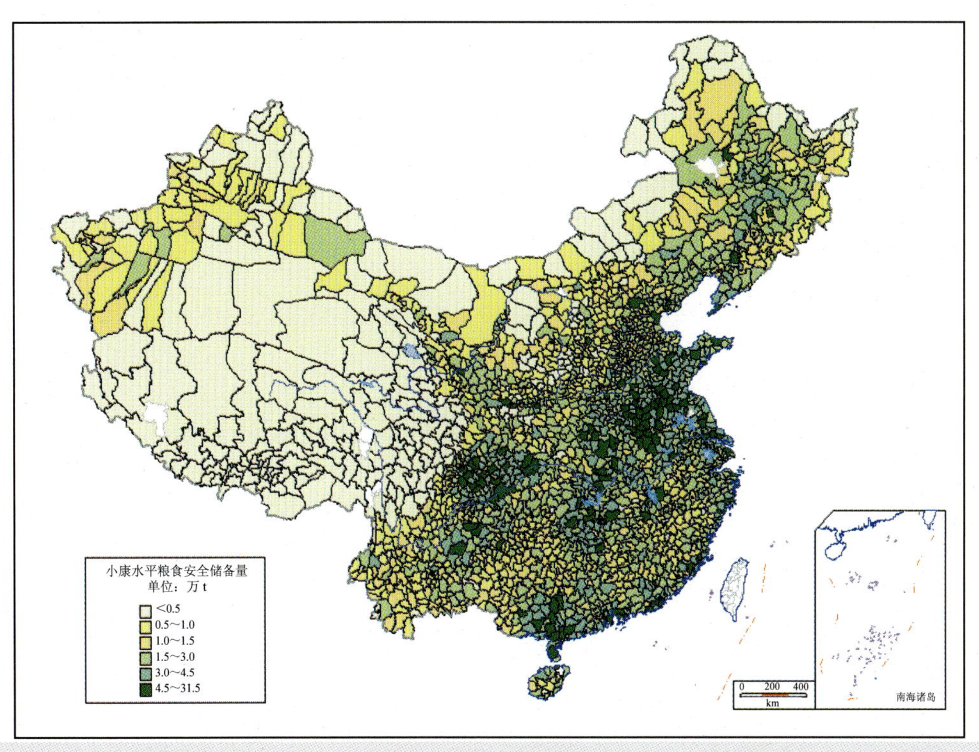

图 6-3 小康水平地方粮食安全储备量分布图（2002—2004 年平均）

6.2.1.2 粮食保障次安全区

粮食安全等级 2 级区为粮食保障次安全区，小康水平供需差值大于或等于 0，但是财政压力水平超过 0.25，属于贫穷的余粮生产区。如果不考虑粮食安全储备因素，该类地区也属于粮食安全区，主要分布在东北、华北、四川盆地、湖南、湖北、江西、关中地区、河西走廊、新疆西部以及雅鲁藏布江流域等地，占全国县（市）总数的 29.4%，其中 57%的地区是中国的主要余粮区。小康水平余粮总量、粮食生产总量均为 1 级粮食安全区的 3 倍以上，高居首位。除了西部干旱区外，绝大部分地区，人口稠密，粮食安全储备量很大，列八类粮食安全的第二位。但是由于人均地方财政收入水平很低，仅为 156 元，列八类粮食安全区末位，贫穷是导致这些地区缺乏支付粮食安全储备费用能力的主要原因之一，同时也影响到农业生产条件的改善，本类地区粮食种植比例最高达到 70%，但是农业技术投入水平一般。农业专门化指数高居各类粮食安全区之首，为全国平均水平的 2 倍，农业特别是粮食种植业是这类地区重要的财政收入来源。因此，提高这些地区的粮食安全等级，首先要大幅度增加粮食种植业的收益率，同时还需要国家加大财政补贴力度。如果这些地区增加地方财政收入以一般经济发达地区所采取的大量缩减粮食种植比例、耕地非农化开发等方式，将会影响到全国的粮食供需总量平衡，降低国家粮食安全总水平。

6.2.1.3 具有小康水平经济补偿能力的粮食安全区

粮食安全 3 级区小康水平粮食供需差值小于 0，财政压力水平低于 0.25，具备运用经济手段保障小康水平粮食安全的能力，人均地方财政收入高居首位，为 3 232 元，是全国平均水平的 6 倍，粮食播种比例在八类粮食安全区中列倒数第二位，为 56.8%，属于富裕的粮食短缺地区（结构性粮食短缺地区）。本类地区县（市）数量最少，占全国县（市）总数的 3.3%，其中有 48%的县（市）位于长江中下游地区；且高度集中分布在长江三角洲地区；山东沿海地区和延安地区分别有 8 个和 7 个县（市）属于此类，其余 24 个县（市）分布非常零散，比较著名的县（市）有深圳、东莞、大庆、克拉玛依、西昌、南宁、柳州、桂林、邯郸，北京的大兴、顺义、延庆也属此类。

本类地区农业专门化指数仅为 0.2，粮食种植比例最低，约为 57%，农业以及粮食种植业地位不重要，但是这里的农业生产条件非常优越，单产水平仅次于 1 级粮食安全区，农业技术投入水平高，单位耕地化肥施用量、有效灌溉面积比例居八类粮食安全区之首。约有 42%的地区单产对气候变化不敏感，列第二位。单产对降水变化敏感的地区明显高于对温度变化敏感的地区（表 6-5），较好的灌溉条件为农业生产提供了有力的保障。

延安地区明显地不同于本类其他地区。这里人均地方财政收入 1 388 元，但是粮食安全储备量（图 6-3）和小康水平粮食供需差值都很小（图 6-4），这是其能够成为具有小康水平经济补偿能力的粮食安全区的最主要原因。但是延安地区的农业生产条件很差，有效灌溉比例不足 10%，单位耕地化肥用量仅为 234kg，单产

3 384kg/hm²，这些指标都远远低于全国平均水平。单产对主要生长期的温度和降水的气候变化都很敏感。可见，延安地区属于 3 级粮食安全区中的粮食安全脆弱区，是潜在的粮食不安全区。

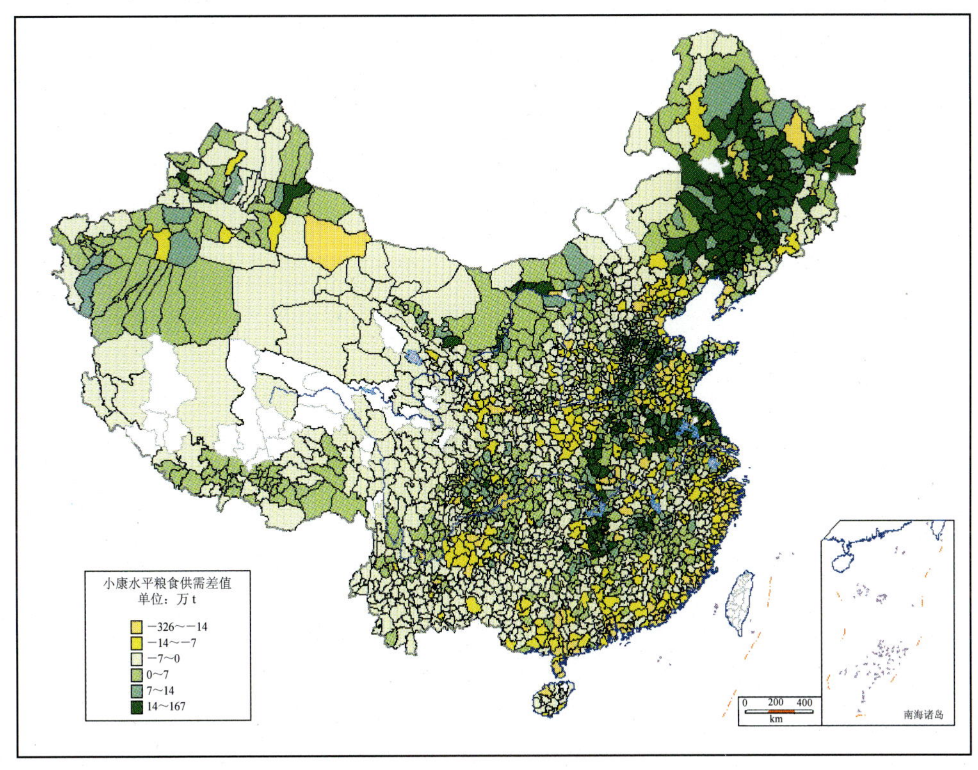

图 6-4 小康水平粮食供需差值分布图（2002—2004 年平均）

6.2.1.4 小康水平粮食安全脆弱区、温饱水平粮食安全区

粮食安全 4 级区小康水平粮食供需差值小于 0，财政压力水平超过 0.25，属于小康水平粮食安全脆弱区；温饱水平粮食供需差值大于或等于 0，财政压力水平小于 0.25，具备运用经济手段保障温饱水平粮食安全的能力。4 级地区占全国县（市）总数的 21.4%，其中有 81%的县（市）人均地方财政收入低于 300 元，地区经济对农业的依赖程度较高，农业专门化指数在八类地区中列第二位，仅次于 2 级地区。4 级地区中仅有少数地区人均地方财政收入超过 300 元标准，人均地方财政收入为 456 元，但仍然低于全国平均水平。总体上 4 级地区属于贫穷的低水平粮食安全区，不具备小康水平粮食短缺的经济补偿能力。4 级地区主要分布在南方广大地区，北方很少，相对集中在云南、贵州西部、鄂赣皖三省毗邻区、湖南南部以及两广毗邻区。这些地区中除了两广毗邻区以外，绝大部分地区人口压力相对较小，粮食安全储备量数量少，在一定程度上减小了粮食安全保障的财政压力。本类地区农业生产

条件和粮食生产水平均属于中等水平，但是粮食单产对主要生长期的温度和降水的气候变化都很敏感的地区比例最高，达到 50%，非气候变化敏感区的地区统计单元比例最低为 32.1%。对 6 个季节性气候因子均敏感的地区中，4 级地区分布比例最高占到 34%。但是在区域内部，单产对气候变化的敏感程度差异很明显，湖南南部、两广毗邻区以及云南西部主要为非气候变化敏感区，云南东部、贵州西部以及鄂赣皖三省毗邻区对主要生长期的温度和降水的气候变化都很敏感的地区比例很高，粮食安全保障受气候变化影响较大。这些地区粮食单产水平低于全国平均水平，属于资源型粮食短缺地区，因此，加大力度进一步提高农业生产的技术投入，改善农业生产条件，充分利用本地区有利的气候条件，努力增产粮食，缓解粮食安全保障的财政压力是保障本地区粮食安全的重要途径。

6.2.1.5 小康水平粮食安全脆弱区，具有温饱水平经济补偿能力的粮食安全区

粮食安全 5 级地区的温饱水平粮食供需差值小于 0，温饱水平粮食安全保障的财政压力水平小于 0.25，能够运用经济手段解决最基本的粮食安全问题，但是不具备小康水平经济补偿能力，属于富裕的粮食短缺地区（结构性粮食短缺地区）。本类地区数量不多，仅为 100 个县（市），主要集中分布在北京、浙江北部、珠江三角洲西部等地区，山东境内零散分布的县（市）较多，此外在阿拉善西部和河西走廊也有一定数量的县（市）分布。人均地方财政收入普遍较高，为全国平均水平的 2.6 倍。位于西部干旱区的 5 级地区，小康水平粮食安全储备量很少，余粮数量不多；位于东部地区的 5 级地区，小康水平粮食安全储备量和粮食短缺数量都比较多，均属于最高的两个等级。粮食单产水平一般，农业技术投入较高，粮食种植比例很低，在八类粮食安全区中列倒数第三位，为 58.4%。同时，本类地区也是六类地区中，单产对气候变化不敏感地区比例最高的地区，占到本地区数量的 47.6%。5 级地区能够成为低水平的粮食安全区，主要依靠较高的经济实力，农业专门化指数很低，为 0.4，经济收入来源主要依靠第二、三产业。进一步提高粮食安全保障水平，需要适当增强粮食生产能力。如果继续放松粮食生产，粮食安全问题将会成为制约本地区经济可持续、稳定发展的因素。重视粮食生产，制定合理的粮食生产警戒线是本类地区面临的重要问题。

6.2.1.6 温饱水平粮食安全脆弱区

粮食安全 6 级地区的温饱水平粮食供需差值小于 0，温饱水平粮食安全保障的财政压力水平超过 0.25，人均粮食占有量最低仅为 171kg，不具备温饱水平经济补偿能力，是中国粮食安全最脆弱的地区，所含县（市）数量最多，约占全国的 30%。

本类地区区域内部差异显著，根据人均财政收入水平可区分为 2 个亚类。6 级 a 占本类地区的 59%，人均地方财政收入低于 300 元，平均为 155 元，是中国最贫穷的地区。地区经济对农业的依赖程度较高，农业专门化指数在八类地区中列第三位。农业技术条件最差，单产水平最低，明显低于 6 级 b，属于资源型粮食短缺地区和贫穷的粮食安全脆弱区。本类地区主要集中在两大地区：①中国夏季季风区边

缘区的农牧交错带及秦岭地区；②长江以南、云贵高原东部及其以东地区，贵州、广西、广东、湖南、江西南部、福建南部、湖北东部等地区 6 级 a 的县（市）比例最高；此外在长白山区、山东中部丘陵山区也有较多的分布。以上地区除了少数地区外，多数地区属于丘陵山区生态脆弱带，因此不宜过分追求粮食生产能力的提高，国家应继续加大粮食实物性补贴以及扶贫政策力度，以保证这些地区的粮食安全和生态安全。

6 级 b 的人均地方财政收入明显高于 6 级 a，平均为 877 元，在八类粮食安全区中列第三位，高于粮食安全 1 级区近 370 元。农业专门化指数很低，为 0.6，在八类粮食安全区中列第三位，经济收入来源主要依靠第二、三产业。农业技术投入水平较高，粮食单产水平接近全国平均水平。粮食播种比例在八类粮食安全区中倒数第二位，为 57.3%，属于结构性粮食短缺地区和较富裕的粮食安全脆弱区。本类地区主要集中分布在 3 个地区：①东部沿海经济发达区，县（市）数量最多的地区在安徽南部、浙江、福建北部一带，京津唐地区也有一定数量的县（市）分布。这些地区小康水平粮食缺口和粮食安全储备量的数量都很大。过低的粮食生产能力和巨大的人口压力是导致本地区粮食安全水平很低的重要原因。从理论上讲，一旦遇到重大减产年，这些地区的粮食安全问题就会暴露出来，过分轻视粮食生产会对这些地区经济持续、稳定的发展构成威胁。因此，将保护粮食种植业、加强粮食生产能力提到地区工作日程上是保证这些地区粮食安全的首要问题；②东部地势第二级阶梯上零散分布，山西北部、河南西部相对集中，云贵高原地区分布非常零散；③西北非季风区，如新疆东部、锡林郭勒盟等牧区，如果考虑到居民膳食结构特征，本类地区应该不属于粮食安全脆弱区。

6 级地区受气候变化影响较大，非气候变化敏感区比例最低约为 32%，主要分布在广西、广东、湖南南部以及山东中西部。单产对主要生长期的温度和降水的气候变化都敏感的地区比例最高，占本地区总数的 46.7%。对 6 个季节性气候因子均敏感的地区在本类地区分布比例仅次于 4 级地区，约占 34%。这些地区小康水平粮食缺口数量很大，除了广西、广东南部以及东部沿海地区外，绝大部分地区粮食安全储备量较小，粮食生产能力和经济发展水平是制约本地区粮食安全保障的主要因素。

6.2.2 可接受产量减产风险水平的分析

假设粮食播种面积保持不变的前提下，产量波动幅度就是单产波动的大小，对粮食安全 1 级、3 级和 5 级等不同类型的粮食安全区的可接受单产减产水平以及减产风险分析，根据每类粮食安全区可接受单产减产水平 10%以下、10%～30%以及 30%以上，进一步划分出 3 个亚类。从图 6-5、表 6-6 和表 6-7 可以看出，上述 1、3、5 三个粮食安全等级地区中能够承受县域尺度周期波动减产 30%及其以上的县（市）（表中分别记为 11、31 和 51 亚类地区）数量较多，约占三大粮食安全等级地区县（市）总数的 47.9%，这些地区粮食安全等级虽然不同，但是其空间分布具有明显的共性，集中分布在内蒙古中部（鄂尔多斯、巴彦淖尔、乌兰察布、阿拉善盟东部）、宁夏灌区、大兴安岭西部、新疆和田河流域、准噶尔盆地东部（昌吉—富蕴）、东北平原中部（绥化—哈尔滨—松原）、山东境内的黄河沿岸、江苏南部、赣江中下游地区以及闽江流域等地区。长江三角洲和珠江三角洲地区主要为 31 类和 51 类地区。

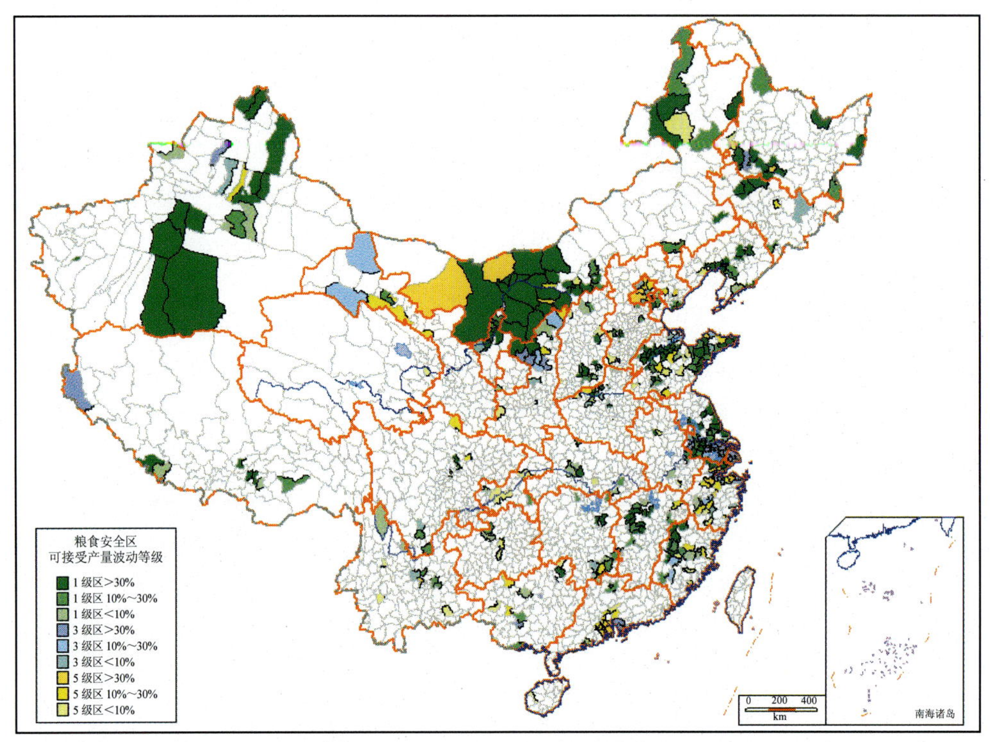

图 6-5 不同类型粮食安全区的可接受产量波动等级分布图

仅能够承受 10%周期波动减产幅度的地区数量最少（分别记为 13、33 和 53 亚类地区），约占三大粮食安全等级地区县（市）总数的 22.6%，这些地区除了镶嵌分布在上述所列地区外，分布非常分散。

从表 6-6 可以看出，总体上人均地方财政收入越高，单产水平越高，农业专门化指数越小的县（市）可接受的产量波动水平越高。以经济补偿能力保证粮食安全的 3 级和 5 级地区，可接受减产 30%以上的 31 和 51 亚类地区的粮食种植比例在同类地区中最小，而农业技术投入水平最高，农业技术条件对粮食安全保障能力的稳定性起到了积极作用。但是对于其他可接受产量波动等级的县（市），农业技术投入水平并不一定与可接受减产幅度大小成正比，与当地气候条件特别是气候变化情况相适应的粮食种植结构和作物品种结构可能也是影响可接受产量波动水平的一个因素。

表 6-6 不同粮食安全等级区的可接受产量波动水平

主要评价指标 \ 可接受单产波动	11	12	13	31	32	33	51	52	53	全国
人均粮食占有量/kg	729	466	413	145	223	340	99	239	256	374
县（市）数量	153	75	33	30	18	27	25	35	38	2 300
可接受产量波动水平/%	＞30	10～30	＜10	＞30	10～30	＜10	＞30	10～30	＜10	—
小康水平供需差值/10^8kg	204.96	25.34	1.85	−83.25	−22.43	−9.15	−71.01	−39.31	−41.57	−321.42
小康水平粮食安全储备/10^8kg	22.41	13.74	5.23	11.74	4.56	5.47	8.48	8.78	10.38	452.32
2002—2004 年年均粮食总产量/10^8kg	453.93	177.96	59.93	47.16	28.18	51.58	23.22	58.27	73.73	4 704.38
粮食播种面积比例/%	0.655	0.656	0.647	0.494	0.606	0.603	0.513	0.595	0.622	0.657
粮食播种面积单产/（kg/hm^2）	6 204	5 540	5 126	6 051	5 579	5 243	5 636	5 067	4 565	4 768
人均地方财政收入/元	679	520	396	4 771	2 084	884	2 279	1 076	652	543
农业专门化指数	1.1	1.0	1.3	0.1	0.3	0.8	0.3	0.5	0.7	1.0
单位耕地化肥用量/（kg/hm^2）	498	503	521	849	520	630	803	524	554	489
有效灌溉面积比例/%	0.675	0.636	0.510	0.656	0.648	0.653	0.742	0.594	0.490	0.523

表 6-7 单产减产概率分区统计表

减产量/%	11	12	13	31	32	33	51	52	53	总 计
周期波动减产 30	0.008	0.009	0.000	0.000	0.000	0.001	0.000	0.000	0.000	0.004
周期波动减产 20	0.042	0.041	0.000	0.005	0.026	0.008	0.000	0.002	0.004	0.023
周期波动减产 10	0.222	0.163	0.065	0.162	0.834	0.098	0.057	0.092	0.138	0.160
年际波动减产 30	0.022	0.040	0.000	0.004	0.051	0.045	0.070	0.006	0.001	0.027
年际波动减产 20	0.056	0.110	0.000	0.028	0.295	0.058	0.135	0.057	0.012	0.066
年际波动减产 10	0.280	0.344	0.028	0.157	1.000	0.150	0.459	0.332	0.223	0.271

以上述分县（市）数据汇总得到地区数据，计算可接受单产波动幅度，利用第三章得到的周期波动和年际波动（一阶差分）单产减产序列的概率密度函数分析地区范围的单产减产风险。1、3、5 级粮食安全区出现周期波动减产 20%以上为小概率事件（概率小于 10%）；除了 32 和 51 亚类粮食安全区外，其他亚类出现年际减

产 20%以上为小概率事件。因此，重点比较 1、3、5 级不同粮食安全区减产 10%的粮食安全保障风险。

能够承受 30%减产的 11、31 和 51 亚类粮食安全区，地区尺度周期波动减产 10%的概率分别为 22.2%、16.2%和 5.7%，说明 5 级粮食安全区应对周期性减产粮食安全保障风险最小；上述 3 个亚类地区年际减产 10%的概率分别为 28.0%、15.7%和 45.9%，说明 3 级粮食安全区应对年际减产粮食安全保障风险最小。其中 11、51 级粮食安全区年际波动，特别是 51 级粮食安全区明显高于周期波动出现概率，说明年际波动对 51 级粮食安全区的粮食安全保障影响最大。

能够承受地区尺度减产 10%的地区中，周期波动出现减产 10%的概率，13、33 和 53 亚类地区平均分别为 6.5%、9.8%、13.8%；年际波动出现 10%的概率，3 个地区分别为 2.8%、15%、22.3%。其中 33、53 亚类地区年际波动明显高于周期波动，而 13 亚类地区情况正相反。除了 53 类地区年际减产 10%概率较高外，这些地区减产 10%基本属于或接近极端概率事件。

综上所述，如果没有重大灾害事件发生，3 级粮食安全区的粮食安全保障能力比较稳定，多数地区具有抵御一般灾害不利影响的能力；5 级区粮食安全保障能力最不稳定，更易受年际波动影响，但 51 类总体数量较少；1 级区粮食安全保障能力应对年际尺度波动比较稳定，但在应对周期波动（超过 3 年以上）减产存在一定风险，但因 1 级区中有 59%的县（市）（11 亚类）能够承受减产 30%。因此，总体看，1、3、5 级粮食安全区应对气候波动的粮食安全保障风险较小。导致三类粮食安全区保障风险水平差异的主要因素是农业生产条件，因此，需要增大 1、5 级粮食生产的农业投入，稳定 3 级区的农业投入，才能进一步降低全国粮食安全保障应对气候波动变化的风险。

由于数据和时间所限未能具体计算县域尺度的粮食安全保障风险。

6.2.3 气候变化对粮食安全脆弱性的影响

气候变化不论对中国粮食安全的脆弱区还是安全区都有一定影响。从表 6-3 和表 6-5 可以看出，经济补偿能力低的 4 级和 6 级粮食安全脆弱区粮食单产对气候变化敏感的地区比例最高，约为 68%，无论是对主要生长期温度、降水因素还是 6 个季节性气候因子的都敏感的区域数量在对应的气候变化敏感区内所占的比例都很高，排在所有安全等级中的前两位。具有经济补偿能力的 3 级和 5 级粮食安全类型区情况正好与上述两类粮食安全脆弱区的情况相反。可见，气候变化对中国粮食安全脆弱性的影响是比较明显的。

值得注意的是，在小康水平的粮食安全 1 级和 2 级地区中，单产对主要生长期温度变化敏感的地区比例明显高于其他级别的粮食安全区，分别占到本级地区总数的 20%和 22.4%。如果从粮食生产能力空间格局变化（图 6-6）和气候变化敏感区的空间分布对应关系看（图 6-6），我国粮食总产量最多的东北地区，粮食主产区由平原中部气候变化非敏感区向两侧气候变化敏感区扩展。内蒙古中部、甘肃、宁夏、云南东部和贵州等地近 20 年来粮食总产量增加快，而且粮食总产量位于中等以上

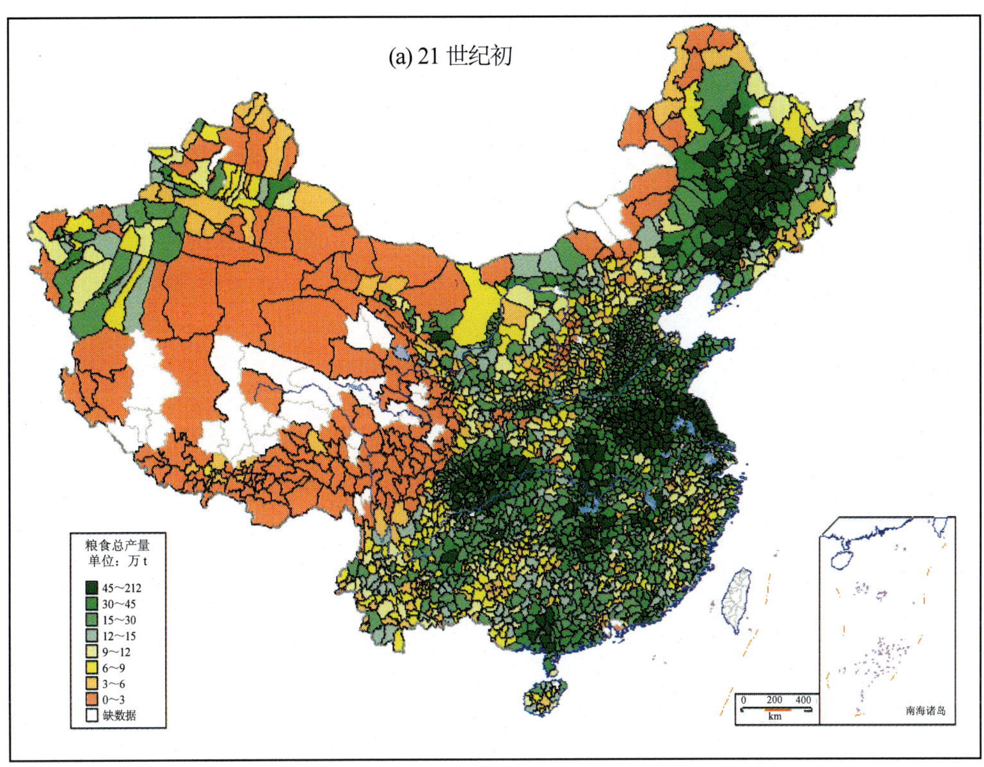

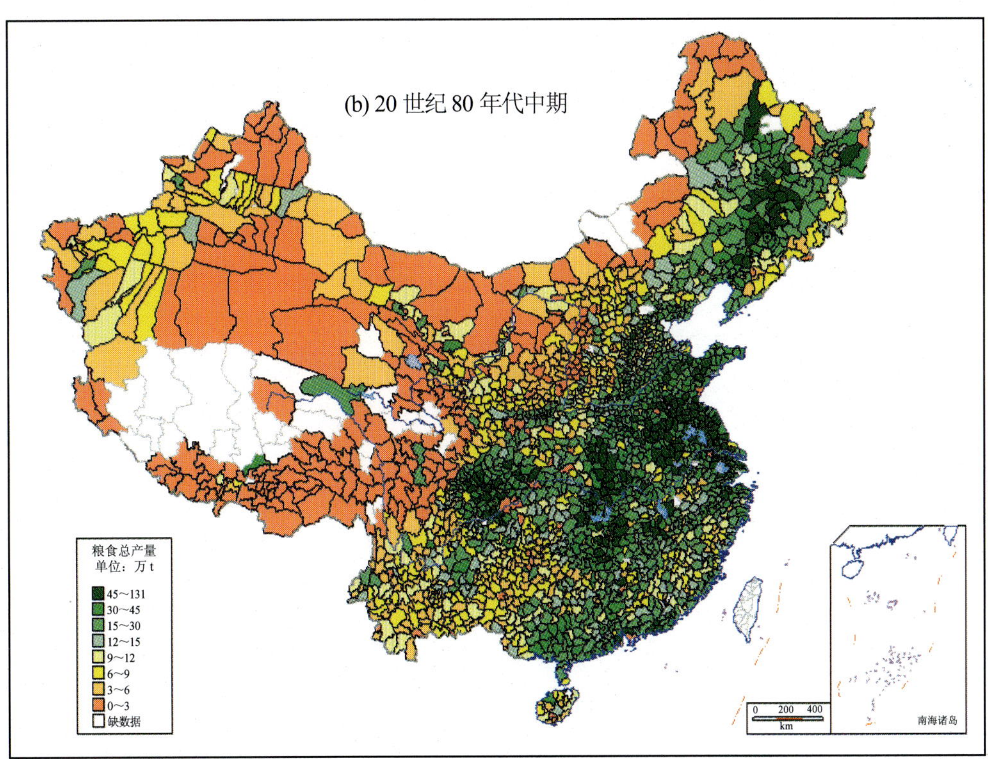

图 6-6 1985—2004 年中国粮食生产能力的空间格局变化

等级的县（市），除了巴彦淖尔、鄂尔多斯等地区外，基本都位于单产对气候变化主要生长期温度、降水因素都敏感的区域内，而且单产对 6 个季节性气候因子的公共敏感区域分布在这些地区中的数量很多。在华北，集中分布的 1 级粮食安全区（山东黄河沿岸、山东半岛东部和江苏南部）基本都是单产对气候变化的敏感区。由此可见，中国的主要粮食余粮区存在向气候变化敏感区移动的趋势，这种粮食生产空间格局的变化将加大粮食供需平衡的不稳定性。因此需要加大对这些地区的气候变化监测和变化规律研究，探讨适应气候变化以及抵御气候灾害影响的对策研究。

近 20 年来，中国绝大部分粮食主产区内温度上升趋势明显，不同地区单产对温度变化的响应，正、负相关的两种情况都普遍存在。因此，气候变暖对中国粮食安全的总体效应还存在着不确定性。对于单产对气候变暖响应呈负相关的地区，由于未来气候变化趋势存在着很大的不确定性，这些地区是否大面积采取改换作物种类和品种等适应气候变暖的措施，还需持谨慎的态度。中国目前的粮食生产能力空间格局变化和气候变化敏感区的空间分布对应关系加大了粮食供需平衡的不稳定性，气候变化对粮食供需平衡的影响不容忽视。

7 主要结论与研究展望

气候变化的脆弱性评价是气候变化适应研究的重要内容之一。在脆弱性评价领域中，本研究属于相对脆弱性评价，目的是为了进行不同地区的脆弱性对比，识别出粮食生产对气候变化的敏感区和粮食安全脆弱区，为进一步分析粮食安全的脆弱原因和适应对策研究奠定基础。

本研究的贡献主要体现在 3 个方面：①对众多相近研究领域中纷繁芜杂的研究成果进行梳理、对比研究，借鉴其他研究领域的研究方法，分析其在气候变化的影响以及脆弱性研究中的适用性，为相对脆弱性评价方法寻找更多的研究方法，如将经济预测、金融领域广泛应用的协整关系分析方法用于气候变化敏感区和波动来源的识别，取得了比常用的相关系数法、回归分析技术更好的辨识效果；②评价极端气候事件对中国粮食供需平衡的影响时，分析了极端气候事件对产量影响评价的特殊性，初步建立了极端气候事件对粮食产量影响的评价理论框架，并从区域尺度提出了估算全国粮食总产量的方法；③在相对脆弱性评价方面，粮食安全脆弱性评价没有采用常用的、难以评价阈值的多指标打分或者其他加权方法，而是充分考虑到粮食安全问题的核心与实质问题——粮食获取能力（生产能力和经济补偿能力），综合了粮食供需状况、粮食安全储备、地方经济实力等因素，将阈值评价直接构造于综合指数中，即评价粮食安全保障的财政压力的可接受水平。在脆弱性评价中，在阈值评价方法、构造意义明确的粮食安全综合评价指标方面进行了一些有益的尝试。

7.1 主要结论

本研究主要利用统计分析方法和综合指标评价进行气候变化背景下的中国粮食安全脆弱性评价，得到以下主要结论：

（1）21 世纪初中国粮食供需格局

与 20 世纪 80 年代中期、90 年代中期粮食供需状况对比，中国粮食生产重心进一步北移，同时出现“西扩”趋势，粮食供需的基本格局没有明显改变。中国粮食供需平衡以东西分异规律为主，其次是南北分异。地势第二级阶梯以东地区，主要余粮区分布最广，而且北方明显多于南方，常年缺粮区相对较少，南方多于北方。东北地区、华北平原、长江中下游以南地区是中国三大主要余粮区，小康水平余粮总量分别占主要余粮区的 45%、33%和 13%。地势第二级阶梯以西、400mm 等降水量线以东地区，以潜在缺粮区为主，主要余粮区非常少，供需格局南北差异不显著。400mm 等降水量线以西地区，常年缺粮区分布广泛，潜在缺粮区很少，主要产粮区分布在绿洲和河谷地区。长江中下游以南地区、农牧交错带和地势第二阶梯上的农耕区是中国三大常年缺粮区，温饱水平粮食缺口分别占常年缺粮区的 46%、17%和 16%。

（2）单产时间变化的区域分异规律

1985—2004 年，全国粮食单产普遍增加，平均增产 1.9%。新疆北部及西部、内蒙古中部及黄土高原区北部、东北北部地区以及黄淮海地区是中国粮食单产增加最明显的地区，年均增长率在 4%以上。全国 338 个地区的单产趋势以二次或三次曲线变化类型为主，仅有 9.4%的地区为直线，10.6%的地区属于无趋势类型。

中国单产时间变化过程的东西差异明显，东部变化复杂、类型多样，西部变化过程简单。北方地区单产变化过程复杂，南方地区单产变化类型较少，在地势第二级阶梯界限附近单产变化过程与两侧差异较大。全国大部分地区单产变化在 1994 年前后出现明显转折，大致可以分为 4 种情况：①近 20 年单产始终保持明显增加趋势，绝大部分地区分布在东经 110° 以西，小部分在辽宁、吉林东部和江南地区；②单产增长趋势在 1994 年以后平均值达到一个新高度后，增加趋缓，呈波动变化状态，主要分布在华北南部和南方地区，多数地区位于中国的气候过渡带上；③单产平均值在 1994 年以后达到最高后，增长趋势开始出现下降，主要分布在东北北部、河北北部和北京；④近 20 年单产趋势变化不明显，始终围绕平均值变化，部分地区于 1994 年之后出现波动幅度变大趋势，该类地区高度集中分布在辽宁、吉林与内蒙古交接地带以及山西大部分地区。

（3）中国三大余粮区和两大常年缺粮区的单产空间变化异同性特征

①大多数情况下，长江中下游以南的余粮区与北方两大余粮区单产呈反向变化，有些年份会出现与辽宁、吉林余粮区同步变化；②东北余粮区内部存在南北分异，经常会出现北部与南部单产不同步增减的情形，大致的分界限在松辽分水岭附近；③华北余粮区除少数情况，个别地区（河北中南部、黄河下游沿岸）外，大部分地区单产同步变化，在多数情况下与辽宁、吉林余粮区同步变化；④长江中下游以南和北方农牧交错带两大常年缺粮区单产出现同步变化的机会较多，但也存在反向变化；⑤由于目前中国主要余粮区北移至东北和华北地区，上述这些单产空间变化异同性对中国粮食供需平衡是有利的；⑥在大多数情况下，东北平原与云南的单产呈反向变化关系，少数年份云南的单产会与松辽分水岭以北或者以南地区同步变化，并且前者方差贡献高出后者 1 倍左右。这种空间异步性变化规律与我国 1985—2004 年 4—10 月月均温的空间变化区域差异有些吻合，或许意味着两类季风气候系统力量消长对我国粮食单产具有某种影响，值得进一步深入研究。

（4）粮食单产稳定性评价

近 20 年来中国广大北方地区，除了华北平原大部分地区、黄土高原农业区南部、辽宁和吉林的中东部等地区粮食产量稳定性主要取决于单产的波动程度以外，大多数地区粮食产量稳定性受单产和粮食播种面积波动共同影响。广大南方地区，单产波动系数明显低于粮食播种面积波动系数，特别是东南部沿海地区、长江中下游沿岸地区粮食总产量受粮食播种面积波动影响很大。东北区粮食单产减产 10%的风险约为 33.4%，华北平原略高于全国平均水平，比东北区低约 17 个百分点，长江中下游区低于全国平均水平。因此，稳定粮食播种面积对保证中国粮食生产稳定性具有十分普遍的重要意义，而保证北方全国主要余粮区单产的稳定性更是意义重大。特别是要在稳定东北区粮食生产的同时，确保中国粮食生产精华之地——华北平原区、长江中下游区的粮食生产地位不再进一步下滑。

特别值得注意的是，近 20 年来我国主要粮食余粮区存在向气候变化敏感区移动的趋势。东北地区粮食总产量最多的地区由平原中部气候变化非敏感区向两侧气候变化敏感区扩展。华北的 1 级粮食安全区（山东黄河沿岸、山东半岛东部和江苏南部）基本都是单产对气候变化的敏感区。近 20 年来粮食总产量和单产增加很快的内蒙古中部、甘肃、宁夏、云南东部和贵州等地区多数属于气候变化的公共敏感区。目前，中国的粮食生产能力空间格局变化和气候变化敏感区的空间分布对应关系加大了粮食供需平衡的不稳定性，气候变化对粮食供需平衡的影响不容忽视。

（5）近 20 年主要气候因子变化类型的区域差异

1985—2004 年，除了 1—2 月温度指标以外，近 20 年中国各主要温度指标的气候变化类型以趋势变化为主，趋势变化显著地区比例高于异方差类型的比例，方差变化以 1992—1997 年为最大，除了 4—5 月温度方差增大地区略高于方差减小地区之外，其他温度指标均以方差增大类型占绝对优势。各主要降水指标的情况正好与温度变化相反，降水变化以方差变化为主，除了 11 月降水外，其他温度指标均以方差增大类型占绝对优势。

全国 93%的地区 4—10 月气温普遍上升，有 52%的地区增温趋势达到 0.05 的显著水平。在东北地区中部及西南部、内蒙古西部及黄土高原中部、新疆北部及西南部有 3 个线性趋势增长中心，大部分地区增温趋势达到 0.01 的显著水平。增温显著地区明显集中在 3 条自然地理分界线上：①长江下游沿岸地区及东南部沿海狭长地区，增温趋势显著水平达到 0.001 的极显著水平；②青藏高原东北部边缘；③黑河—腾冲一线。绝大多数增温趋势很不显著（α大于 0.1 显著水平）的地区分布在黑河—腾冲一线以东、黄河以南地区。

全国 52%的地区 5—9 月降水减小，略高于降水增加地区，但都很少达到趋势变化 0.05 显著水平。大多数 5—9 月降水趋势减少的地区分布在东部季风区，而西部非季风区 5—9 月降水趋势增加的地区比例很高。降水减小的地区与降水增加地区呈纬向交错分布。降水减少趋势不显著的两大连续分布地区分别为：①广大东北地区、锡林郭勒高原、华北黄河以北地区、黄土高原东部及北部；②长江沿岸地区及四川盆地区。华南地区断续分布。降水增加趋势不显著的两大连续分布地区分别为：①河南—山东；②贵州东部—湖南—江西中南部。

方差变化显著地区数量最多的为 1—2 月冬季温度，绝大多数地区为方差增大中期最小的变化类型，且高度集中在大兴安岭南部—华北平原—湖北—湖南—江西西北部等地区。1—2 月冬季温度普遍升温，但仅有 10 个地区达到 0.05 显著水平。11 月降水趋势变化不显著，以方差减小类型占多数，主要分布在广西、广东、山东。全国有 63%的地区 11 月降水有上升趋势，西北和北方地区比例较高；广大南方地区，除了长江三角洲、浙江、湖南和江西两省北部以及广东等地区外，大部分地区降水略有减小。

（6）单产对气候变化的敏感性评价

1985—2004 年，中国气候变化区域差异明显，粮食单产对气候波动变化区域响应情况十分复杂。各气候指标气候变化对单产的正、负影响区域差异都很大，单产对降水变化的区域响应要比温度变化还要复杂得多，因此很难得出气候变化对全国单产正、负影响哪个更大的结论。近 20 年来，全国有 38%～45%的地区在 1994 年前后两个时间段内，单产和主要气候指标的波动项相关系数显著水平发生了明显变化。4—10 月增温显著地区与单产相关系数显著水平有明显变化的地区分布非常吻合。在单产与各气候指标具有长期互动关系（协整关系）的地区中，相关系数符号发生显著变化的地区比例为 24%～35%。

"中国单产线性趋势普遍增加显著，北方普遍高于全国平均值"的空间分异特征，其形成主要受 4—10 月主要生长期的温度趋势变化的影响，最大典型相关系数为 0.522（通过了α=0.01 的显著性检验），除了上一年 11 月份降水线性趋势指标之外，其余降水指标最大典型相关系数均未超过 0.4（通过了α=0.01 的显著性检验）。

气候的长期趋势变化和技术进步对单产趋势变化的贡献因地区不同而不同，近 20 年来单产趋势增加明显的地区中多数属于技术投入贡献大的地区，气候因素的趋势变化对单产增加也是有一定影响的，这样的地区主要分布在中国的一些重要的气候过渡带上。在气候对单产趋势增加作用为主导的地区中，4—10 月主要生长期温度指标影响最大。在季节性气候因子中，1—2 月温度波动指标相关系数最大，为 0.77，其次为夏季 6—8 月温度和 4—5 月春季温度，4—5 月春季降水波动指标的最大典型相关系数最小，为 0.629。

"中国单产波动程度南北差异显著，北方普遍单产波动明显"的空间分异特征，其形成主要受温度因素影响，各个温度指标最大典型相关系数均高于降水指标，但差异不大。单产波动对 4—10 月温度和 5—9 月降水两个主要生长期气候周期波动变化的公共敏感地区占有效统计区总数的 41.6%，主要集中分布在 4 个地区：①夏季风区与非季风区分界线和胡焕庸人口地理线之间的地区，该地带内大部分地区属于中国常年缺粮区比例占优势的地区；②江西、浙江、福建，本地区是中国余粮区和常年缺粮区并存、单产波动变化很小的地区；③吉林、辽宁东部；④河南、安徽一带。除了上述第二个地区外，其他 3 个地区的单产波动系数都很高，这一地区分布与相关气候因子的波动变化特征是一致的。

在季节性气候因子的公共敏感区内，单产对 7—8 月降水变化的响应关系最稳定，相关系数符号及其显著水平无变化的地区比例最高分别为 65%和 68%；单产对 4—5 月温度变化的响应关系最不稳定，相关系数符号及其显著水平有变化的地区比例最高分别为 56%和 52%，4—5 月温度变化对单产影响显著的地区近十年减少一半，而正相关地区基本没有变化；单产对 5—9 月降水后十年正相关地区数量没有变化，但相关系数显著地区明显增加高达 20%，在全国绝大多数地区明显增温的背景下，4—5 月温度变化对单产的限制作用明显减弱；在 5—9 月降水普遍减少的背景下，降水对单产的限制作用增加。

在季节性气候因子中，1—2 月温度波动指标与单产相关系数最大，为 0.77，其次为夏季 6—8 月温度和 4—5 月春季温度，4—5 月春季降水波动指标的最大典型相关系数最小，为 0.629。冬季气候变暖对中国粮食单产波动影响也是比较突出的，黄河及其以北的冬麦区以正影响为主，对南方的冬玉米、华南三季稻等的影响以负影响居多。夏季温度升高对中国粮食单产波动具有正向影响作用的地区主要分布在华北、长江沿岸以及东北东部，季风与非季风区过渡带附近以及新疆以负影响为主。

近 20 年气候波动变化对减产年单产的影响比较复杂，总体上降水波动指标明显比温度指标影响范围大，4—10 月降水指标比同期温度指标影响地区数多 36%，5—9 月降水指标比同期温度指标影响地区数多 26%。增产年单产受温度、降水因素的影响基本相当。近 20 年，春旱夏涝、夏季温度过高导致减产的地区比例最多。

（7）极端气候事件对中国粮食供需平衡的影响

在气候暖期、现有技术和种植结构条件下，利用相似灾年情景分析法评估极端气候事件对中国粮食供需平衡的影响。假设现有粮食播种面积不变时，利用随机波动序列建立的单产—气候变化响应方程和单产年际变化空间型估算典型灾年的粮食减产情况。当东北区普遍因灾减产时，长江沿岸地带、广东、云贵高原等主要粮食消费区普遍增产，北方除了河北中南部、河南北部、关中盆地等粮食主产区增产外，绝大部地区与东北同时减产（单产年际波动第三空间型）时，以新中国成立以来低温冷害强度（距平值）最大的 1957 年的低温幅度为输入变量（5—9 月温度和），东北地区大部分地区因低温冷害平均单产减产 17.3%，全国粮食减产量约为 2004 年粮食总产量的 2.5%，占 2004 年中国粮食进口总量的 40%。如果东北地区北半部发生严重低温冷害而减产，南半部略有增产，华北和长江以南大部分地区与东北同时减产，西部半干旱、干旱区普遍增产（单产年际波动第二空间型）时，以 1983 年发生在东北北部较严重低温冷害年的低温幅度计算，可能会造成东北区北部平均单产减产 25.1%，辽宁、吉林两省普遍增产 15.5%，最后整个东北区粮食总产量略有增加，约为 2004 年粮食总产量的 0.3%，全国粮食减产量约为 2004 年粮食总产量的 1.5%，占 2004 年中国粮食进口总量的 24.2%。

以第二个单产空间型和 1972 年百年不遇大旱估算华北地区干旱的影响（6—8 月降水距平百分率），可能会造成华北区平均单产减产 2.8%，全国粮食减产量约为 2004 年粮食总产量的 0.6%，占 2004 年中国粮食进口总量的 8.9%。在第三个单产空间型下，华北区局部地区（山东、河南部分地区、安徽和江苏北部等地区）平均单产减产 4.8%，全国粮食减产量约为 2004 年粮食总产量的 1.0%，占 2004 年中国粮食进口总量的 15.3%。

以同样方法估算中国最主要的粮食安全脆弱区——北方农牧交错带出现 1972 年强度旱灾，平均单产减产 15.6%，在第二个单产空间型下，全国粮食减产量约为 2004 年粮食总产量的 0.6%，占 2004 年中国粮食进口总量的 9.4%；在第三个单产空间型下，全国粮食减产量约为 2004 年粮食总产量的 2.8%，占 2004 年中国粮食进口总量的 43.6%。

利用单产减产年时间序列的概率密度函数进行减产风险分析，东北区平均单产年际波动减产 17.3%和 25.1%的概率分别不超过 11.2%和 6.6%；华北地区出现年际波动减产 4.8%和 2.8%的概率出现频率很高，但不超过 71.1%；内蒙古及长城沿线和黄土高原区出现年际波动减产 15.6%的概率分别约为 21.2%和 15.9%。

（8）粮食安全脆弱区的区域差异

从粮食安全保障的恢复（适应）能力（或粮食获取能力）的角度，综合考虑粮食供需平衡、粮食安全储备、经济补偿能力等粮食安全评价内容，构造综合评价指标——粮食安全保障的财政压力水平，以粮食安全保障费用不超过地方财政收入水平的 25%作为可接受水平，共识别出 6 个不同类型的粮食安全脆弱区。在 1 级粮食安全区和具有经济补偿能力的小康水平（3 级）和温饱水平（5 级）粮食安全区中，如果没有重大灾害事件发生和现有粮食播种面积不变的前提下，地区尺度的粮食安全保障能力比较稳定，多数地区具有抵御一般灾害不利影响的能力，前两个等级占全国县（市）总数的 14.5%。主要余粮区中有 72%县（市）的因地方财政收入过低，人口较稠密而不能承受巨大的粮食安全储备费用，成为粮食保障次安全区（2 级区）。中国粮食安全最脆弱的地区（6 级区）占全国县（市）总数的 30%，主要包括两类地区：①夏季季风区边缘地带的农牧交错带及秦岭地区，以及南方贫困的丘陵地区属于“资源型粮食短缺地区”；②广西、广东南部以及东部沿海地区等富裕地区属于“结构性粮食短缺地区”。

气候变化不论对中国粮食安全的脆弱区还是安全区都有一定影响。在 4 级和 6 级两个粮食安全脆弱区内，粮食单产对主要气候因子变化敏感的地区比例最高，约为 68%；在粮食安全等级最高的两个安全区（1 级区和 2 级区）内单产对主要生长期温度变化敏感的地区比例明显高于其他级别的粮食安全区，分别占到本级地区总数的 20%和 22.4%。

7.2 研究展望

（1）定量描述单产对气候变化的敏感性历来都是气候变化影响评估和脆弱性评价中的难点，至今还没有比较公认的合理评价方法。本研究在努力探讨这一理论难题过程中，对此问题的难度有了进一步的了解，也产生了一些不成熟的想法与其他学者共同探讨。

第一，理论上成熟的定义与实践操作中的矛盾。生态学中，敏感性包括两个方面，一是生态系统受到干扰后结构或功能改变的大小（Pimm S L，1984；Nakajima，et al.，1989）；二是生态系统受到干扰后保持原有状态的时间（Margalef，1975；Luo S M，et al.，1996）。前者可以通过生态系统输出变化与生态系统输入变化的对比关系来计算。敏感性高的生态系统表现为小的干扰会引起生态系统功能和结构较大的变化（Rober V，2001）。对于粮食产量形成系统而言，对外来干扰的响应主要表现为第一方面的特征，即单产的增减，或者粮食种植结构、品种的变化。由此可以认为，敏感度的计算实际上是比较输出变化和输入变化快慢程度的差异，其数学含义就是输入变量和输出变量建立的变化响应线性方程中输入变量的一阶导数。但是由于受人类粮食种植行为对气候变化的适应调整能力以及简单相关系数本身问题等多方面因素影响，主要气候因子和单产之间的相关性稳定性较差，这样会导致直接建立的单产与气候因子的变化响应线性方程很不理想，模型的判决系数很小。相关系数稳定性原则是回归分析中重要的前提条件（朱盛明，1982）。而在本研究中，单产对主要气候因子普遍存在相关系数不稳定的现象，这也正是人类适应气候变化一种重要表现，因此，还不能够轻易采取剔除这种干扰的技术。此外，目前还缺乏有效的算法，还很难有效区分气候、技术以及其他社会经济因素的影响，或者详尽列出所有技术以及其他社会经济因素，特别是一些经济、社会、技术因素也不一定能够得到相关的统计数据用于研究分析。再加上处理多变量影响回归分析技术的局限等诸多问题，目前还很难用建立回归方程的方法定量刻画系统对某个输入变量的敏感度。

第二，从实用的角度是否有必要明确区分气候、技术以及其他社会经济因素对单产的影响。如果能够有效分离气候与社会经济因素对单产的影响，那么单产对气候变化的敏感度的度量其实并不难，对于一个干扰来源单纯的时间序列，其波动变化的综合指标至少可以用变异系数、波动系数和平均敏感度等常用数学指标来刻画。但事实上这种情况并不多见，最常用的产量分解法区分技术和气候产量的方法也是建立在气候要素与趋势产量相关不显著的前提假设之下的（王馥棠，1991）。一些研究事实也说明在单产的长期趋势变化中也存在着气候趋势变化的贡献，如方修琦等（2004）以及本研究的一些结果。既然长期以来还很难找到普遍适用的或者适合大尺度、宏观评价的区分气候、技术以及其他社会经济因素的方法，我们为什么不换个思维角度来认识这个问题？有效区分气候、技术以及其他社会经济因素固然是个重要的科学问题，但是对于以应用为目的，为决策者提供适应决策的技术支持的脆弱性评价而言，未必就需要严格作这样的区分。对于决策者来说把握事态的基本发展方向，了解脆弱性所在并采取适当的预防措施，就能够在很大程度上起到降低脆弱性，提高适应能力的作用；对于科学研究者即使能够准确预测事件的发展方向，但也很难精确预测事件发展的各种细节。因此，对于脆弱性评价，最重要的就是帮助人们认识到，威胁可能来自哪里，人们是否有能力应对这种威胁？脆弱的地区或人群在哪里，为什么脆弱？如何拓宽适应域，做好适应能力建设等问题。本研究利用近些年经济领域中广泛使用的时间序列协整检验的分析技术在分析单产对气候变化的敏感性、识别单产变化的原因和气候变化敏感区等方面作了一些尝试，是否合适、是否还有更好的数学方法，还希望与其他研究者共同探讨。

（2）获取有关脆弱性和灾害影响数据的种种限制是阻碍脆弱性评估最大的障碍（Pelling，2004）脆弱性评价不可避免地涉及大量的社会经济统计数据，但是由于社会经济统计数据很不规范，不像自然科学那样具有统一的统计计量标准和数据格式，在很大程度上给社会经济数据同化处理造成很大困难，不仅带来许多不必要的误差，而且还影响同类研究结果的对比和研究的延续。同时由于脆弱性评价是一个出现较晚的研究领域，许多必要数据并不在现行的统计制度内，因而难以达到预期研究目的。因此，建立相应的脆弱性研究数据统计制度，实现现有统计数据资源共享等是当前开展脆弱性评价研究工作的当务之急。

（3）在单产对气候变化的敏感区内深入研究相关系数不稳定的原因、区域粮食安全的脆弱原因，并从社会学、环境心理学和行为经济学角度探索人类适应气候以及社会经济条件变化的过程与机理。脆弱性评价最根本目的是为了提高人们应对各种可预见或不可预见的变化或干扰的适应能力。在人类发展的历史长河中，人类总是在面对各种各样的环境变化中不断适应、谋求发展的，人的主观能动性决定了人类不是被动地接受各种变化的结果，而是随着适应能力的提高，不断完善自身，并且也越来越多地影响着周围的环境。因此，脆弱性及其多个阈值的大小受人的价值观和社会背景的影响，度量脆弱性不可避免地需要外部的价值判断和对可接受风险的解释。而且客观感觉到的脆弱性和风险与客观存在的也有很多的矛盾，很多情况是事实并不像它本来应该那样的（Adger，2006）。只有从社会学、环境心理学和行为经济学角度探索人类适应气候以及社会经济条件变化的过程与机理才是脆弱性评价的核心所在和未来研究的重要方向。特别是当本书的写作越接近尾声时，这种感受也就越强烈。但是由于博士研究生期间时间仓促，以及科研团队分工要求，本研究的脆弱性评价还没能够涉及此方面的内容，虽有很多遗憾，但只有将此研究方向作为今后工作研究的重点了。同时也企盼更多的有识之士加入其中，共同探讨这个理论与实践价值都很重大的研究课题。

参考文献

[1] Jelle G. van Minnen，Janina Onigkeit，Joseph Alcamo. Critical climate change as an approach to assess climate change impacts in Europe：development and application [J]. Environmental Science &Policy，2002（5）：335-347.

[2] Smit B，Wandel J. Adaptation，adaptive capacity and vulnerability[J]. Global Environmental Change，2006（16）：282-292.

[3] Brown L R，Hilweil B. China's water shortage could shake world food security[J]. World Watch，1998，7（8）：10-18.

[4] Brown L R. Who Will Feed China？ Wake up Call for a Small Planet [M]. New York：W. W. Norton & Company. 1995.

[5] Burton I，Feenstra J F，Smith J B，et al . Handbook on Methods for Climate Change Impact Assessment and Adaptation Strategies. United Nations Environment Programme and the Institute for Environmental studies [M] . Free University of Amstedam，Netherlands. 1998.

[6] Vogel C. Foreword：Resilience，vulnerability and adaptation：A cross-cutting theme of the International Human Dimensions Programme on Global Environmental Change[J]. Global Environmental Change，2006（16）：235-236.

[7] Cardona O D. Indicators for Risk Management：methodological fundamentals，Information and Indicators Program for Disaster Risk Management. IADB/ECLAC/IDEA. 2003.

[8] Christian Romer Lovendal，et al. ESA Working Paper No. 04-18：Understanding Vulnerability to Food insecurity Lessons from Vulnerable Livelihood Profiling[C/OL]. 2004. http：//www. fao. org//docrep/007/ae2203/ae220e00. html.

[9] Crosson P. Greenhouse warming and climate change：why should we care [J]. Food Policy. 1989：107-118.

[10] Cutter S L. Vulnerability to environmental hazards[J]. Progress in Human Geography，1996（20）：529-539.

[11] Cutter S L，Boruff B J，Shirley W L. Social vulnerability to environmental hazards[J]. Social Science Quarterly，2003（84）：242-261.

[12] Dessai S，Adger W N，Hulme M，et al. Working Paper 28：Defining and Experiencing Dangerous Climate Change[C]. Tyndall Centre for Climate Change Research，University of East Anglia，Norwich. 2003.

[13] Dow K. Exploring differences in our common future（s）：the meaning of vulnerability to global environmental change[J]. Geoforum，1992（23）：417-436.

[14] Erik Banks（Eds. ）天气风险管理——市场、产品和应用[M]. 北京：经济管理出版社，2004.

[15] Sumiter S Broca. ESA Working Paper No. 02-15：Food Insecurity，Poverty and Agriculture：A Concept Paper[C/OL]. Rome. 2002. http：// www. fao. org/es/esa.

[16] ESA，ESA Working Paper 04-10：Food insecurity and vulnerability in Nepal：Profiles of seven vulnerable groups[C/OL]. Rome. 2004a. http：// www. fao. org/es/esa.

[17] Christian Romer Løvendal，et al. . ESA Working Paper No. 05-07：Tomorrow' s Hunger：A framework for Analyzing Vulnerability to Food Insecurity[C/OL]. 2005. http：// www. fao. org/es/esa.

[18] ESA Working Paper No. 04-18：Christian Romer Løvendal，et al. Understanding Vulnerability to Food insecurity Lessons from Vulnerable Livelihood Profiling[C/OL]. Rome. 2004b. http://www. fao. org//docrep/007/ae2203/ae220e00. htm.

[19] Fang Xiuqi，Yin Peihong，Wuwenxiang et al. The food security in China [R]. // LiuYanhua，Lu Dadao et al. Ed. CNC-IHDP National Report No. 1：Research on Human Dimensions of Global Environmental Change in China. 2005：141-146.

[20] FAO. Rome declaration on world food security and world food summit plan of action[EB/OL]. FAO，Rome. 1996a.

[21] FAO. Food，agriculture and food security：developments since the world food conference and prospects[C/OL]. //World Food Summit Technical Background Document s 1-5，Technical Background Document No . 1. Rome. 1996b .

[22] FAO. Guidelines for crop and food supply assessment missions. 1996c.

[23] Fakhri Bazzaz. Global climate change and agricultural production：Direct and indirect effects of changing hydrological，pedological and plant physiological processes [R]. FAO. Italy. 1996d.

[24] FAO. Global Information and Early Warning System on Food and Agriculture（GIEWS）[C/OL]. 2000a. http：/ / www. fao . org/ giews/ english/ giews. htm.

[25] FAO. The State of Food Insecurity in the World（SOFI 2000）[R/OL]. FAO press. Rome. Italy. 2000b. http：//www. fao. org/documents/advanced_s_result. asp.

[26] FAO. Impact of Climate Change on Food Security and Implication for Sustainable Food Production，29th session of committee on world food security[C/OL]. 2003. Rome. http：//www. fao. org/DOCREP/MEETING/006/Y9151E. HTM#P33_5689.

[27] FIVIMS. IAWG Guidelines Series No. 1：Guidelines for national FIVIMS：Background and principles [R/OL]. FAO，Rome . 2000.

[28] Fort Lesley，McNair J. World grain economy and climate change to the year 2000：Implication for policy：Report on the final phase of a climate impact assessment[R]. Research directorate of the National Defense University. Washington DC. 1983.

[29] Guy Pe'er，Uriel N. Safriel. Climate Change Israel National Report under the United Nations Framework Convention on Climate Change Impact，Vulnerability and Adaptation[R/OL]. 2000. http：//www. bgu. ac. il/BIDR/rio/Global91-editedfinal. html.

[30] Hamilton W，Cook J T，Thompson W，et al. Household Food Security in the United States in

1995，Office of Analysis and Evaluation，Food and Consumer Service[M]. United States Department of Agriculture，Washington，DC. 1997.

[31] Huq S，Karim Z，Mahtab F. Vulnerability and adaptation to climate change for Bangladesh[M]. Kluwer Academic Publishers. 1999.

[32] Gregory P J，et al.（Eds. ）. Global Environmental Change and Food Provision：A New Role for Science[R/ OL]. ICSU. 2002. http：//www. fao. org.

[33] Watson R T，Zinyowera M C，Moss R H（Eds）. Climate Change1995：Impacts，Adaptations and Mitigation of Climate Change：Scientific-Technical Analyses，the Second Assessment Report of IPCC[R]. IPCC，UK，Cambridge University Press：20-100. 1995.

[34] Watson R T，Zinyowera M C，Moss R H（Eds.）. The Regional Impacts of Climate Change An Assessment of Vulnerability[R]. IPCC. UK，Cambridge University Press. 1997.

[35] IPCC WGI. The Third Assessment Report：Summary for Policymakers [R/OL]. 2001a. http：//www. rivm. nl/env/int/ipcc.

[36] James J et al.（Eds.）Climate Change 2001：Impact，Adaptation and Vulnerability，Contribution of Working Group Ⅱ to the Third Assessment Report of the International Panel on Climate Change[R/OL]. IPCC. UK，Cambridge University Press. 2001b.

[37] IPCC. Technical Summary：CLIMATE CHANGE 2001：Impacts，Adaptation，and Vulnerability [R/OL]. 2001c. http：//www. ipcc. ch/pub/wg3TARtechsum. pdf.

[38] IPCC. The fourth Assessment Report：Climate Change 2007：Climate Change Impacts，Adaptation and Vulnerability（Summary for policymakers of the report）[R/OL]. 2007. http：//www. ipcc. ch/SPM6AVE07. pdf.

[39] Birkmannn J（Eds.）. Measuring Vulnerability to Hazards of National Origin[M]. UNU Press. 2006.

[40] Jerry M Melillo，et al. US National Assessment of the Potential Consequences of Climate Variability and Change. A detailed overview of the consequences of climate change and mechanisms for adaptation. By the National Assessment Synthesis Team，US Global Change Research Program[EB/OL]. 2000.

[41] Kelly P M，Adger W N. Theory and practice in assessing vulnerability to climate change and facilitating adaptation[J]. Climatic Change，2000（47）：325-352.

[42] Acosta-Michlik L，Mark Rounsevell. From Generic Indices to Adaptive Aagents：Shift Foci in Assessing Vulnerability to the Combined Impacts of Chimate Change and Globalization[J]. IHDP Newsletter，2005（1）：14-16.

[43] Lars Otto Næss，et al. Data and processes linking vulnerability assessment to adaptation decision-making on climate change in Norway[J]. Global Environmental Change，2006（16）：221-233.

[44] Luo S M，Peng S L. The analysis of agricultural ecosystem[M]. Guangzhou：Guangdong Science Publication. 1996.

[45] Margalef R. Diversity，stability and mutuality in natural ecosystems. //Dohhen W H，Low

Mcconnell R H，（Eds.）. Unifying Concepts in Ecology[M]. Wageningen，center for agricultural publishing and documentation. 1975：151-160.

[46] Mark J. Mwandosya，Buruhani S. Nyenzi，Mathew L. Luhanga. The assessment of vulnerability and adaptation to climate change impacts in Tanzania[R/OL]. CEEST（The Center for Energy，Environment Science and Technology）. 1998.

[47] Mark Pelling. Visions of Risk：A Review of International Indicators of Disaster Risk and its Management. A report for the ISDR Inter-Agency Task force on Disaster Reducation- Working Group 3：Risk，Vulnerability and Disaster Impact Assessment[R/OL]. UNDP. King's College，University of London. 2004. http：//www. undp. org/bcpr/disred /documents/publications/html.

[48] Nakajima H，De Angelis D L. Resilience and local stability in a nutrient-limited resource-consume model[J]. Bull. Math. Biol，1989（51）：501-510.

[49] O'Brien K，EriksonS，Schjolden A，et al. CICERO Working Paper：What's in a word? Conflicting interpretations of vulnerability in climate change research[M]. Oslo，Norway. 2004：04.

[50] Parry M L. Climate Change and World Agriculture[M]. Earthscan，London. 1990.

[51] Parry M L，Arnell N，McMichael T，et al. Millions at risk：defining critical climate change threats and targets[J]. Global Environmental Change，2001（11）：181-183.

[52] Patt A，Dessai S. Communicating uncertainty：lessons learned and suggestions for climate change assessment[J]. Comptes Rendus Geoscience，2005，337（4）：425-441.

[53] Pelling M. The Vulnerability of Cities：Natural Disasters and Social Resilience[M]. Earthscan，London. 2003.

[54] Pimm S L. The complexity and stability of ecosystems[J]. Nature，1984（307）：321-326.

[55] Watson R T，Zinyowera M C，Moss R H，et al.（Eds.）. The Regional Impacts of Climate Change An Assessment of Vulnerability[R]. UK，Cambridge University Press，1997：1-18.

[56] Rober V. Neill. Is it to bury the ecosystem concept（with full military honors，of course!）[J]. Ecology，2001，82（12）：3275-3284.

[57] Rose D，Oliveira V. Economic Research Service Technical Bulletin No. 1863：Validation of a Self - Reported Measure of Household Food Insecurity with Nutrient Intake Data[DB]. 1997.

[58] Broca S. ESA Working Paper No. 02-15：Food Insecurity，Poverty and Agriculture：A Concept Paper[C/OL]. FAO. 2002. http：// www. fao. org/es/esa.

[59] Schröter D，Polsky C，Patt A G. Assessing vulnerabilities to the effects of global change：An eight step approach [J]. Mitigation and Adaptation Strategies for Global Change，2005，10（4）：573-595.

[60] Sen A K. Poverty and Famines：An Essay on Entitlement and Deprivation[M]. Clarendon，Oxford. 1981.

[61] Sen A K. Resources，Values and Development[M]. Blackwell，Oxford. 1984.

[62] Smit B. Adaptation to Climatic Variability and Change [M]. Guelph. Environment Canada，1993：3-17.

[63] Smith J B, Ragland B S, E Pitts G J. A process for evaluating anticipatory adaptation measures for climate change[J] . Water，Air and Soil Pollution，1996（92）：229-238.

[64] Smith L C. FCND Discussion Paper，No. 44："Can FAO's Measure of Chronic Under nourishment Be Strengthened？" [C/OL]. IFPRI，Washington D. C.，1998.

[65] Smith L，ObeidA，Jensen H. The geography and causes of food insecurity in developing countries[J]. Agricultural Economics，2000（22）：199-215.

[66] Stone Bruce，Scott Rozelle. Food crop Production Variability in China 1931-1985[R]. Research Notes and African Studies，University of London. 1992.

[67] Stone B，Tong Z. "Change Patterns of Chinese Cereal Production Variability during the People Republic Period" //：李岳华，蒋乃华，郭忠兴. 2001. 中国粮食波动论[M]. 北京：中国农业出版社，1985：20.

[68] Svedberg P. Poverty and under nutrition：Theory，Measurement，and Policy[M]. Oxford，Oxford University Press. 2001.

[69] Tubiello F N，Donatelli M，Rosenzweig C，et al. Effects of climate change and elevated CO_2 on cropping systems：model predictions at two Italian locations[J]. European Journal of Agronomy，2000（13）：179-189.

[70] Turner II B L，Kasperson R E，Matson P A，et al. A framework for vulnerability analysis in sustainability science[J]. Proceedings of the National Academy of Sciences US，2003（100）：8074-8079.

[71] UNDP，BCPR（Bureau for Crisis Prevention Recovery）. A Global Report for Reducing Disaster Risk-A Challenge for Development[R]. John Swift Print Co. ，USA. 2004.

[72] UN-SCN. Ending malnutrition by 2020：An agenda for change in the millennium [R]. Geneva，United Nations，1999.

[73] Adger W N. Vulnerability[J]. Global Environmental Change，2006（16）：268-281.

[74] Adger W N. Social capital，collective action and adaptation to climate change[J]. Economic Geography，2003（79）：387-404.

[75] Wan G H，Anderson J. Production and Risk：An Application in China[M]. J. A. E. 1991.

[76] Wang Futang. Impacts of climate change on cropping system and its implication for China [J]. Acta Meteorological Sinica，1997，11（4）：407-415.

[77] Winters P，Murgai R，Sadoulet E，et al. Economic and welfare impacts of climate change on developing countries[J]. Environmental and Resource Economics，1998（12）：1-24.

[78] World Bank. China：Long - term Food Security Report 16419 -CHA[R]. East Asia and Pacific Regional Office，China and Mongolia Department，Rural and Social Development Operations Division，Washington，D. C.，1997.

[79] Zhai Panmao，Pan X H. Trends in temperature extremes during 1951-1999 in China[J]. Geography Research Lett，2003，30（17）：1913.

[80] 蔡运龙，B Smit. 全球气候变化下中国农业的脆弱性与适应对策[J]. 地理学报，1996，51（3）：202-212.

[81] 蔡运龙. 中国经济高速发展中的耕地问题[J]. 资源科学，2000，22（3）：24-28.

[82] 陈泮勤，方修琦. 全球变化区域适应研究的主要科学问题[J]. 地球科学进，2004，19（4）：664-665.

[83] 陈宜瑜. 中国气候与环境演变（下卷）气候与环境变化的影响与适应、减缓对策[M]. 北京：科学出版社，2005.

[84] 程德瑜. 农业气候学[M]. 北京：气象出版社，1994.

[85] 程亨华，肖春阳. 中国粮食安全及主要指标研究[J]. 财贸经济，2002（12）：70-73.

[86] 程延年. 我国粮食产量波动与农业气象条件的关系[J]. 中国农业科学，1987年专辑. 1987.

[87] 戴玉娟. 1951—2005年中国气温变化的区域差异[D]. 北京师范大学，2006.

[88] 党安荣，阎守邕，周艺. 中国粮食生产发展的时序变化研究[J]. 地理研究，1998，17（3）：242-248.

[89] 邓爱军，陶诗言，陈烈庭. 我国汛期降水的EOF分析[J]. 大气科学，1989，13（3）：289-295.

[90] 邓大才. 论粮食安全体系的构建[J]. 宏观经济管理，2004（6）：

[91] 邓国，王昂生，周玉淑，等. 中国粮食产量不同风险类型的地理分布[J]. 自然资源学报，2002，17（2）：210-215.

[92] 邓国. 中国农业灾害与粮食产量风险分析及区划研究[D]. 北京：中国气象科学研究院，博士学位论文. 导师：李世奎教授. 1997.

[93] 丁一汇，任国玉，石广玉，等. 气候变化国家报告（Ⅰ）：中国气候变化的历史和未来趋势[J]. 气候变化研究进展，2006，2（1）：3-8.

[94] 丁永建，刘时银，王根绪. 中国西部生态环境变化——近50年来的动态过程与驱动因素[M]. 北京：科学出版社，2005.

[95] 方修琦，王媛，徐锬，等. 近20年气候变暖对黑龙江省水稻增产的贡献[J]. 地理学报，2004，59（6）：820-828.

[96] 封志明，刘宝勤，杨艳昭. 中国耕地资源数量变化的趋势分析与数据重建：1949—2003[J]. 自然资源学报，2005，20（1）：35-44.

[97] 高帆. 中国粮食安全研究的新进展：一个文献综述[J]. 江海学刊，2005（5）：82-88.

[98] 葛全胜，陈泮勤，方修琦，等. 全球变化的区域适应研究：挑战与研究对策[J]. 地球科学进展，2004，19（4）：516-524.

[99] 宫德吉，陈素华. 农业气象灾害损失评估方法及其在产量预报中的应用[J]. 应用气象学报，1999，10（1）：66-71.

[100] 顾节经. 提高粮食产量预报模式稳定性及准确性的探讨[J]. 山东气象，1995，15（3）：8-11.

[101] 国家发展和改革委员会国家气候变化对策协调小组办公室. 气候变化的影响与适应、减缓对策[R]. 北京：科学出版社，2005.

[102] 国家统计局，民政部合编. 中国灾情报告[R]. 北京：中国统计出版社，1995.

[103] 国家统计局. 中华人民共和国国民经济和社会发展统计公报[R]. 北京：中国统计出版社，1999：4-8.

[104] 国家统计局. 新中国五十五年统计资料汇编[G]. 北京：中国统计出版社，2004：47.

[105] 韩永翔，尹东. 作物产量预报新方法研究[J]. 干旱地区农业研究，2002，20（3）：124-127.

[106] 何春燕，熊燕辉. 时间序列分析法在资料插补及趋势预报中的应用[J]. 广东机械学院学报，1994，12（1）：43-51.

[107] 何艳芬，张柏，马超群. 基于 GIS 的松嫩平原农业干旱敏感性分析[J]. 农业系统科学与综合研究，2004，20（4）：291-294.

[108] 侯东民. 破解中国粮食安全问题[M]. 北京：中国环境科学出版社，2002.

[109] 黄嘉佑. 气象统计分析与预报方法（第三版）[M]. 北京：气象出版社，2004.

[110] 回良玉. 保护和提高粮食生产能力确保国家粮食安全. //刘满仓主编. 粮食主产区“三农”问题新探索[G]. 北京：中共中央党校出版社，2005.

[111] 蒋乃华. 我国粮食生产波动的结构特征分析[J]. 浙江社会科学，1998（4）：26-30.

[112] 李国祥，陈劲松. 粮食减产与粮食安全[J]. 中国农村经济，2001（4）：10.

[113] 李玉珠，王济民. 市场经济条件下供给波动与宏观管理研究[J]. 农业经济问题，1997（6）：2-8.

[114] 李岳云，蒋乃华，郭忠兴. 中国粮食波动论[M]. 北京：中国农业出版社，2001.

[115] 李志强，赵忠萍，吴玉华. 中国粮食安全预警分析[J]. 中国农村经济，1998（1）：27-32.

[116] 梁鹰. 中国人能养活自己吗[G]. 北京：经济科学出版社，1996.

[117] 林而达，张建云. 农业主要自然生态系统和水资源对气候与环境变化的脆弱性分析//秦大河，陈宜瑜，李学勇. 中国气候与环境演变（下卷）[M]. 北京：科学出版社，2005.

[118] 林而达，等. 气候变化国家评估报告（Ⅱ）[J]. 气候变化研究进展，2006，2（2）：51-56.

[119] 林善浪，张国. 中国农业发展问题报告[R]. 北京：中国发展出版社，2003.

[120] 刘春蓁. 气候变化影响与适应研究的若干问题[J]. 气候与环境研究，1999，4（2）：129-134.

[121] 刘景辉，王树安，王志敏. 中国粮食单产增长规律及预测[J]. 作物与栽培，2001（5）：1-4，24.

[122] 刘兰芳，刘盛和，刘沛林，等. 湖南省农业旱灾脆弱性综合分析与定量评价[J]. 自 然 灾 害 学 报，2002，11（4）：78-83.

[123] 刘明亮，陈百明. 我国近期粮食生产波动性及其农业自然灾害发生状况的相关分析[J]. 灾害学，2000，15（4）：78-85.

[124] 刘文泉，雷向杰. 农业生产的气候脆弱性指标及权重的确定[J]. 陕西气象，2002（3）：32-35.

[125] 刘文泉，王馥棠. 黄土高原农业生产气候脆弱性的初步研究[J]. 气候与环境研究，2003，8（1）：91-100.

[126] 刘晓梅. 中国粮食安全战略研究[M]. 北京：中国市场出版社，2004.

[127] 刘泽良. 产量序列趋势处理效果的检验方法[G]. 中国农业科学院气象室科学研究年报. 1985.

[128] 卢良恕，刘志澄，等. 中国中长期食物发展战略[M]. 北京：中国农业出版社，1993.

[129] 马九杰，张象枢，顾海兵. 粮食安全衡量及预警指标体系研究[J]. 管理世界，2001（1）：154-162.

[130] 马祖琦，尹怀庭. 陕西省粮食单产影响因子分析及粮食灾损评估[J]. 经济地理，2001，21

（6）：731-735.

[131] 毛惠忠. 新阶段中国粮食问题研究[M]. 北京：中国农业出版社，2005.

[132] 毛育刚. 中国农业演变之探索[M]. 北京：社会科学文献出版社，2001.

[133] 孟昭华. 中国灾荒史记[M]. 北京：中国社会出版社，1999.

[134] 宁自军，程利仲. 浙江省粮食安全预警系统设计[J]. 嘉兴学院学报，2003（5）：13-16.

[135] 农业部软科学委员会. 粮食安全问题[R]. 北京：中国农业出版社，2001.

[136] 秦大河，陈宜瑜，李学勇. 中国气候与环境演变（上卷）气候与环境变化的演变与预测[M]. 北京：科学出版社，2005.

[137] 秦大河. 气候变化的事实、影响及对策[J]. 学会月刊，2002（10）：35-37.

[138] 任国玉，刘洪滨，唐国利，等. 近百年全球和中国地区观测的气候变化. //丁一汇，任国玉. 中国的气候变化[M]. 北京：气象出版社，2004.

[139] 商彦蕊. 农业旱灾风险与脆弱性评估及其相关关系的建立[J]. 河北师范大学学报：自然科学版，1999，23（3）：420-426.

[140] 石少龙. 2003 年粮食安全研究综述[J]. 农业经济问题，2004（9）：4-10.

[141] 世界银行. 中国的粮食安全：长期问题与可选方案[R]. 北京：中国财政经济出版社，1998.

[142] 宋学明，赵建华. 中国粮食单位面积产量区域差异及影响因子的实证分析[J]. 中国农村经济，1997（7）：28-34.

[143] 孙成权，林海，曲建升. 国际全球变化研究核心计划与集成研究[M]. 北京：气象出版社，2003a.

[144] 孙成权，林海，曲建升. 全球变化与人文社会科学问题[M]. 北京：气象出版社，2003.

[145] 唐国利，任国玉. 近百年中国地表温度变化趋势的再分析[J]. 气候与环境研究，2005，10（4）：281-288.

[146] 王馥棠. 农业气象预报概论[M]. 北京：中国农业出版社，1991.

[147] 王宏. 中国粮食安全研究[M]. 北京：中国农业出版社，2005.

[148] 王建林，太华杰. 中国粮食总产量结构分析与丰歉评估[J]. 气象，1998，24（12）：7-12.

[149] 王建林，赵四强. 全国棉花产量预报模式[J]. 气象，1990：16（5）：26-30.

[150] 王绍武. 现代气候学研究进展[M]. 北京：气象出版社，2001.

[151] 王世耆，程延年. 作物产量与天气气候[M]. 北京：科学出版社，1991.

[152] 王燕. 应用时间序列分析[M]. 北京：中国人民大学出版社，2005.

[153] 王媛. 人类对气候变暖适应的研究——以黑龙江省农业生产为例[D]. 北京师范大学，2005.

[154] 吴洪宝，吴蕾. 气候变率诊断和预测方法[M]. 北京：气象出版社，2005.

[155] 吴金栋，太华杰. 近 30 年我国气候变化的不稳定性及其与农业生产的关系[M]. 气象，1996，22（8）：3-8.

[156] 武吉华，张坤. 植物地理学（第二版）[M]. 北京：高等教育出版社，1987.

[157] 吴祥定，等. 树木年轮与气候变化[M]. 北京：气象出版社，1990.

[158] 吴志华，胡学君. 中国粮食安全研究述评[J]. 江海学刊，2003（3）：69-74.

[159] 肖国安. 中国粮食安全研究[M]. 北京：中国经济出版社，2005.

[160] 谢云，刘继东. 1949—1992 年我国粮食单产的气候影响分析[J]. 自然资源学报，1997，12

（4）：317-322.

[161] 谢云. 中国粮食生产对气候资源波动响应的敏感性分析[J]. 资源科学，1999，21（6）：13-17.

[162] 信乃诠，程延年. 气候变化与我国作物产量[J]. 中国农学通报，1995，11（1）：1-5.

[163] 熊伟，林而达，居辉，等. 气候变化的影响阈值与中国的粮食安全[J]. 气候变化研究进展，2005，1（2）：84-87.

[164] 徐建华. 现代地理学中的数学方法. 2 版[M]. 北京：高等教育出版社，2002.

[165] 徐瑞娥. 我国粮食安全问题研究综述[J]. 经济研究参考，2004（71）：41-45.

[166] 薛富波，张文彤，田晓燕. SAS8. 2 统计应用教程[M]. 北京：北京希望电子出版社，兵器工业出版社，2004.

[167] 严瑞珍，程漱兰. 经济全球化与中国粮食问题[M]. 北京：中国人民大学出版社，2001.

[168] 殷培红，方修琦，马玉玲，等. 21 世纪初我国粮食供需的新空间格局[J]. 自然资源学报，2006a，21（4）：625-631.

[169] 殷培红，方修琦，田青，等. 21 世纪初中国主要余粮区的空间格局特征[J]. 地理学报，2006b，16（2）：190-198.

[170] 尹东，杨家宝. 甘肃省粮食产量年际波动特征分析[J]. 中国农业气象，1998（10）：8-12.

[171] 曾燕，邱新法. 影响我国主要粮食作物产量的气象因子[J]. 气象，2002，28（9）：36-40.

[172] 曾玉平. 中国粮食波动的实证分析[G]. 经济工作者学习资料，1998（25）.

[173] 张厚粲. 心理与教育统计学[M]. 北京：北京师范大学出版社，1995：274.

[174] 张兰生，史培军，方修琦. 中国农业自然灾害灾情分析[J]. 北京师范大学学报（自然科学版），1990（3）：4-10.

[175] 张养才，何维勋，李世奎. 中国农业气象灾害概论[M]. 北京：气象出版社，1991：10，261，265.

[176] 张宇，赵四强. 利用相关系数进行因子筛选时的两类错误[J]. 气象，1992，18（3）：45-49.

[177] 张宇，赵四强. 作物产量预报的准确性和有效性[J]. 气象学报，1993，5（1）：95-97.

[178] 张宇，庄立伟，王建林. 我国国家级农业气象产量预报科研业务进展[J]. 气象，1995，21（4）：3-7.

[179] 张宇. 近 40 年来我国粮食产量变化特征初步分析[J]. 中国农业气象，1995，16（3）：1-4.

[180] 张志涌，等. 精通 Matlab6. 5 版[M]. 北京：北京航空航天大学出版社，2003.

[181] 章基嘉，等. 论自然正交函数的稳定性[J]. 南京气象学院报，1979（2）：89-98.

[182] 赵四强，张宇. 利用统计模式预报农作物产量的几个问题[J]. 气象，1990，16（9）：31-33.

[183] 郑景云，黄金火. 中国近四十年的粮食灾损评估[J]. 地理学报，1998，53（6）501-510.

[184] 中国农业科学院. 中国农业气象[M]. 北京：中国农业出版社，1999.

[185] 中华人民共和国农业部. 中国农业发展报告[R]. 北京：中国农业出版社，2003，2004，2005.

[186] 中科院大气物理所、地理所、国家气象中心. 中国气候灾害分布图集[M]. 北京：海洋出版社，1997.

[187] 国家统计局农村社会经济调查司. 中国农业统计年鉴[M]. 北京：中国统计出版社，2005：84.

[188] 中科院遥感应用研究所（IRSA）. 中国农业状况图集[M]. 北京：星球地图出版社，1997.
[189] 钟甫宁，邢鹂. 粮食单产波动的地区性差异及对策研究[J]. 中国农业资源与区划，2004，25（3）：16-19.
[190] 朱盛明. 相关系数稳定性分析方法及其应用[J]. 气象学报，1982，40（4）：497-501.
[191] 朱希刚. 中国粮食问题研究[M]. 北京：中国农业出版社，1997.
[192] 朱泽. 中国粮食安全问题：实证研究与政策选择[M]. 武汉：湖北科学技术出版社，1998.
[193] 朱泽. 中国粮食安全状况研究[J]. 中国农村经济，1997（5）：26-33.